多様化する労働契約における

人事評価 Q&A の法律実務

編著者
第一東京弁護士会 労働法制委員会

執筆者
安西愈（労働法制委員会委員長）
木下潮音（同委員会労働契約法部会部会長）
石井妙子（同委員会労使関係法部会部会長）
末啓一郎（同委員会基礎研究部会部会長）
峰隆之（同委員会労働時間法制部会部会長）
山口浩一郎

編集者
藤田進太郎
倉重公太朗
小山博章
瓦林道広
池田知朗

執筆者
吉田哲郎
西頭英明
平田健二
河本みま乃
中川洋子

労働開発研究会

「多様化する労働契約における人事評価の法律実務」
発刊によせて

　このたび、第一東京弁護士会労働法制委員会において、同委員会発行の著作としては第8冊目となる「多様化する労働契約における人事評価の法律実務」の発刊に至ったことは、同委員会の精力的な活動の成果であると喜びに堪えません。

　当会の労働法制委員会は、その活動の一環として、労働関係法令等の研究調査活動を活発に行ってきており、毎年重要なテーマを選んで夏季合宿において集中的な研究討論を行い、その成果を織り込んで著作として刊行する活動を継続的に行ってきております。

　今回は、人事評価について研究討論を行い、今回の発刊に至りました。

　長期雇用を前提とする正社員の人事制度において、戦後は生活給を中心とし年功や勤続が評価の中心となっていましたが、その後は職能資格制度が主流となりました。最近では、成果主義賃金制度が取り入れられるようになり、目標管理制度やコンピテンシー評価制度など、新しい人事評価システムが導入され、賃金の決定、昇降格が実施されるようになってきています。

　さらに、最近では業務改善プログラム（PIP）という評価の低い社員の再教育の実施などに、人事評価結果が利用される状況も発生しています。

　しかし、中小企業ではなお戦後からの年功制が続き、わが国の正社員の労働契約においてはジョブディスクリプションが特定明示されていない状況が大多数といわれています。ところが、今後の「働き方改革推進関連法」の施行においては「職務内容や職務に必要な能力等の内容の明確化」が要求されており、それに関連して労働契約において、何が評価され、その評価が契約関係においてどのような意味を持つのかを明らかにすることは非常に重要になっています。

　「働き方改革」の中において、労働契約はますます多様化が進むとともに適正な人事評価とそれによる処遇の公正性が要求される時代となってきています。このようなときに、本書が企業社会において公正な人事評価のために有効に活用されることを願ってやみません。

平成31年3月

第一東京弁護士会
会長　若林茂雄

目　次

▌ 巻 頭 言 2
▌ コラム1　欧米の人事管理 8
▌ コラム2　アンドロイドは電気羊の夢を見るか? 12
▌ コラム3　管理監督者と人事考課権 14
▌ コラム4　女性活躍推進と人事評価の課題 16

▌ 第1章　人事評価とはどのような行為か

Q1　人事評価(査定)とは、どのような行為をいうのでしょうか?また、企業で採用されている人事評価制度の例を紹介してください。 22
Q2　人事評価においては、目標管理制度が活用されていると聞きますが、目標管理による人事評価とはどのようなものですか? 29
Q3　人事評価が活用される賃金制度(人事制度)には、どのようなものがありますか? 34

▌ 第2章　職能資格制度における人事制度はどのように運用されているか

Q1　職能資格制度とはどういった制度ですか? 40
Q2　職能資格制度はどのようにして日本社会に浸透していったのでしょうか? 43
Q3　職能資格制度の特徴を教えてください。 48
Q4　職能資格制度は、どのようなルールに則って運用されているのでしょうか? 50
Q5　職能資格制度では、どのような種類の人事考課がなされるのでしょうか? 53
Q6　職能資格制度における人事考課には、いかなる規制が及ぶのでしょうか? 58
Q7　職能資格制度下でも降格はできるのでしょうか? 66

▌ 第3章　成果主義賃金(人事)制度について

Q1　成果主義賃金(人事)制度とは、どのような人事制度でしょうか? 74
Q2　成果主義賃金(人事)制度は、どのような事情を背景に日本で普及したのでしょうか? 76
Q3　成果主義賃金(人事)制度を導入した場合、どのような特徴があるのでしょうか? 79
Q4　成果主義賃金(人事)制度においては、具体的にどのような仕組みが導入されるのでしょうか? 81
Q5　成果主義賃金(人事)制度において導入されている職務等級制度(ジョブ・グレード制)や役割等級制(ミッション・グレード制)とは、どのような制度でしょうか? 84
Q6　成果主義賃金(人事)制度では、どのような要素を評価するのでしょうか? 87
Q7　成果主義賃金(人事)制度において、具体的にどのような評価制度を用いて人事考課を行っているのでしょうか? 89
Q8　成果主義賃金(人事)制度において、評価制度を運用するにあたり、どのような点に注意をすべきでしょうか? 94
Q9　成果主義賃金(人事)制度の導入にあたっては、どのような点を注意すべきなのでしょうか? 98
Q10　成果主義賃金(人事)制度を導入する場合には、就業規則にいかなる記載が必要でしょうか? 104

■ 第4章　評価に基づく降格、降給は可能か

Q1　降格とは、どのようなものを指すのでしょうか? ················· 108

Q2　職能資格等級の引き下げ、職位の引き下げとは、どのような内容で、どのような違いがあるのでしょうか? ················· 109

Q3　職能資格等級の引き下げとしての降格を行うための要件は何ですか? ················· 112

Q4　(職能資格制度上の) 職位の引き下げとしての降格を行うための要件とは何ですか? · 115

Q5　(職務等級制度上の) 職位の引き下げとしての降格を行うための要件は何ですか? ····· 117

Q6　評価に基づく降給とは何ですか? ················· 120

Q7　人事考課権の濫用の判断枠組みはどう考えられていますか? ················· 122

■ 第5章　PIP (業務改善プログラム)－業務改善に向けた期間を定めた評価－について

Q1　PIP とは何ですか? ················· 130

Q2　業務改善プログラム(PIP)とは、誰を対象にし、どのような目的で行なわれるのですか? ···· 131

Q3　業務改善プログラム(PIP)の法的性格は? ················· 133

Q4　業務改善プログラム(PIP)と親和性がある評価制度は? ················· 134

Q5　業務改善プログラム(PIP)を実施する際の一般的なプロセスは? ················· 135

Q6　業務改善プログラム(PIP)の対象となる従業員は、どのように選別すればよいですか? 136

Q7　業務改善プログラム(PIP)が注意指導の一形態であることは分かりましたが、注意指導の手段(方法)として、業務改善プログラム(PIP)が適しているのは、どのような場合でしょうか? ··· 138

Q8　業務改善プログラム (PIP) を実施する際、要改善事項や改善目標を記載した書面 (この書面を、以下「実施計画書」と呼びます) を作成することになりますが、実施計画書には、何をどのように記載すれば良いですか? ················· 141

Q9　対象従業員への説明・交付前に実施計画書は、誰かがレビュー(確認) した方が良いでしょうか? ················· 147

Q10　実施計画書は、対象従業員と話し合って、内容を一から決めた方が良いのでしょうか? ················· 148

Q11　対象従業員が業務改善プログラム (PIP) の実施を拒否した場合は、どのように対応すれば良いでしょうか? ················· 150

Q12　業務改善プログラム (PIP) 実施後のフィードバック面談で伝える内容は? ················· 151

Q13　業務改善プログラム (PIP) の実施期間が終了した場合、何をすれば良いでしょうか? ················· 152

Q14　業務改善プログラム (PIP) が問題となった裁判例には、どのようなものがありますか? ················· 154

Q15　「従業員の能力不足・成績不良」を理由とする普通解雇の有効性の判断基準は? ····· 161

Q16　業務改善プログラム (PIP) の実施は、普通解雇の要件でしょうか? ················· 164

■ 第6章　人事考課と不当労働行為

Q1　人事考課に関して、従来不当労働行為が問題となった類型には、どのようなものがあったのでしょうか? ……………………………………………………………………………………………………… 170

Q2　人事考課に関する不当労働行為事件の特殊性としてどのようなことが挙げられるのでしょうか? ……… 173

Q3　労働委員会が、人事考課に関する不当労働行為事件の審理の際に用いた立証活動にかかる判断枠組みはどのようなものですか? …………………………………………………………… 176

Q4　労働委員会で採用されていた大量観察方式は、裁判所においても全面的に採用されているのですか? ………………………………………………………………………………………………… 178

Q5　大量観察方式が判断枠組みとして全面的には採用されていない背景として、どのような事情が考えられますか? ……………………………………………………………………………………… 181

Q6　大量観察方式にかかる問題点を踏まえて提唱された、「修正大量観察方式」は、どのようなものですか? ……………………………………………………………………………………………… 184

Q7　不当労働行為が認定された場合の救済命令にはどのようなものがありますか? ………… 190

■ 第7章　同一労働同一賃金と人事「評価」をめぐる問題

Q1　同一労働同一賃金問題における人事「評価」の問題とは? ……………………………… 202

Q2　同一労働同一賃金をめぐる概念整理─均衡と均等の違いとは? ……………………… 204

Q3　同一労働同一賃金は「誰」と「誰」の均衡なのか? (比較対象論) …………………… 206

Q4　同一労働同一賃金は「何」と「何」の均衡なのか? (比較方法論) …………………… 208

Q5　同一労働同一賃金の救済方法は? (法違反の場合の法的効果) ……………………… 210

Q6　同一労働同一賃金の問題と人事評価制度の関係とは? …………………………………… 213

Q7　短時間・有期雇用労働者及び派遣労働者に対する不合理な待遇の禁止等に関する指針（ガイドライン）と評価の関係とは? ………………………………………………………………… 216

Q8　ガイドラインの読み方（基本給編）とは? …………………………………………………… 219

Q9　同一労働同一賃金指針の読み方（手当編）とは? ………………………………………… 222

Q10　雇用対策法改正と同一労働同一賃金に関する「評価」の関係とは? ………………… 225

Q11　日本郵便（東京）事件における評価の検討方法は? ……………………………………… 227

Q12　日本郵便（大阪）事件における評価の考慮とは? ………………………………………… 233

Q13　ハマキョウレックス事件における人事評価の検討は? …………………………………… 235

Q14　その他裁判例における評価の考慮方法は? ………………………………………………… 237

Q15　同一労働同一賃金については諸説ありますが、いったい何が正しいのでしょうか? … 239

■ 第8章　人事評価の実務と法的問題をめぐって　−労働法制委員会　合宿における議論−

1．「働き方改革法制」と人事評価⋯⋯⋯⋯⋯⋯⋯⋯⋯⋯⋯⋯⋯⋯⋯⋯⋯　248
2．人事評価と人事管理⋯⋯⋯⋯⋯⋯⋯⋯⋯⋯⋯⋯⋯⋯⋯⋯⋯⋯⋯⋯⋯　250
3．職能資格制度をめぐって⋯⋯⋯⋯⋯⋯⋯⋯⋯⋯⋯⋯⋯⋯⋯⋯⋯⋯⋯　257
4．成果主義賃金制度をめぐって⋯⋯⋯⋯⋯⋯⋯⋯⋯⋯⋯⋯⋯⋯⋯⋯⋯　267
5．人事評価に基づく降格・降給をめぐって⋯⋯⋯⋯⋯⋯⋯⋯⋯⋯⋯⋯　277
6．業務改善プログラム（PIP）をめぐって⋯⋯⋯⋯⋯⋯⋯⋯⋯⋯⋯⋯　288
7．人事考課と不当労働行為をめぐって⋯⋯⋯⋯⋯⋯⋯⋯⋯⋯⋯⋯⋯⋯　300
8．同一労働同一賃金にまつわる評価をめぐって⋯⋯⋯⋯⋯⋯⋯⋯⋯⋯　305

■ 第9章　労働契約の多様化における人事評価とは

1．労働契約の多様化とは⋯⋯⋯⋯⋯⋯⋯⋯⋯⋯⋯⋯⋯⋯⋯⋯⋯⋯⋯⋯　314
2．日本的雇用における人事評価の役割⋯⋯⋯⋯⋯⋯⋯⋯⋯⋯⋯⋯⋯⋯　314
3．成果主義導入による人事評価の変化⋯⋯⋯⋯⋯⋯⋯⋯⋯⋯⋯⋯⋯⋯　315
4．雇用流動化と人事評価⋯⋯⋯⋯⋯⋯⋯⋯⋯⋯⋯⋯⋯⋯⋯⋯⋯⋯⋯⋯　316
5．均衡・均等処遇を目指す働き方⋯⋯⋯⋯⋯⋯⋯⋯⋯⋯⋯⋯⋯⋯⋯⋯　317
6．人事評価をめぐる労働紛争の解決方法⋯⋯⋯⋯⋯⋯⋯⋯⋯⋯⋯⋯⋯　318
7．弁護士が人事評価制度を学ぶことの意義⋯⋯⋯⋯⋯⋯⋯⋯⋯⋯⋯⋯　321

■ 執筆者・編集者一覧⋯⋯⋯⋯⋯⋯⋯⋯⋯⋯⋯⋯⋯⋯⋯⋯⋯⋯⋯⋯⋯322

巻頭言

国策による「職務能力等の公正評価」に 基づく適正処遇へ

第一東京弁護士会労働法制委員会

委員長　安西　愈

1．労働施策総合推進法による能力等の公正評価方針

　　平成29年3月28日に働き方改革実現会議による「働き方改革実行計画」が発表されて以来、安倍内閣の最重要立法として審議が行われていた「働き方改革を推進するための関係法律の整備に関する法律」が、平成30年6月29日に可決成立し、同年7月6日に「平成30年法律第71号」（以下「本法」という。）とし、公布されました。

　　本法は、少子高齢化に伴う生産年齢人口の減少、労働者のニーズの多様化などの課題に対応するために、就業機会の拡大や意欲・能力を発揮できる環境を整備し、労働者がそれぞれの事情に応じた多様な働き方を選択できる社会を実現できることを趣旨、目的とするものです。

　　その中で、本法の最も中心というべきものが、新しく国の労働政策の策定の義務化であり、閣議決定による行政の責任として労働政策の基本方針を定めてこれを総合的に推進するという国の義務の立法化です。その政策の基本理念として「能力等を公正に評価され、当該評価に基づく処遇を受けること」とされ、公正な人事評価による処遇の実現が定められたことが特筆されます。すなわち、従前の「雇用対策法」の一部改正を行い、法律の題名を「労働政策の総合的な推進並びに労働者の雇用の安定及び職業生活の充実等に関する法律」に変更し、労働政策の総合推進を定め、「厚生労働大臣は、基本方針の案を作成し、閣議の決定を求めなければならない。」（同法第10条第3項）と、閣議決定という内閣の意思決定による行政権限の行使として推進するという労働政策を極めて重要な行

政上の位置付けとしたことです。そして、その「基本方針」として、「国は、労働者がその有する能力を有効に発揮することができるようにするために必要な労働に関する施策の総合的な推進に関する基本的な方針(以下「基本方針」という。)を定めなければならない。」とし、その内容として、「労働者がその有する能力を有効に発揮することができるようにすることの意義に関する事項」及びこれに関する「重要事項」(第10条本文、第2項第1、第3号)が基本方針とされました。

また、その基本理念として、「労働者は、職務の内容及び職務に必要な能力、経験その他の職務遂行上必要な事項(以下この項において「能力等」という。)の内容が明らかにされ、並びにこれらに即した評価方法により能力等を公正に評価され、当該評価に基づく処遇を受けることその他の適切な処遇を確保するための措置が効果的に実施されることにより、その職業の安定が図られるように配慮されるものとする。」(第3条第2項)と規定されました。

これを図示すると、次のようになります。

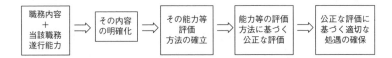

2．日本的雇用慣行の変革を目指すのか

戦後の我が国の経済発展においては、いわゆる日本的雇用慣行ないしは日本的経営といわれる、終身雇用、年功賃金、企業別組合を中核とした雇用と賃金システムが大きく寄与してきたことは何人も認めるところです。

このことは、次のように論述されているところがこれを物語っているといえます。

「日本企業は、日本型の組織戦略と調和をはかりつつ、『社員の生活をできる限り保障する。』という経営理念を実現することを目標にして、日本らしい人事管理を形成してきました。この理念を実現するには、第

一に雇用を、第二に生活費に見合った給与を社員に保障することが必要になりますが、それらに対応する制度が終身雇用制と年功序列制になります。」「いずれにしてもわが国では、終身雇用制や年功制のもとで労使関係や人事管理の骨格が作られてきました。まず労使関係についてみると、終身雇用制のものでは、社員は同じ会社に長く勤めることになります。そうなると彼らの仕事と生活が会社の命運に大きく影響されることになるので、ともに協力して会社の維持・発展に努力するという経営者と社員の関係が形成され、さらに社員のなかに、経営に参画するという意識が強まります。景気が悪くなったからといって、簡単に社員を整理するような経営者に協力しようと考える社員はいないはずです。」(今野浩一郎著「人事管理入門」1996年日経文庫27〜28頁)。

　このような日本的な雇用慣行は、新卒者の一括採用、企業内での育成、それ故に包括契約による職務内容無限定の定年までの雇用保障を前提とする終身雇用となり、そのため解雇権濫用の法理の判例による形成を通じて不況に陥った場合等における雇用調整が困難となり、賃金調整も不利益変更禁止の法理によって弾力化を欠き、労働費用の固定化をもたらすという結果になってきました。

　一方、近年において経済はグローバル化し、世界的な規模で拡大し、我が国企業は厳しい国際競争に直面することになってきました。そこで我が国企業では、このような国際競争に対応する中において弾力的雇用調整の方策として期間雇用社員、契約社員、パートタイム社員といったいわゆる非正規社員の雇用を図りましたが、それらの人々が次第に増加し、これらの社員が4割になるという状況となってきました。

　日本的雇用慣行としての正社員中心の企業一家的なあり方は、1990年以降の経済環境の大きな変化の下では、そうした労使共同体としての企業の機能を維持することは、困難となってきたのです。「しかし、こうした状況は、とくに1990年代以降、大きく変化したにもかかわらず、それに対応して雇用や賃金制度を変えようとする企業は少ない。個々の企業内の雇用慣行をどうするかは、労使間の合意で決めれば良いが、それでは進ま

ない場合には、政府が積極的な改革方向を示して日本的雇用慣行を変革し、誰もが活躍できる社会の実現と生産性の向上を図り産業競争力を維持する必要がある。」（平成28年6月2日「経済財政運営と改革の基本方針2016（骨太の方針）」）とされるに至りました。そこで政府の積極的な政策として、日本的労働慣行の変更を目指す働き方改革であり、トータル的本格的な改革であるといえます。それは働く人の視点に立って、労働制度の抜本改革を行い、企業文化や風土を変えることを目指すというものです。これによって、働く人一人ひとりが、より良い将来の展望を持ち、多様な働き方が可能な中において、自分の未来を自ら創っていくことができる社会を創ることを目的としていますから、従来の日本的雇用慣行を変更するといった方向にならざるを得ないわけです。その結果、非正規雇用から正規雇用への切替え促進や機会均等、処遇均等、非正規労働者の能力開発などの政策の推進がより強く求められることとなり、我が国から「非正規という言葉一掃することを目指す」という政府の政策となったものです。

3．今後の我が国の人事労務管理の方向

　　わが国の経済社会の現状をみると、人口減少・少子高齢化は、経済再生と財政健全化の両面での制約要因となり続けることが明らかとなってきました。すなわち、2024年には歴史上初めて50歳以上の人口が5割を超えることになり、その後も、若年人口や生産年齢人口が急速に減少していく一方、高齢者人口は2024年頃のピークに向けて増加を続け、75歳以上の後期高齢者の総人口に対する比率は2030年頃には2割に近づくことが統計上明白な事実となっています。

　　そこで、平成29年3月28日、働き方改革実現会議は「働き方改革実行計画」を打ち出し、今後の日本経済の持続的な維持発展のためには「1億総活躍社会」といったスローガンにあらわされるような多様な働き方による労働人口の維持の方向への改革が必要なことを提言しました。すなわち、「日本の労働制度と働き方には、労働参加、子育てや介護等との両立、転職・再就職、副業・兼業など様々な課題があるこ

とに加え、労働生産性の向上を阻む諸問題がある。『正規』、『非正規』という2つの働き方の不合理な処遇の差は、正当な処遇がなされていないという気持ちを『非正規』労働者に起こさせ、頑張ろうという意欲をなくす。」との前提の下に、「日本経済再生に向けて、最大のチャレンジは働き方改革である。『働き方』は『暮らし方』そのものであり、働き方改革は、日本の企業文化、日本人のライフスタイル、日本の働くということに対する考え方そのものに手を付けていく改革である。」として「日本の働くということについての改革」であることを明白化しました。そして、賃金や人事制度に関し、「我が国の場合、基本給をはじめ、賃金制度の決まり方が様々な要素が組み合わされている場合も多いため、同一労働同一賃金の実現に向けて、まずは、各企業において、職務や能力等の明確化とその職務や能力等と賃金等の待遇との関係を含めた処遇体系全体を労使の話し合いによって、それぞれ確認し、非正規雇用労働者を含む労使で共有することが肝要である。」とし、「職務や能力等の明確化と公正な評価については、法制度のみでなく、年功ではない能力で評価する人事システムを導入する企業への支援や、様々な仕事に求められる知識・能力・技術といった職業情報の提供、技能検定やジョブカード等による職業能力評価制度の整備などの関連施策と連携して推進を図っていく。このような正規雇用労働者と非正規雇用労働者の間の不合理な待遇差の解消の取組を通じて、どのような雇用形態を選択しても納得が得られる処遇を受けられ、多様な働き方を自由に選択できるようにし、我が国から『非正規』という言葉を一掃することを目指す。」とされました。まさに、今後の人事管理は年功ではなく能力で評価していく人事システムの導入が求められているといえましょう。とはいえ、戦後70年以上にわたって日本型雇用慣行の上に築かれてきた我が国の人事労務管理の政策の変更は簡単ではありません。

　特に中小企業においては依然として「経営者と社員は会社という運命共同体」という意識が強く、むしろそこに日本的経営の良さがあるとも

いえます。

そこで、今回の「働き方改革」については、日本型雇用慣行をできるだけ原型のまま維持したいという立場からは行き過ぎだとの批判がなされ、逆にそれからの離脱と他の先進国型の雇用慣行を企図する立場からは中途半端だとの不満が表明されるわけですが、とにかく上記のとおり立法化され、政府の国策として年功から職務能力の評価の方向へとその進む方向が明白となったことは争い得ない事実です。

このような現下の経済社会の状況下において、働き方改革が目指すところは、仕事についての職務や能力等の明確化と公正な評価とそれに基づく処遇の実現であります。しかしながら、これらの職務中心の方向への人事評価への転換は容易なことではありません。では企業としてはどのように対応すればよいのか、この点について本書は、具体的な賃金や人事評価の実務的な方法論を踏まえながら、法的検討としての留意点について踏み込んだものです。本書が今後の関係者に対する「働き方改革」の実施についてお役に立てればと願う次第です。

コラム 1

欧米の人事管理

上智大学名誉教授　山口浩一郎

職務記述書

　欧米の人事管理は職務が基準になっている。労働者（とくにホワイトカラー）を採用する際、雇用契約書とあわせて職務記述書（job description）が作成され、そのなかで職務の内容や範囲が明確にされる。

　＜事例Ａ＞はその例で、①当該職務に要する資格、②与えられる権限、③負うべき責任が定められている。職務記述書は別名「職務明細責任規定」とよばれるように、職務にともなう責任を明確にするためのものである。

〈事例Ａ・職務記述書の例〉

職　務　記　述　書	会　社　名
職　位：スタッフ・アシスタントⅠ級——調達	作 成 月 日：
事業所：	改 訂 月 日：
部　門：調達部	記述書番号：
場　所：	

Ⅰ．職務概要：
　一般的監督の下で、自発性と会社業務・組織に関する知識を必要とする管理・秘書・事務・購入の業務を遂行する。管理者が不在の場合には、基本的調達権能を補助・遂行し、職場の仕事の流れを維持する。

Ⅱ．権限範囲：業務予算；＄＿＿＿＿＿＿＿＿＿＿＿年度＿＿＿＿＿＿＿＿＿＿＿
　販売または生産額；＄＿＿＿＿＿＿＿＿＿＿部門＿＿＿＿＿＿＿＿＿＿
　売上げ、収入、収益および費用に対する直接的または間接的影響

Ⅲ．主要な遂行および結果責任：
　口述の書きとり、書信・購入請求書・発注書のタイプを行ない、かつそれらを校正する。

当該部門への来信の開封、仕分け、配付を行なう。

高額の注文に対する請求を保管する。

当該部門の書信や記録を保管する。

くり返し行われる注文の価格を照合し、発注書のタイプのため購入請求書の整理を補助し、期限を過ぎた注文品の納入を督促する。

デザイン保管室、出し入れ・包装に関する色彩基準ファイルを管理する。

納入業者カードを保管・更新する。

原材料カタログ(例えば、現行価格や包装単位)をつねに更新することに責任を負う。

見積り依頼、原料・サービスの調達を行い、管理者不在本にはその機能を代行し、調達部長を補佐する。

調達部門スタッフの面会のスケジュールを管理し、納入業者を受付け、面会する。

Ⅳ．組織内の地位

　A．報告すべき上司：調達部長

　B．直接管理する部下：

　C．間接管理する部下：

Ⅴ．関　係

　A．内部：販売・マーケティング、製造、印刷、研究、技術の各部門。

　B．外部：外部の納入業者および販売員。

職　務　明　細
(必要な資格要件)

Ⅰ．教　育：

　高校卒業または同等の教育水準。特定の秘書訓練を受けていることが望ましい。

Ⅱ．経　験

　最低5年間の専門的秘書経験。このうち1年間は調達部門の経験が必要。

コ・ラ・ム 1

Ⅲ．技　能：
　タイプ、英語の文法、スペリング、パンクチュエーション、速記、機械による書き換え等秘書的技能に卓越していること。

Ⅳ．専門的知識：
　会社の政策、手続、組織についての知識と調達手続に関する基本的知識を有すること。

Ⅴ．その他：
　専門職としてのマナーを維持し、義務・責任を日々遂行するに際して自発性、判断力、機密保持、気配り、および慎重さを保有すること。

承　認

担 当 者＿＿＿＿＿＿＿＿　　署名＿＿＿＿＿＿＿＿　　日付＿＿＿＿＿＿＿＿
　　　　　（氏　名）
上　　　司＿＿＿＿＿＿＿＿　　署名＿＿＿＿＿＿＿＿　　日付＿＿＿＿＿＿＿＿
　　　　　（職　名）
人 事 部＿＿＿＿＿＿＿＿　　署名＿＿＿＿＿＿＿＿　　日付＿＿＿＿＿＿＿＿
　　　　　（職　名）

業績評価

　業績評価（performance evaluation）は、職務記述書の責任事項についておこなわれる（事例B）。そして、これで処遇（とくに賃金）が決定される。

　評価が詳細なのは公務員で、①業績（仕事量）、②創造性、③リーダーシップ、④文書作成能力、⑤取組姿勢、⑥討論・対話能力、⑦同僚・上司との協調、⑧部下指導、⑨動機づけ能力、⑩情報蒐集力と意思疎通力、⑪管理能力、⑫権限・業務分配、⑬組織化と調整、⑭トラブル処理、⑮同僚へのサポート・支援などの項目が掲げられている。

欧米の人事管理

```
                    <事例B・業績評価の例>

  氏名                      年   月   日
  職位
  部門

  1 職務
   （職務記述書の責任事項の転記または要約）
  2 A 評点            ｢1  2  3  4  5｣
   ①成果・業績
   ②業務知識
   ③仕事の出来具合
   ④判断力
   ⑤適応性
   ⑥コミュニケーション
   ⑦やる気
   ⑧協調性ーーーーーーーーーーーーーー
   B 全体評価
    1    2    3    4    5
    秀   優   良   可   不可（警告）
  3 評価の理由

  4 次期の課題
```

「適所適材」管理

　わが国の人事管理（人事評価）の目的が、「人格」を基準とした「適材適所」管理であるならば、欧米のそれは、「職務」を基準とした「適所適材」管理だといえる。日常の業務で「職務」の厳格な管理（職務分類と格づけ）が存しないわが国では、このような人事管理は不向きだし可能でもない。

コラム 2

アンドロイドは電気羊の夢を見るか？

弁護士　末 啓一郎

　最近、「ＡＩによる」人事（評価）管理システムの話題に触れることがある。

　人間に代わってどこまでのことがＡＩに可能であるのかを考えるとき、1秒間に2億手の先読みを行うＩＢＭのコンピューターに、チェスの世界チャンピオンが敗北したことが思い起こされる。確かに、営業成績などの、膨大な関連データを機械的に分析することにより、一定の人事評価のようなものを導き出す事は可能であろうが、その程度では適切な人事（評価）管理等、できるはずがない。

　「ＡＩによる」ということをうたう以上、そのような力任せのデータ分析ではなく、ディープラーニングを経て、人間のトップ棋士を破った「アルファ碁」のように、直感的な判断力も備えた評価ができるシステムを使うのであろう。確かにそのようなシステムは、囲碁のような限られた分野であるなら、人間の最高の知性すら上回ることが証明されている。しかし、それでもなお単能的であり、ジョブ型ではなくメンバーシップ型と言われる我国の人事制度において、総合的な人事評価判断ができるとは思えない。特に、各従業員の協調性や積極性等々の主観的要素を的確に把握し、それを踏まえた評価判断が適切にできるとは考え難い（逆説的ではあるが、いい加減な人間の行うでたらめな評価などは、したくてもできないであろう）。ＡＩによる人事（評価）管理システムと言ってみても、その程度では人事（評価）管理を補助する「優れた道具」の域を出ないであろうと考えられる。

　しかし、そのような単能的なＡＩではなく2030年頃と予測されている汎用ＡＩの出現以降ともなれば、そしてそれが更に進化し、人類全体の知性を超えると言われる2045年頃ともなれば、汎用的なＡＩが、カメラ・マイク等のセンサー及びスピーカー等を通じて、人間の従業員の上司又

アンドロイドは電気羊の夢を見るか？

は同僚として業務遂行に加わり、かつ、そのような業務の一貫として、当該会社にふさわしい人事制度を選び、センサー等を通じた人とのコミュニケーションで得た「自らの」知見に基づいて、各従業員を的確に評価することすらも可能になるかもしれない。その時に問題となるのは、表題の「アンドロイドは電気羊の夢を見るか?」（映画「ブレードランナー」の原作）で描かれた、コンピューターと人間の感性の違いであろう。不条理な部分も多い生身の人間の感性を、どこまで機械が理解して、「適切な」評価ができるのかといった、究極の問題が発生してくると思われるわけである。

　このようなことは、加速度的に発展するAIやセンサー技術の先に、我々の生存中に見えるかも知れない未来ではあるが、むろん現時点では、まだしばらくの夢物語である。

　しかし、人事問題をコンピューターに行わせることを考えてみたとき、現在人間が行っている人事（評価）管理なるものが、玉石混交ではあるものの、非常に高度な総合判断であることがよく理解できる。そして、人事評価の公平性などが問題となったときに、その「公平性」について、ビジネスの現場にいない裁判官に、どこまで理解してもらえるのか、いや、そもそも弁護士自身がどこまで正確に理解できているのか、改めて考えさせられるところである。

コラム 3

管理監督者と人事考課権

労働時間法制部会長　峰 隆之

　平成30年5月に働き方改革関連法が成立し、平成31年4月1日から、運送業、建設事業等、一定期間適用が猶予される例外を除き、労働基準法による新たな規制が開始される（なお、中小企業については1年遅れて施行される）。同法36条に基づいて行われる法定時間外・休日労働につき、今回新たに導入された法規制（週40時間を超える法定時間外労働と休日労働を合わせた時間数につき、1か月100時間未満、2ないし6か月平均で同じく80時間以内とする規制等）は非常に厳しく、かつ、同違反は刑事罰の対象となることから、今後、この規制の影響ないしは企業側の反応として、一般労働者（非管理監督者）の労働時間を抑制し、その一方で、法定時間外・休日労働につき労基法による規制を受けない「管理監督者」（労基法41条2号）のほうに、賄いきれなくなった分の業務を集中させる事態が生じないか懸念されるところである。

　また、人手不足が叫ばれる世情を反映して、実際には労基法の想定する管理監督者に該当しないにもかかわらず、「課長」「所長」「店長」といった社内での序列を示す肩書を付与し、法律の定める管理監督者に該当するとの理屈を持ち出して労基法の規制を免れようとする動きも出てきかねない。

　このような「名ばかり管理職問題」は、某ファーストフードチェーンの店長の管理監督者性が争われた事例（東京地判平20.1.28労判953号10頁）以降、しばしば見聞するところであるが、同事件を契機に発出された通達（「多店舗展開する小売業、飲食業の店舗における管理監督者の範囲の適正化について」平成20年9月9日基発第0909001号）は、「人事考課（昇給、昇格、賞与等を決定するため労働者の業務遂行能力、業務成績等を評価することをいう。以下同じ。）の制度がある企業において、

その対象となっている部下の人事考課に関する事項が職務内容に含まれておらず、実質的にもこれに関与しない場合には、管理監督者性を否定する重要な要素となる。」と明確に述べており、この問題には、「人事考課権の有無」という形で釘が刺されていることを忘れてはならない。すなわち、人事考課上のラインに形式的に名を連ねているだけではダメで、労基法上の管理監督者として認められるには、部下の考課を実際に行うことが求められるのである。

　なお、こうした考え方は、多店舗展開する小売業等に限られるものではなく、業種・業態を問わない考え方であることも指摘しておきたい。裁判実務上、オフィスワーカーの管理監督者性が問われた事案において、当該企業において「管理職」として位置づけられていた労働者の人事考課への関与の有無が結論に影響したと思われる裁判例も多いのであり、経営者や法律実務家はこのことを、肝に銘じておく必要がある（人事考課への関与がなかったことを理由の一つに挙げる管理監督者性の否定例として静岡地判昭53.3.28労判297号39頁（静岡銀行事件）など、逆の事象を理由の一つに挙げる肯定例として大阪地判平20.2.8労経速1998号3頁（日本ファースト証券事件）などがある）。

コラム 4

女性活躍推進と人事評価の課題

弁護士　石井妙子

　急速な少子・高齢化の進展を追い風に、女性の活躍の場が広がっている。人手不足なので、女性でもいいというのは、ふとどきな発想であるが、諸外国でも戦時等における働き手の不足が、女性の社会進出のチャンスであったことは歴史的な事実である。まして、平和な時代に女性の活躍が推進されるのは、少子・高齢化を背景にしているとはいえ、僥倖というべきである。

　昭和61年の男女雇用機会均等法施行の以前、昭和の頃には、結婚退職制度や男女別定年制の効力が争われた時代があり、現状は隔世の感がある。そのように女性であることや、妊娠・出産等を理由とする解雇・退職からの保護が女性労働の課題だった時代を過ぎ、平成の時代には、育児休業、育児短時間勤務など両立支援策の法制が整備され、多くの女性に長期的な雇用継続が可能となった。そうすると、女性の大多数が若年で離職していた頃に比べ、昇格・昇進の男女格差が目立つことになる。そこで、妊娠・出産や育児、またこれらに関する制度の利用を理由とする不利益取扱いを禁止するなど、雇用継続のみならず処遇に対する保護についても法律の整備がなされた。しかし、様々な法制度の整備にもかかわらず（上記以外にも、能力発揮のできる職場環境づくりのためにセクハラ・マタハラに関する事業主の配慮義務が定められている）、2017年のデータでは、管理職の女性割合の国際比較で日本は104位である。女性活躍推進を妨げるものとしては、長時間労働、転勤等の問題、あるいは保育園等の行政の施策の問題、古い価値観に基づく男女の役割分担意識等様々な問題があるものの、管理職の女性割合の問題について、実務上および法律論として対処が難しいのはやはり人事評価の問題であろう。

この問題を考えるにあたっては、人材の活用（配置・昇格・昇進）や育成を考えるための人事評価と、賞与査定を区別して考えるべきである。評価に際して、何に重点を置くかは、企業によって千差万別であるから一概には言えないが、将来の人材活用まで視野に入れて評価する「人事評価」と、主として直近の業績や勤務状況等を評価する、賞与計算のための査定とは差があってしかるべきである。古い判例であり、かつこの論点にぴったり当てはまるものではないが、日本シェーリング事件（最高裁平成元年12月14日判決：民集43巻12号1895頁）は、産休等を欠勤扱いとして、前年度稼働率が80％以下となった場合には、昇給の対象者から外すという事案について、対象者から除外されていったん生じた不利益は後続年度の賃金において残存し、ひいては退職金額にも影響するという点を問題としている。一方、東朋学園事件（最高裁平成15年12月4日判決：最高裁裁判集民事212号87頁）は、賞与計算において、産前産後休業の日数等を欠勤日数に算入して、欠勤率に応じた減額をすることは公序良俗違反には該当しないとしている。要するに、将来まで影響が及ぶ場合は、制度設計や運用にことさら慎重を要する。よって、今後の昇進、昇格にかかわってくる「人事評価」と、その時点での賞与額計算にのみ用いられる賞与査定では、産休・育休による不就労の扱いはおのずと異なることになろう（ただし、繰り返しになるが、企業によって制度は様々であるから、賞与査定がそのとき限りの影響にとどまらないこともありうる。）。

　上記の意味の人事評価に際して、かつてのような年功序列制度、あるいは年功的要素の強い職能資格制度であれば、勤続年数で処遇し、理由のいかんにかかわらず、長期不就労の期間は勤続年数に通算しないということでも、男女にかかわらず勤続年数で割り切っていれば、それなりの公平性、合理性があったと言えよう。しかし、国際的な競争が激化する中、企業としては年功的な人事制度・処遇ではもはや立ちいかない状況である。能力や成果を適正に評価し、処遇することで人材の育成・確保をすることが企業の競争力維持のために必須の時代である。そのため、

コラム 4

　裁判例も、年功序列の制度から、能力主義・成果主義の制度への変更は、比較的緩やかに肯定される傾向がある。仮に、人によっては降格・降給の対象となるなど、不利益性があっても、変更の合理性ありとして、制度変更自体は肯定されるのが裁判傾向であると考える。ただし、その際、人事評価制度が公正・透明なものであるかどうか、評価項目などの情報開示、フィードバック、目標設定や評定への労働者の関与、評価者訓練、二次評価者の存在、苦情処理制度などが問われることになる。

　さてそこで、年功序列から能力主義、成果主義等に移行したところで、妊娠・出産、産休、あるいは育児休業等の両立支援策による不就労について、これを人事評価にどのように反映するかである。成果、業績、貢献を重視するというのであれば、育児休業、育児時短等による不就労により、量として労務提供に差がある場合は、低い評価になるのもやむをえないかもしれない。しかし、人事評価の目的が、将来も見据えて、人材の活用や育成、あるいは人材確保を考えるものであれば、一時的な労働量の低下で低く評価するのが適切妥当かという問題は生じうる。それは法的に違法かどうかの問題ではないかもしれないが、労働人口の減少や、定年延長により会社人生が今よりなお長くなると想定されること等を視野に入れて、長期的時間軸のなかで人材の評価をし、活用・育成の方法を考えるべきである。労務提供の量（労務提供の期間、時間）の差に応じた目標設定をしたうえで成果を評価するなどの工夫が必要となろう。

　一方、賞与査定についてであるが、賞与の趣旨・性質についても、将来の勤続・貢献への期待が含まれているという見解があり、たしかに制度設計は様々であるから、そのような制度のあることも否定できない。しかし、一般的には、賞与対象期間の労務提供や業績を問題とするものであって、遠い将来を見据えた対応ではあるまい。したがって、実際に不就労や能率低下が生じている場合に、これをマイナスに評価するのは許されてしかるべきであろう。ただし、妊娠・出産をしたというだけでマイナス評価するのは不当であるし、他の不就労、たとえば私傷病による長期不就

労の査定における扱いとのバランスも考慮されるべきである（昇給に関する事案、かつ男性に対するパタハラの事案であるが、医療法人稲門会事件大阪高等裁判所平成26年7月18日：労働判例1104号71頁）。また、不就労の割合に応じた以上のマイナスがある場合には、どのような査定項目で、どのような判断がなされたのか、労働の質の問題だというのであれば、具体的には何を指すのかなど、きちんと説明できることが必要であろう。

　なお、コナミデジタルエンタテインメント事件（東京高裁平成23年12月27日判決：労働判例1042号15頁）は、休業前の期間において見るべき業績を挙げていないとして、成果報酬（賞与）をゼロと査定した事案であるが、判示は、これを硬直的な取り扱いであり、成果報酬の査定に当たり、育休等を取得したことを合理的な限度を超えて不利益に取り扱うことがないよう、前年度の評価を据え置いたり、平均値を使用したり、又は合理的な範囲内で仮の評価を行うなど、適切な方法を採用することによって、不利益を回避するための措置をとるべき義務があるとしている。ただ、休業前の労務提供の貢献を測るということは考えられるとしても、賞与査定に関する限りでは、判示の示すような配慮までは不要ではないかと考える。

　いずれにせよ、妊娠・出産、育児に伴う不就労と人事評価の問題は、具体的にどのような職種、担当職務なのかによっても違ってくるであろうし、人事制度の制度設計、評価制度における理念や評価項目、評価の方法等が複雑にからむ問題であり、ただちに結論を出すのは難しい。各企業で、事業運営、人事管理の将来を見据えたうえで、地に足のついた議論をして、十分な検討がなされるべき問題である。

人事評価とはどのような行為か

第2章以下では、長期雇用を前提とした正規従業員（いわゆる正
社員）を中心とした従業員に対する人事評価について、法的な分析
を加えることになります。そこで、本章ではまず人事評価とはどの
ような行為をいうのか、その結果がどのように活用されるのか、具
体例を交えてその全体像を解説したいと思います。

Q1

人事評価（査定）とは、どのような行為をいうのでしょうか？また、企業で採用されている人事評価制度の例を紹介してください。

A 人事評価とは、一般に、従業員の能力・適性や職務遂行の成果等を評価して、賃金のほか、従業員の適正配置、昇進・昇格等の処遇の決定に活用されるものをいいます。企業が採用している人事評価制度は千差万別ですが、ここでは最近、多くの企業で採用されている役割等級制度という賃金制度を前提とした人事評価の実態を紹介します。

【解説】

1　人事評価とは

「人事評価」について議論するにあたり、ここでは一般的な理解として、人事評価とは従業員の能力・成果を評価して賃金・処遇を決定する制度[1]という理解を前提として議論を進めることにします。人事評価は、「人事考課」や「査定」などと呼ばれることもあります。ここにいう「処遇」とは、賃金だけでなく、配置転換や昇進・昇格などを含んでいることが多いと思われます。

「人事評価」の理解については、人事・労務管理論の言説を引くことで、「人事評価は、従業員の状態を知り、評価する機能を担う管理活動であり、賃金

第1章　人事評価とはどのような行為か

のほか、従業員の適正配置、昇進・昇格等の処遇の決定、能力開発に活用されるもの」と整理したり[2]、「人事評価制度の目的ないしねらいは、①従業員の能力・適性等を分析、評価し、適正配置をなすことにより労働力の効果的活用をはかる、②従業員の能力・業績を評価し、賃金、賞与、昇進等に反映させることにより業務効率の向上をはかる、ことの二点にある」と説明したり[3]されているところでもあります。

2　実例（ある企業の例）

　それでは、「役割等級制度」（定義はＱ３参照）という賃金制度・人事制度を採用しているある大企業(正社員約1万名。以下、「Ａ社」といいます。）の例をとって、実際の人事評価がどのように運営されているのかをみてみます。

（1）人事評価制度の全体像

　　Ａ社の人事評価制度は、「パフォーマンス評価」、「コンピテンシー評価」および「適性評価」の大きく3つの要素に分かれています。

　　まず、「パフォーマンス評価」は、従業員の職務遂行の成果を評価するものです。すなわち、従業員が所属する組織は、会社の経営目標を達成するために自己の組織が達成すべき目標を策定しますが、その組織目標を達成するため、その組織に所属する従業員は、自己に与えられた役割をふまえて職務

---

[1] 土田道夫『労働契約法』291頁（有斐閣、第2版、2016）においては、「人事考課は、労働者の能力・成果を評価して賃金・処遇を決定する制度であり、おおむね、年度始めに評価基準と達成目標を設定し、中間レビュー・賞与評価を経て、年度末に評価が行われる。」と説明されている。

[2] 土田道夫「成果主義人事と人事考課・査定」土田道夫＝山川隆一編『成果主義人事と労働法』58頁（日本労働研究機構、2003）。

[3] 秋田成就「賃金決定における人事考課の法的問題」季刊労働法105号8頁（1977）。また、人事評価の機能に着眼した経営側の視点から、「人事評価とは、①会社が求めている基本理念を従業員に示し、それを業務内容として従業員一人ひとりに方向付けを行なう、②会社が要求する「職務能力」「成果」「貢献度」「遂行態度」などを通じ、仕事を自己実現の場として位置付ける、③その達成度合いを公正に評価し、結果を人事処遇（昇進、昇格、配置・異動など）、賃金処遇（賃金、処遇、退職金など）へ反映させる。それと同時に、自らの強み弱みを確認することで今後の人財育成（能力開発、キャリア開発、OJT、OffJT、行動変革等）に活かす手段である。」と定義づける見解もある（日本経団連事業サービス人事賃金センター編『役割・貢献度賃金成果主義人事賃金制度の再設計』107頁（日本経団連出版、平2））。

23

目標を設定します。職務目標は、年度始に、上司と話し合って決めることになっています。そして、年度末には、上司は、当該従業員と、その職務遂行結果、すなわち業績を検証し、評価することになります。

次に、「コンピテンシー評価」とは、職務遂行の結果を評価する「パフォーマンス評価」とは異なり、職務遂行のプロセスを評価するものです。すなわち、職務遂行の能力・質が高く、良好な業績を挙げる人物をロールモデルとし、そのような人物に共通する行動特性を措定したうえで、当該従業員の行動特性がロールモデルと比べてどの程度に位置付けられるのかを評価するのです。いわば、成果につながる潜在性ないし可能性の高さを評価することで、ロールモデルのような行動に誘導するものといっていいかもしれません。

最後に、「適性評価」は、次年度以降、従業員がどのような部署で、どのような仕事をしたいかを自己申告し、上司が、その自己申告をふまえ、当該従業員の職務遂行結果や行動特性を観察することで、当該従業員に適した職務を評価するものです。

[図1] 人事評価制度の全体像

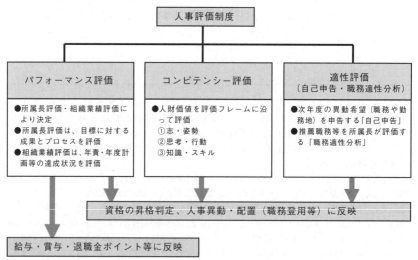

第1章　人事評価とはどのような行為か

（2）具体的評価項目

　「コンピテンシー評価」と「パフォーマンス評価」の具体的評価項目を記載したものが［表1］です。

　「コンピテンシー評価」では、「分析・課題設定力」と「主導・影響力」の項目で例を挙げています。このうち、「主導・影響力」の項目では、「上位者や社外関係者に対しても、自己の考えや方針を伝え、合意・納得を得ている」という主導・影響力に関する行動特性を明示し、このような行動ができているかを評価します。また、「パフォーマンス評価」では、自己の仕事について、いつまでに何をやるかという具体的な目標を複数設定し、それが達成されたかどうかにより評価します。

　なお、「適性分析」は、当該従業員がどのような職務に適性を持っているかを分析するものですので、具体的な評価項目が明示されているわけではありません。

［表1］コンピテンシー評価とパフォーマンス評価の評価項目

	コンピテンシー評価（＊1）	パフォーマンス評価（＊2）
評価項目例	①マインドセット（お客さま志向・倫理観、挑戦・創造、協働・成長） ②分析・課題設定力 　［例］ 　【現状把握】第三者の情報も有効に活用しつつ、自らも情報を集めながら、社内の実態を把握している ③企画・創造力 ④実行・完遂力 ⑤主導・影響力 　［例］ 　【説得】上位者や社外関係者に対しても、自己の考えや方針を伝え、合意・納得を得ている ⑥相互成長・人財育成力 ⑦基本的スキル（取得資格等）	①目標1（全体における比重40%） 　［例］（法務部員） 　訴訟追行を通じ、紛争発生原因を分析のうえ再発防止策を策定し、年度末までに経営に提言 ②目標2（30%） 　・・・・・(省略) ③目標3（30%） 　・・・・・(省略)
使途	異動・昇格等	昇給・賞与・退職金ポイント・昇格・異動等

（＊1）コンピテンシー評価の評価項目・評価要素は、「入社から係長級昇格前まで」、「係長級昇格から課長級昇格前まで」、「課長級昇格後」というようにステージごとに設定されています。熟練の度合いによって求められる行動特性も違ってくるからです。［表1］の①〜⑦は、「課長級昇格後」のステージの評価項目であり（ただし、抽象的な評価項目自体は、各ステージでほぼ共通しています。）、［例］として記載しているのは、その評価項目における具体的な評価要素です。それぞれの評価項目ごとに、複数の評価要素が事前に開示されています。

（＊2）パフォーマンス評価の評価項目は、年度始の上司との目標設定面接において、上司との話合いのうえで個別に決定されます。①目標1の［例］は、法務部に所属する一人の従業員が上司と話し合って決めた年度目標の例です。目標は一つではなく、複数立てるのが通常であり、複数の目標の比重をパーセントで管理することになりますが、ここでは②目標2と③目標3の具体的な目標の例示は省略しています。

（3）評価方法

　　このように人事評価は、賃金等の処遇に反映されることになります。そして、賃金原資の増加が困難であるとすれば、比喩的には、人事評価は賃金原資（総額人件費）をパイとするパイの争奪基準ということになります。そうすると、人事評価における評価方法は、どうしても相対評価にならざるを得ません。とりわけ、給与や賞与との結びつきが強いパフォーマンス評価は、組織内の所属員間では相対評価が基本になります。そして、パフォーマンス評価の調整要素である組織業績評価も組織間の相対評価ですから、パフォーマンス評価は全従業員を対象とした相対評価といっていいと思います。

　　他方、コンピテンシー評価については、ロールモデルの行動特性のような行動ができているのか、どの程度できているのかという評価基準からすれば、絶対評価的な評価方法に近付くことになります。また、コンピテンシー評価の賃金等の処遇への反映が副次的・間接的であることからも、絶対評価への近接性が認められます。ただし、「どの程度できているか」という評価をする場合、たとえば5段階程度で評価することになりますが、その段階へのあてはめは、どうしても相対評価にならざるを得ないように思われます。

第1章 人事評価とはどのような行為か

（4）人事評価の活用方法（使途）

　人事評価は、基本的には人事処遇に反映させるということになりますが、具体的な評価と人事処遇との関係は次のようになっています。

①昇給（賞与を含む）

　単年度（前年度）のパフォーマンス評価によって、昇給・賞与額が決定されます。ただし、所属する組織全体の業績がよければ、所属従業員のパフォーマンス評価に加算がなされることがあり、その分、昇給・賞与の額も上積みされる場合があります。また、パフォーマンス評価によって、その年度に付与される退職金ポイント（退職金額を決定する指数）にも影響します。

②資格昇格

　A社は、役割等級制度（Q3参照）を採用しており、これは能力主義的な要素がある制度ですので、「課長級」、「部長級」というような職能資格の要素を残しており、その資格が職務等級に影響し、ひいては賃金にも影響を与えます。この資格の決定にも人事評価が活用されます。具体的には、複数年のパフォーマンス評価により、当該従業員がどの程度会社業績に貢献してきたかをみて、また副次的に、コンピテンシー評価により、当該従業員の行動特性をみて、これらを合わせ評価することで、資格の昇格を判定します。

③人事異動（配置）・職務登用

　さらに、人事異動や職務登用においては、従業員の自己申告や上司の職務適性評価を参考にしながら、資格昇格の判定と同様、複数年のパフォーマンス評価とコンピテンシー評価を中心にして、当該従業員を総合的に評価して、その決定が行われることになります。そして、A社が採用する役割等級制度においては、職務が変更になれば、その職務の重要性に応じて給与や賞与が変動することになります。

［表2］人事評価の活用方法

人事処遇の種類	使用される人事評価
①昇給額の決定	・単年度のパフォーマンス評価
②賞与額の決定	📖パフォーマンス評価
③退職金ポイントの決定	＝所属長評価×組織業績評価
④昇格（職能資格）の決定	・直近複数年のパフォーマンス評価 ・コンピテンシー評価（直近）　　　　　　　┐ ・所定の資格要件（TOEICの点数等）の充足　├ 総合判断 ・外部評価機関のアセスメント評価　　　　　┘
⑤人事異動（配置）・職務登用	・直近複数年のパフォーマンス評価　┐ ・コンピテンシー評価（直近）　　　├ 総合判断 ・＋α（その他のさまざまな要素）　┘ 　　📖人事異動や職務登用によって、担当職務が替わった場合には、役割等級制度における職務の変更により、給与・賞与が変更になる場合がある。

第1章　人事評価とはどのような行為か

Q2

> 人事評価においては、目標管理制度が活用されていると聞きますが、目標管理による人事評価とはどのようなものですか？

A 目標管理による人事評価とは、概ね、年度始に上司の助言を得ながら自らの職務遂行目標を設定し、年度末に目標達成状況を測定して、昇給や賞与の決定、昇格・昇進（人事異動）に反映させる制度のことをいいます。基本的には、成果主義人事制度の前提となる制度といっていいでしょう。

【解説】

1　目標管理による人事評価とは

　目標管理制度は、「組織目標と個人目標を統合して目標を設定し、個人はそれにむかって自立的に仕事を進める」という基本的な考え方に基づいて、部下の自主性を引き出して、効率的な組織を形成することで、組織目標ひいては経営目標を達成しようとするものです[4]。目標管理制度は、「ＭＢＯ」（＝Management By Objective）と呼ばれますが、文字どおり、目標による業務の管理ということになります。そして、前記の目標管理制度の基本的な

---

[4] 今野浩一郎＝佐藤博樹『人事管理入門』126頁（日本経済新聞社、2002年）

考え方を人事評価に採り入れたのが「目標管理による人事評価」です。

　典型的な目標管理による人事評価の流れ、ないし具体的な実施事項は、次のようなものになります[5]。すなわち、①まず年度始面談で、観察したり測定したりできる具体的な（数値）目標を、上司と担当者が相談して設定し（目標設定面接）、②担当者本人は、合意した目標を達成するために、必要な行動計画を立て、自発的に実施に移すよう努力し（業務遂行）、③年度途中に中間フォローとして上司と面談のうえ進捗状況を確認し、担当者は必要に応じて目標を修正し、上司はフィードバックと示唆・助言を与える（中間フォロー面接、進捗確認・フィードバック）。そして、④年度末になれば、上司は、目標の達成度(達成率)の点から、担当者の成果や職務遂行の程度を評価し(目標達成度評価)、⑤その後、年度末の面談では、上司が最終的にまとめられた評価結果を本人に通知・開示し、次年度に向けた指導と助言を与える（年度末面接、結果の開示、指導・助言）、というものです。

　目標管理制度は、人事評価の前提となるものであるし、人事評価のためのツールという側面を持つだけでなく、上司とのコミュニケーションを通じた経営管理・組織目標管理のツールであると解されます。

　人事評価において、職務遂行の成果を評価するには職務目標を設定し、その達成状況を測定・判定するのが合理的です。また、人事評価に基づく成果主義の人事制度が機能するには、人事評価の納得性や透明性が確保されることが必要となります。これらの観点からいうと、目標管理制度は、職務目標の達成状況を合理的に測定・判定することができるだけではなく、人事評価の過程を透明化し、上司とのコミュニケーションによって従業員の人事評価に対する納得性を高めるものといえるでしょう。

2　我が国における目標管理による人事評価の歴史

　目標管理制度が日本に導入されたのは、1965年（昭和40年）頃と古く、P.F.ドラッカーがその著書「The Practice of Management」（1954）におい

---

[5] 高橋潔「MBOとPM」日本労働研究雑誌657号40頁（2015）

て初めて提唱し、その邦訳によって日本に紹介され、導入されたといわれています[6]。1965年から1975年（昭和40年代）に急速に普及しましたが（第1次ブーム）、単なる業務管理にとどまり、賃金処遇制度との連結がなくインセンティブが働かないなどの理由により沈滞期を迎えることとなりました。しかし、1990年代からの成果主義の台頭に合わせて再び注目を浴び（第2次ブーム）[7]、現在に至っています。成果主義賃金制度を導入している企業では、目標管理による人事評価制度を採用している企業が多いようです。

3　目標管理による人事評価制度の運用（実例）

　それでは、ここでもQ1において賃金制度・人事制度の実例として紹介したA社を例にとって、目標管理による人事評価制度の運用（流れ）の実例を紹介したいと思います。

　A社の目標管理による人事評価制度の実際の運用については、前記の目標管理による人事評価の説明と同様のものとなっていますが、改めて［表3］として整理しました。

　なお、評価に不満がある場合は、不服申立て制度（レビューリクエスト制度）を利用することができます。

［表3］　目標管理による人事評価制度の流れ

年度始	組織目標をもとに、個人目標を上司との話合いによって決定（目標設定面接）
年度中間	上司と面談のうえ進捗状況を確認し、必要に応じて目標を修正し、上司はフィードバックと示唆・助言を与える（中間フォロー面接）
年度末	上司は、目標の達成度（達成率）の点から、本人の成果や職務遂行の程度を評価（目標達成度評価） 上司と面談氏は、上司は評価結果を本人に通知・開示し、その評価理由を説明かるとともに、次年度に向けて指導・助言（年度末面接） 説明内容に不満があれば、レビューリクエスト

---

[6] 亀山直幸「目標管理、年俸制の拡大とホワイトカラー人事制度の変容」ジュリスト1066号76頁
[7] 亀山・前掲注6）76頁

また、年度始・中間・年度末の各面接後、人事部が、各従業員に対し、社内のイントラネット等を活用し、次のようなアンケートに上司を介さず回答することを求めています。これは、前記のとおり、目標管理による人事評価制度においては、上司との面接してコミュニケーションをとることによる評価の透明性や納得性が重要であることに鑑み、それが実際に実施されているかを確認するものです。

（質問例）・上司といつ面接しましたか。
　　　　　・上司とは何分程度面接しましたか。
　　　　　・上司は、組織目標を十分説明しましたか。
　　　　　・上司との間で個人目標を十分に話し合い、共有しましたか。
　　　　　・上司は、あなたの個人目標達成に向けて適切なアドバイスをしましたか。
　　　　　・上司は、あなたの評価結果とその理由について十分に説明しましたか。

　このような目標管理による人事評価を実効性のあるものにするには、上司とのコミュニケーションだけではなく、目標の立て方も重要です。たとえば、「申込書不備チェック業務においてミスをなくすよう頑張る」という目標では、一生懸命頑張ればミスが多く発生したとしても目標を達成したことになってしまいます。目標は、たとえば「申込書不備チェック業務において、不備発見率を98％以上とする。」というように、数値化する必要があるといわれています。また、目標達成のための具体的プロセスを目標として盛り込むことでプロセス自体の管理もしやすくなります。たとえば、「事務マニュアルを常に参照することで、申込書不備発見率を年間98％以上とする。」というように、プロセスを「見える化」することも重要です。

　さらに、目標管理制度による人事評価の運用においては、評価者（上司）による人事評価制度の理解や、人事評価制度運用における留意点等についての理解が、極めて重要になります。そこでA社では、年に一度は評価者研修を実施するとともに、詳細な評価者向けの人事評価ハンドブックを作成し、全評価者にイントラネットで周知・徹底しています。具体的には、人事評価制度を詳細に説明するとともに、①人事評価面接の運営方法、②年度始の目標設定面接における具体的な目標の立て方（立てさせ方）、③中間フォロー面

接における目標達成の進捗状況の確認や年度末達成に向けての指導方法、④コンピテンシー評価のための従業員の行動特性の把握方法、⑤客観的な所属長評価のしかた、⑥年度末面接における所属長評価のフィードバックのしかた等をきめ細かに指導しています。

　これにより、公平・公正な評価制度が担保されることになりますので、評価者研修は極めて重要です。

Q3

人事評価が活用される賃金制度（人事制度）には、どのようなものがありますか？

A 賃金制度（人事制度）には企業ごとにさまざまなものがありますが、人事評価との関係では、「職能資格制度」、「職務等級制度」および「役割等級制度」を理解しておけばよいでしょう。「職能資格制度」は、従業員の業績・成果を評価するものではなく、その職務遂行能力を評価するものです。「職務等級制度」は、職務遂行能力ではなく、従業員が担当する職務に応じて賃金・処遇を決定する制度です。そして、「役割等級制度」は、従業員の職務遂行能力とともに、その担当職務の役割の重要性に基づいて賃金・処遇を決定する制度といえるでしょう。

【解説】

　人事評価の前提となる賃金制度（人事制度）については、次章以下で詳細に検討することになりますが、ここでは、人事評価との関係で問題となる三つの賃金制度（人事制度）を取りあげて、その概要を説明しておくことにします。

1 職能資格制度[8]

「職能資格制度」は、会社が認めた職務遂行能力のレベルに応じて資格等級を設定し（たとえば、主任級・係長級・課長級・部長級など）、従業員をその資格に格付けして昇進や賃金決定をして行くシステムであり、職務遂行能力を資格等級の決定基準とするものです。ここに評価対象となる職務遂行能力は、顕在能力と潜在能力の双方になります。

職能資格制度においては、職務としての係長・課長・部長という「職位のはしご」と資格としての係長級・課長級・部長級という「資格（ランク）のはしご」の二重ヒエラルキーの昇進構造になります。つまり、職能資格としての部長級の従業員が、必ずしも総務部長や企画部長などの部長職に就いているとは限らないことになります。

また、職能資格制度においては、いったん身についた能力は減らないという人の能力観を基本としていますので、降格は馴染まないとされています。

2 職務等級制度（ジョブ・グレード制）[9]

「職務等級制度」は、ジョブ・グレード制とも呼ばれますが、会社におけるさまざまな職務について、必要なスキル、責任、難度等をもとに評価して、職務価値を決め、いくつかの等級を設定し、昇進や賃金設定などの基準にするシステムで、職務それ自体を等級の決定基準とする制度です。

職務等級制度においては、従業員の処遇は、その人の配置された職務と連動することになります。そして、その賃金は、配置された職務の等級に応じて変動することになります。

3 役割等級制度[10]

「役割等級制度」は、会社におけるさまざまな職務・仕事の役割の重要度

---

[8] 平野光俊「社員格付け制度の変容」日本労働研究雑誌597号74頁（2010、労働政策研究・研修機構）

[9] 平野・前掲注8）74頁。菅野和夫『労働法』417頁（弘文堂、第11版補正版、平29）は、「企業内の職務を職責の内容・重さに応じて等級（グレード）に分類・序列化し、等級ごとに賃金額の最高値、中間値、最低値による給与範囲（レンジ）を設定する制度」としている。

に応じて等級区分し、役割ベースで設定された目標の達成度（成果）を処遇
に反映させる制度です。

　職能資格制度が能力主義に基づくものであり、職務等級制度が職務主義
にも基づくものであるとすれば、役割等級制度は、能力主義と職務主義の混
合思想に基づくもの（ハイブリッド型）ということができます。

　現在、多くの会社で役割等級制度が採用されていますが、その形態は一
律ではなく、会社の実情に応じたさまざまなバリエーションを伴って採用され
ているようです。

4　その他

　賃金制度としては、賃金の全部または相当部分を労働者の業績等に関す
る目標の達成度を評価して年単位に設定する制度である「年俸制」[11]なども挙
げられます。しかし、年俸制は、人事評価や職務評価によって決定された賃
金の支払い方を捉えたものという側面が強いかもしれません。この年俸制は、
上級管理職や高度専門職に限定して適用されることが多いようです。

---

[10] 平野・前掲注8）76頁。菅野・前掲注9）418頁は、「組織の達成目標に照らしての従業員の仕事上の役割
（ミッション）を分類し等級化して、その等級に応じて基本給を定めるもの」としている。
[11] 菅野・前掲注9）419頁

第 1 章　人事評価とはどのような行為か

●第2章●

職能資格制度における人事制度はどのように運用されているか

ここでは、日本型雇用における人事考課制度を紐解くのには欠かせない職能資格制度について検討をしていきます。

　近時は人事考課制度も多様化してきていますが、それでも、職能資格制度そのものを導入している企業も依然として数多く存在しています。

　この制度は安定した賃金政策として日本社会に適合し、オイルショック期からバブル経済期の日本経済の激動期に広く普及し、企業の人事考課制度の体系化に大きな役割を果たしました。

　したがって、職能資格制度の理解なくして、日本型雇用における人事考課制度を理解することはできません。

　そこで本章では、①職能資格制度とはどのような制度か、②職能資格制度下においてどのように人事考課がなされていたのか、③職能資格制度がどのような法的問題を孕んでいるのかを中心に検討していきます。

Q1

職能資格制度とはどういった制度ですか？

A 企業における職務遂行能力を職掌として大くくりに分類したうえで、各職掌における職務遂行能力を資格とその中でのランク（級）に序列化したものです[1]。基本給は、資格とランクに対応した「職能給」によって定められます。

【解説】

1 能力主義と職能資格制度

人事管理の基本的理念は、人・仕事・賃金の3要素によって決まります[2]。

人（能力）を人事・賃金決定基準とするのが「能力主義」、仕事を人事・賃金決定基準とするのが「成果主義」です。「能力主義」は人材を育成し、成長した人材が仕事を作っていくという考え方で、日本型と評されます。一方で、仕事を標準化し、仕事の価値を決め、仕事に合った人材を採用するのが「成

---

[1] 菅野和夫「労働法（第11版補正版）」〔弘文堂〕413頁。

[2] 楠田丘「日本型成果主義の基盤　職能資格制度〜その再点検・整備・リニューアル方策〜（改定5版）」〔経営書院〕2頁乃至3頁。

果主義」で、アメリカ型と評されます。

2　成果主義の能力主義の違い

　成果主義の場合、仕事に着目し、仕事の内容およびその達成度を評価することから、年齢に関わりなく報酬が定められることになります。一方、能力主義の場合は、能力が熟成していない若年時は働きよりも低い賃金、ある程度能力が成熟してきた中年以降は働きよりも高い賃金が与えられることになり、勤続年数が長ければ長いほど賃金が上がるという構造に結び付きます。

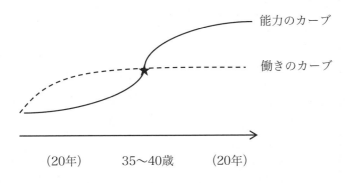

　これらをまとめると、以下の表1のようになります。
　また、実際の職能資格制度の事例を挙げると別表1のようになります。

＜表1＞

	基本的な考え方	一般的特徴
能力主義（日本型） →　労働力基準	人材を育成し、成長した人材が仕事を作っていく。 人材の成長に応じて賃金も上がる。	・人材の育成 ・長期的功績の重視 ・定昇あり
成果主義（アメリカ型） →　労働基準	仕事を標準化し、仕事の価値を決め、仕事に合った人材を採用する。 仕事と成果で賃金が決まる。	・人材の活用 ・短期的功績の重視 ・定昇なし

別表1　職能資格制度の例（荒木尚志「労働法（第3版）」〔有斐閣〕411頁）

職能資格			職能資格の等級定義（業務の職能の等級区分＝職能段階）	職掌区分	対応役職			初任格付	理論モデル年数	昇格基準年数	
層	等級	呼称			役職位	専門・専任職 技術系	専門・専任職 事務系			最短	最長
管理専門職能	M3 (9)	参与	管理統率業務・高度専門業務	管理専門職掌	部長	技師長	考査役		－	－	
	M2 (8)	副参与	上級管理指導・高度企画立案業務及び上級専門業務		副部長	副技師長	副考査役		⑤	－	
	M1 (7)	参事	管理指導・企画立案業務及び専門業務		課長	主任技師	調査役		⑤	③	
指導監督専任職能	(6)	副参事	上級指導監督業務・高度専任業務・高度判断業務	専務・技術・営業職掌	課長補佐	技師	副調査役		④	③	
	(5)	主事	指導監督業務・専任業務・判断業務		係長	技師補	主査		④	②	
	(4)	副主事	初級指導監督業務・判定業務		主任				③	②	
一般職能	(3)	社員一級	複雑定型及び熟練業務	事務・技術・営業				大学院修士	③	②	⑥
	(2)	社員二級	一般定型業務					大学卒	②	①	⑥
	(1)	社員三級	補助及び単純定型業務					高校卒 短大卒	④②	④②	⑥

（出所：清水勤『ビジネス・ゼミナール　会社人事入門』〔日本経済新聞出版社，1991年〕）

第 2 章　職能資格制度における人事制度はどのように運用されているか

Q2

職能資格制度はどのようにして日本社会に浸透していったのでしょうか？

A 　職能資格制度は高度経済成長期、年功的に運用されていたそれまでの賃金制度を改善すべく導入されました。その後、人材育成と長期雇用を前提とする日本の正社員制度に合致していたことから、バブル経済期に広く日本社会に浸透していきました。

【解説】

1　職能資格制度が導入された経緯

　職能資格制度は、高度経済成長期末の1969年頃から提唱されていましたが、本格的に導入されたのはオイルショックが発生した1973年から1979年頃であり、バブル経済期の1986年から1991年頃に普及しました。

　高度経済成長期（1955年から1973年頃まで）までの日本は、生活給保障、年功賃金、長期雇用制度等の要素に基づく賃金制度が採用されており、勤続すればするだけ給与が上がるという状態になっていました。しかしながら、社員の勤続年数に比例して給与が上がるという状況が続けば会社の賃金原資は際限なく膨れ上がることになりますので、これを抑制しつつ、労働者の意欲向上、能率向上、賃金への成績の反映等の観点から、これまでの賃金制

43

度の見直しが図られることになります。

　その後、日経連がアメリカにならった能率給や職務給の整備・導入を推進するも、奏功しなかったことから、それに代わりに、能力主義管理を具体化した資格制度として職能資格制度が登場しました。これは、基本給を「職能給」と「年齢給」とで構成し、能力主義の理念と年齢（勤続）による処遇（年功主義）とを調和させ、賃金制度全体のバランスを図ることを目的とした制度です。

2　日本の正社員制度との合致

　その後、バブル経済期（1986年から1991年頃まで）に突入すると、人材育成と長期雇用を前提とする日本の正社員制度に合致していた職能資格制度は広く日本社会に浸透していきました。しかし、年次（勤続年数）が上がれば必然的に職務遂行能力も向上するであろうという「フィクション」を前提として運用されていったことから、当初の理念と異なり、同制度は年功的な運用へとつながっていきました。それゆえ、バブル経済が崩壊すると、賃金の抑制措置が必要となったことで職能資格制度の見直しが図られるようになり、職務給制度や役割等級制度に代替されるようになります。

第2章　職能資格制度における人事制度はどのように運用されているか

＜参考：日本の賃金政策の推移（図2）＞[3]。

時期	出来事等	賃金制度及びその特色等
明治前期 （1867〜1894）	●日清戦争（1894） ・富国強兵、殖産興業のスローガンの下、欧米から機械・技術・ノウハウを積極的に導入	等級別賃金 ・上層職員は年俸制、一般職員は月給制、工員層は時間給、日給または請負制
明治後期 （1894〜1910）	・工業化→熟練工の不足が表面化	等級別賃金・単純出来高給 ・明治前期の賃金制度を維持しつつ、工員層には、生産能率を高めるため単純出来高給（請負給）を適用 ・一部昇給制度の採用 ・勤続奨励的な賞与、手当の広がり
大正期 （1911〜1925）	●第一次世界大戦（1914〜1918） ●関東大震災（1923） ・熟練工の不足が深刻化 ・物価急騰 ・大戦後の不況や労働運動の活発化	勤続給的生活賃金 ・新卒を採用し企業内で養成する基幹工確保策の動き ・物価手当や臨時手当などの支給、臨時昇給の導入 ・勤続手当や勤続を反映した昇給による労働力移動の防止 ・生活給思想、「手当」の広がり
昭和戦前期 （1925〜1945）	●世界恐慌（1929〜1933） ●満州事変（1931） ●国家総動員法成立（1938） ●第一次賃金統制令、賃金臨時措置令、会社職員給与臨時措置例（1939）	統制給 ・初任給の年齢別公定と昇給内規の届出認可を規定（第一次賃金統制令） ・賃金引き上げ凍結（賃金臨時措置令、会社職員給与臨時措

---

[3] 笹島芳雄「日本の賃金制度：過去、現在そして未来」（「経済研究」（明治学院大学）第145号）31頁乃至54頁（http://econ.meijigakuin.ac.jp/research/publication/pdf/145-3.pdf）、西村純「人事・賃金制度に関する一考察と今後の研究課題」（独立行政法人労働政策研究・研修機構、2016年3月）（http://www.jil.go.jp/institute/discussion/2016/documents/DP16-03.pdf）、菅野和夫「労働法（第11版補正版）」〔弘文堂〕412頁乃至419頁。

	●家族手当支給の特例、第二次賃金統制令 (1940) ●重要事業場労務管理令(1942) ●改正賃金統制令 (1943) ・恐慌→昇給停止、諸手当削減、賃金切り下げ等の人件費削減策推進 ・一方で、物価上昇により実質賃金が低下し、特に扶養家族を有する労働者の生活の厳しくなったため、1940年以降は一定の条件下で家族手当の支給を認める等、支給条件の緩和開始 →政府による生活給の推進	置令) ・７０円以下の所得者に対し扶養家族１人について２円未満の家族手当支給を許可(家族手当支給の特例) ・最高、最低賃金の公定、賃金規則作成等の賃金統制の強化 (第二次賃金統制令) ・全員の年１回昇給を規定し、最高・標準・最低の昇給額を規定するよう指導 (重要事業場労務管理令) ・内規の認可を条件に昇給内規通りの昇給を認める (改正賃金統制令) ↓ (1940 〜) 家族手当の普及 ・賃金統制による賃金引上げ凍結と物価の上昇への対応策
昭和戦後期 (1945 〜 1955)	●GHQ統治 (1945 〜 1952) ●日本電気産業労働組合協議会による闘争 (1946 〜)	電産型賃金 ・生活給思想の浸透→賃金の約7割が年齢及び家族状況で決まる生活費重視の生活保障型の賃金体系へ ・年齢、勤続年数の増加により賃金が上昇 (定期昇給) する年功賃金 ・労働者の年齢 (勤続年数) 重視、生活重視の賃金制度は、新卒者を大量採用し教育訓練しキャリア形成をはかる長期雇用システム (終身雇用制度)の人事管理に適合するものとして浸透
高度経済成長期 (1955 〜 1973)	●日経連が「能力主義管理研究会」を設置 (1966 〜 1969)	職務給推進 (普及せず) ・1950 年代前半以降、生活給

第2章　職能資格制度における人事制度はどのように運用されているか

	●日経連による『能力主義管理-その理論と実務』の発表 (1969)	制度の見直しのため（労働者の意欲、能率、成績を賃金に反映させるため）、日経連がアメリカにならった能率給や職務給の整備・導入を推進するも奏功せず
		職能資格制度の導入開始 ・上記に代わり日経連が職能給を推進、能力主義管理を具体化した資格制度として職能資格制度が登場
転換期 (1973〜1986)	●オイルショック (1973,1979) ●プラザ合意 (1985) ・オイルショックによる低成長等による既存の賃金制度変更の必要性→能力主義へ ・プラザ合意による円高不況の景気対策としての低金利化による不動産バブル発生→バブル経済へ	職能資格制度の本格導入 ・基本給を「職能給」と「年齢給」とで構成し、能力主義の理念と年齢（勤続）による処遇（年功主義）とを調和させる
バブル経済期 (1986〜1991)	●1986年12月から1991年2月まで51ヶ月間の連続経済成長	職能資格制度の普及 ・人材育成と長期雇用を前提とする日本の正社員制度に合致
バブル経済崩壊期 (1991〜1995)	●バブル崩壊(1991) ・冷戦構造の崩壊と社会主義諸国の市場経済化、経済のグローバル化の進展→日本経済や企業経営の成長が期待できない状態 　→成果主義へ	成果主義賃金制度への移行 ・賃金の抑制措置→職能資格制度の見直しへ
長期低迷期 (1995〜2004)	●阪神大震災、地下鉄サリン事件 (1995) ●金融危機 (1997) ●ITバブル崩壊 (1999〜2001) ●世界同時多発テロ (2001)	職務等級制度・役割等級制度等の導入

47

Q3

職能資格制度の特徴を教えてください。

職能資格制度は個人の「能力」に着目する制度であり属人的に賃金が決まるため、役職に関わらず一定の賃金額が保障されることが最大の特徴です。

【解説】
1 「能力」とは
　職能資格制度における「能力」とは、入社以来、育成開発されてきた社員の蓄積能力を意味しています。「〜判断ができる」「〜対応ができる」といったように、等級ごとに、当該等級の社員がどのような能力を身に付けているのかという形で表現されます。
　一方、「実力」の場合は「〜している」という表現が用いられ、成果実現のためどのような行動をとっているかが評価の対象となります。

2 職能資格制度の特徴[4]
　職能資格制度は、一般に、以下のような特徴があるとされています。
① 属人的な賃金決定になるため、担当業務の変更によっても賃金に影響が

生じないことから、柔軟な人事異動が可能となり、社内での有効な人材活用が期待できる。

② 「役職（職位）」と「資格」とが分離されているため、役職不足の場合も能力が同等な者には同等の賃金を付与でき、公平性の確保や士気の維持が可能となる。

③ 能力（職能資格）の向上が賃金向上に直結するため、労働者に能力開発のインセンティブを付与することができ、勤労意欲を高めることができる。

3　職能資格制度の問題点

一方で、職能資格制度には以下のような課題もあります。

① 昇格昇級の基準が曖昧で職務遂行能力の客観的評価も困難であるため、資格制度の運用が年功的になりがちである。

② 職能資格によって賃金が決定されるため、企業への貢献度と賃金との乖離が生まれ、労働者の不公平感につながる。

③ それぞれの会社の職能資格にもとづく処遇システムとなることから、外部から人材を採用する場合に、必ずしもその人材の客観的評価に見合った処遇が提示できない（中途採用が困難となる）。

---

4) 荒木尚志「労働法〔第3版〕」〔有斐閣〕412頁参照。

Q4

職能資格制度は、どのようなルールに則って運用されているのでしょうか？

 昇格原則、能力の育成と公正評価の原則、昇進原則、同一資格同一処遇の原則という４原則に則って運用されています[5]。

【解説】
1　昇格原則
　職能資格制度では、現在在級している資格等級の職能要件、つまり、その資格等級において要求される知識、技能、業績、経験等を十分に習得した場合に上位の等級にあがることになります（このような方式を「卒業方式」といいます）。例えば、５等級の者が、５等級が必要とする能力条件を十分に満たした場合に６等級に昇格する（いわば、５等級を「卒業」する）ことになります。
　これを昇格原則と言います。

---

[5] 楠田丘「日本型成果主義の基盤　職能資格制度〜その再点検・整備・リニューアル方策〜（改定5版）」〔経営書院〕150頁乃至151頁。

第2章　職能資格制度における人事制度はどのように運用されているか

　この原則に則れば、あくまでも個人の能力に着目しているので、6等級に欠員があろうとなかろうと、5等級を満たした者がいるのであれば昇格をさせなければなりません。

　なお、卒業方式と対になるものとして、「入学方式」もあります。その資格等級において要求される知識、技能、業績、経験等を習得した者がその等級に上がることを意味しており、この場合、例えば6等級に必要な知識、技能を身に付けた者が6等級に昇格（いわば、6等級に「入学」する）します。求められる役割や職務の特性がこれまでと大きく異なる職への任用、すなわち、管理監督職への昇任や専門職への任用等、あらかじめその重責を担うだけの力量が必要な場合に用いられます。

2　能力の育成と公正評価の原則

　職能資格制度における昇格の考え方によれば、昇格後はまだその等級に必要な能力を有していない状態なので（前述1の「卒業方式」参照）、各等級の職能要件を明示し、その各等級の職能要件に対して各人がどのような能力の状態にあるのかを検証し、自覚させ（能力考課と自己評価）、不十分なら育成を、十分なら昇格をさせることになります。また、等級ごとに該当人数等の制限もないことから、客観的にみて昇格に十分な能力を有しているのであれば、当然に昇格します。

　これを、能力の育成と公正評価の原則といいます。

3　昇進原則

　職能資格制度においては、前述1の通り、昇格した段階では当該等級に必要な能力を有していませんので、昇格して直ちにその等級相当の役職につくことはできません。特定の等級に昇格した後、当該等級の職能要件をある程度身に付けたのち、当該等級に相応の役職に就く（昇進）ことになりますので、昇格があって初めて昇進があることになります。

　これを昇進原則といいます。

4 同一資格同一処遇の原則

さらに、職能資格制度は能力によって賃金が決まるという制度ですので、同一等級内では、役職の如何にかかわらず、職能給に関する限りは同一の処遇を受けることになります。

これを同一資格同一処遇の原則といいます。

第2章 職能資格制度における人事制度はどのように運用されているか

Q5

職能資格制度では、どのような種類の人事考課がなされるのでしょうか？

原則として、「成績考課」、「能力考課」、「情意考課」の3種類の人事考課がなされます。

【解説】
1　成績考課

　成績考課は、職務の遂行度を見るものです。一般的には、「仕事の質」、「仕事の量」など対象となる仕事の内容を、上司と部下との面談を通じて設定し、その遂行度をS、A、B、C、D等の段階評価を用いて、上司が一次、二次、三次考課者として一方的に評価します[6]。

　成績考課は、役職の軽重に関係なく、その職務の達成度を評価しますので、異なる役職であっても、成績評価が同一になることがあります。一方、成績考課と同様に職務の遂行度を見るものの、役職間での評価の差別化を図る

---

[6] 楠田丘「日本型成果主義の基盤　職能資格制度～その再点検・整備・リニューアル方策～（改定5版）」〔経営書院〕182頁乃至184頁。

ために用いられる「業績考課」もあります。これは、役割の高さ（等級の差異、与えられた仕事のレベル）を前提として達成度を評価するもので、組織への貢献度を測る指標となります。したがって、たとえ成績考課がAの者同士でも、業績考課になると、役割の高い者の方が成績が高くなります。

2 能力考課

職能要件（等級基準）に対応する職務を実際に分担させ、その習熟度を評価するものです。その職能要件で要求される職務がどの程度できるようになっているのか（身についているのか）、という観点から判断されることになります。

一般的には、総合考課（対象者の職種と等級を前提に、当該等級基準との関係での総合性能を5段階等で判断するもの）、具体的事実（考課にあたって考慮した具体的事実）、総合所見（通信欄のような事由記載欄）といった項目について、異なる上司が一次、二次、三次考課者としてそれぞれ記入します[7]。

3 情意考課

仕事に取り組む「やる気」を評価するものです。

規律性（ルールや規範の遵守）、積極性（改善や創意工夫）、協調性（チームプレー）、責任性（やるべきことをやる）等により判断されます。

結果（成績）を生み出す過程に対する評価であり、成績考課と抱き合わせて用いられ、成績考課と同様に、異なる上司が一次、二次、三次考課者となって一方的に評価します（3段階から4段階）[8]。

4 3つの考課の関係

職能資格制度は、能力主義を前提とした制度です。したがって、人事考課

---

[7] 同189頁乃至192頁。
[8] 同186頁及び187頁。

第2章　職能資格制度における人事制度はどのように運用されているか

のうち、昇格・昇進の可否の判断基準となるのは能力考課ということになります。一方で、成績考課（＋情意考課）は賞与等の決定要素となります。もっとも、それぞれの関係性も人事制度の内容に委ねられることから、このうちいずれを重視するのかは企業ごとに異なってくるでしょう。

　これら3つの人事考課の関係を整理すると別表2および別表3のようになります。

別表2　人事考課の種類(野原茂「人事考課ハンドブック(改訂4版)」〔経営書院〕108頁)

人事考課の仕組み

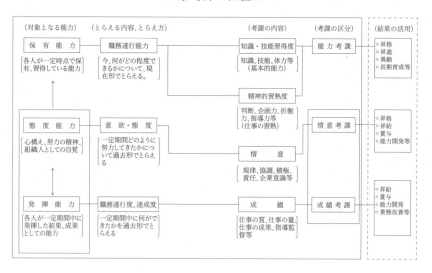

第2章　職能資格制度における人事制度はどのように運用されているか

別表3　職能資格制度と人事考課（楠田丘「日本型成果主義の基盤　職能資格制度～その再点検・整備・リニューアル方策～（改定5版）」〔経営書院〕32頁）

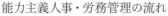
能力主義人事・労務管理の流れ

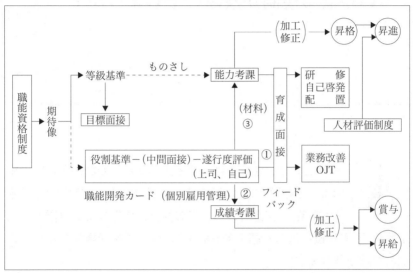

Q6

職能資格制度における人事考課には、
いかなる規制が及ぶのでしょうか？

A 原則として、企業には人事考課の裁量権が認められています
が、例外的に、均等待遇（労基法3条）、男女同一賃金
（同4条）、昇進等についての男女均等取り扱い（雇均6条
1号）、不当労働行為（労組7条）等の規制や、人事考課権の濫用に対
する制約が及びます。

【解説】

　人事考課は、使用者が労働契約において有する人事権に属することから、原
則として使用者（上司）の裁量に委ねられます[9]。しかしながら、例外的に、昇
進差別・昇格差別に対する法規制や、人事考課権の濫用に対する制約が及び
ます。

---

[9] 菅野和夫「労働法（第11版補正版）」〔弘文堂〕415頁、土田道夫「労働契約法（第2版）」〔有斐閣〕403頁。

第2章　職能資格制度における人事制度はどのように運用されているか

1　法規制
（1）概要

　　人事考課に対する法規制としては、均等待遇（国籍・信条・社会的身分による差別的の禁止、労基法3条）、男女同一賃金（女性であることを理由にした差別の禁止、同4条）、昇進等についての男女均等取り扱い（性別を理由にした差別の禁止、雇均6条1号）、不当労働行為（組合加入・組合活動を理由とした差別の禁止、労組7条）[10]等が挙げられます。

　　概要、「人事考課における差別の禁止」と理解することができ、これらにあたる場合、その人事考課を違法として損害賠償請求が認められることもあります。

（2）裁判例

　　このうち、均等待遇や男女均等取り扱いが問題になった事例として、野村證券（男女差別）事件（東京地裁平14.2.20労判822号13頁）を見て実務上の留意点を検討します。

　　これは、コース別雇用管理における男女賃金・昇格格差の違法性（特に課長代理への昇格格差）が争われた事例です。

　ア　事案の概要

　　　原告であるX1〜X13ら（いずれも高卒女性）が、昭和32年から40年にY1（のちに会社分割により雇用契約をY2が引継ぎ）に入社しました。

　　　当時、就業規則に採用・職種区分の定めはなく、基幹的業務に従事する者と定型的・補助的業務に従事する者とで区別する旨の定めはありませんでした。また、初任給は男女とも同じ額でしたが、数年後には男女別立ての昇給となり（人事考課の制度も男女で異なる）、賞与も男女別、職位別に定められていました。

　　　昭和61年4月に均等法が施行され（以下「旧均等法」）、Y1は「コース別人事制度」を導入し「総合職」と「一般職」の区分を設置し、男性

---

[10] たとえば昇格上の考課を組合活動による差別として不法行為と認めた事例として、ヤマト運輸事件（静岡地裁平9.6.20労判910号55頁）等。

は総合職に、女性は一般職に属するものとされました。昭和62年には、一般職から総合職への職種転換制度を導入し、総合職については男女問わず募集されるようになりましたが、一般職は女性限定のままでした。平成6年10月には、Y1は再度人事制度改正を行い、「総合職」を「総合職掌」、「一般職」を「一般職掌」としましたが、なおも一般職掌は女性限定のままでした。

　平成9年に旧均等法が改正され、平成11年4月に施行されると(以下「改正均等法」)、一般職掌についても男女を問わず募集を開始しました。

　Xらは、課長代理に昇格しなかったのは、均等法等に違反する女性差別のためであると主張し、同人らが総合職掌・指導職1級の職位にあるものと取り扱われる地位にあることの確認と差額賃金、慰謝料等の支払を請求しました。

イ　本件における人事制度

①　枠組み (表は労判822号15頁より引用)

「総合職掌」＝「営業、企画、開発および管理等当社の基幹的業務に従事し、その担当業務を自己の判断に基づき遂行する職掌。資格要件として、一種外務員資格の取得が義務付けられる。広範かつ異質な業務に従事することを前提とし、勤務地についても国内外を問わず必要に応じ随時異動の対象となる。」
「一般職掌」＝「総合職掌の社員の指導のもとに、主として補助的または定型的な業務に従事する職掌。原則として、転居を伴う異動はない。」

コース別人事制度

昭和43年		昭和61年	
男性	女性	総合職(男性)	一般職(女性)
部長		部長	管理職手当
次長		次長	
課長		課長	職務手当
代理	代理待遇	課長代理	課長代理
主任	主任待遇	主任	主任
店内主任	店内主任待遇		副主任
一般社員	一般社員	社員	社員

平成6年

総合職掌	
職　階	職　位
経営職階	一級
	二級
	三級
基幹職階	一級
	二級
指導職階	一級(課長代理)
	二級
業務職階	一級
	二級

管理職手当
職位手当

一般職掌	
職　階	職　位
リーダー職階	一級
	二級
	三級
担当職階	一級
	二級

第2章　職能資格制度における人事制度はどのように運用されているか

② 男女間の人事考課・昇給運用の違い

男性高卒社員は、昇給・昇格が年一回あり、昇給・昇格査定のため、業績、育成の両面について評定されていました。賞与については、年二回記入される査定表、平成6年の人事制度改定後は、職階に応じた査定表と本人作成の「自己申告書」、部店長作成の「人事計画表」等を利用していました。課長代理への昇格については、①現に主任の役職にあり、入社後12年を経過すること、②課長代理として会社が求める基準に達していることが基本的要件とされていましたが、①の基準に達している限り、特段の事情がない限り、課長代理に昇格していました。

一方、女性高卒社員の昇給・昇格・賞与査定は、年二回行われる勤務成績査定により行われ、男性高卒社員の場合と異なり、育成に関する事項等は含まれていませんでした。また、課長代理への昇格については、高卒女性社員が課長代理（昭和61年4月以降は「総合職課長代理」、昭和62年以降は「一般職代理」）待遇となるのは、昭和63年6月までは、早くとも入社後24年次であり、同年7月以降は早くとも入社後19年次であった上、昇格対象者中実際に昇格する者の数は少なく、平成4年当時、課長代理（「一般職代理」）に昇格した者は対象者60名のうち3名でしかいませんでした。

ウ 判旨

この判決では、「使用者である企業は、採用後の社員の処遇についても広範な労務管理権を有しているから、社員に区分を設け、その区分に応じた処遇を行うことができると解される」として、労務管理に関する会社の広い裁量を認めつつ、旧均等法施行前、施行後、改正均等法施行後で異なる判断を示しました。

① 旧均等法施行以前

「原告らが入社した当時は、一般的にみて、企業においては、女性について全国的な異動を行うことは考え難かったといえるから、企業においても効率的な労務管理を行うためには、女性社員の採用、処

遇についても、そのことを考慮せざるを得ず、これを考慮した会社の男女のコース別の採用、処遇が、原告らの入社当時において、不合理な差別として公序に反するとまでいうことはできない」し、「男性と女性では、その従事する業務は一部重なり合っていたものの、全く同一というわけではないから、このような会社のした男女のコース別の採用、処遇が労基法4条に違反し、不合理な差別であって公序に反するとまでいうこともできない」として、旧均等法施行以前の男女間の差異については、当時の社会情勢等を理由にして労基法違反を認めませんでした。

② 旧均等法施行後

　その後会社は、昭和61年から人事制度を改めていますが、これは「男女のコース別の処遇を引き続き維持するため、総合職、一般職の区別を設けたにすぎないと認めるのが相当である」し、また、会社は、「その後平成6年に再度人事制度を改め、総合職を総合職掌、一般職を一般職掌とし、その職務内容等を規定しているが」、「基幹的業務と定型的・補助的業務との区別」も「相対的なものにすぎ」ず、「会社は、従来の総合職社員はすべて総合職掌に、従来の一般職社員はすべて一般職掌に振り分けているのである」とし、依然として男女のコース別の処遇が改められたとはいえないと判断しました。

　しかしながら、旧均等法は差別的取扱の禁止を努力義務に止めていることを理由に、「旧均等法が制定、施行されたからといって、会社の男女のコース別の処遇が公序に反して違法であるとまでいうことはできない」としました。

③ 改正均等法施行後

　改正均等法施行後については、「その後平成9年に均等法か制定され、平成11年4月1日から施行されているところ、同法が定めた男女の差別的取扱い禁止は使用者の法的義務であるから、この時点以降において、会社が、それ以前に会社に入社した社員について、男女のコース別の処遇を維持し、男性を総合職掌に位置づけ、女性のほとんど

を一般職掌に位置づけていることは、配置及び昇進について、女性であることを理由として、男性と差別的取扱いをするものであり、均等法6条に違反するとともに、公序に反して違法であるというべき」として、均等法違反であることを認めました。

（3）実務上の留意点

本件では、男女間で異なる人事考課制度が採用されていたことや、昇格制度に差が設けられていたことが均等法違反にあたると判断されていますが、このような運用上の問題は、前述した昇格原則、能力の育成と公正評価の原則、昇進原則、同一資格同一処遇の原則といった職能資格制度の大原則にかかわるものであり、かならずしも均等法ばかりが対象になるものではありません。年次に応じて昇格していくという年功序列的運用が前提になっている制度下においては、たとえば、通常昇格すべき年次にいるのに他の社員とは異なり昇格ができない等、制度の差別的運用が疑われるような状況が認められると、人事権の行使（あるいは不行使）が法違反あるいは人事権の濫用にあたると評価される可能性があります。

客観的な評価根拠がないにもかかわらず昇格の可否について差を設ける等、制度全体が恣意的に運用されることのないよう、4原則に則った制度運用を心がける必要があるでしょう。

2　人事考課権の濫用

（1）概要

さらに、目的が不当であったり、評価が著しくバランスを欠くなどの事情が認められたり、考課要素以外の要素に基づいて評価をしたりする場合には、人事考課の裁量権の逸脱・濫用にあたり、同じく人事考課が違法として損害賠償請求が認められることがあります。

（2）裁判例

人事考課権の濫用が問題になった事案として、たとえば、光洋精工事件（大阪高裁平9.11.25労判729号39頁、原審大阪地裁平9.4.25労判729号40頁）[11]が挙げられます。

ア　事案の概要

　Xは、昭和45年にYに入社しました。昭和56年、Yにおいて、段階的に職能資格制度が導入されると、昭和57年10月1日、Xにも職能資格制度が適用され、等級が9級となりました。

　平成2年、Xは8級に進級しましたが、平成7年2月に退職するまで、Xは8級のままでした。

　Xは、人事考課に裁量権の逸脱濫用があったとして、正当な人事考課がなされた場合との賃金・退職金の差額等を請求しました。

イ　判旨

　大阪高裁は、人事考課には裁量が大きく働くものであり、人事考課の適否を巡る立証には難しい点があることを指摘した上で、人事考課をするにあたり、社会通念上著しく妥当を欠くと認められない限りこれを違法とすることはできず、本件にこのような事情は認められないとし、第一審の「職能資格等級制度は、年功序列制度と異なり、人事考課によって、同等の勤続年数の従業員間に級の差がでることを当然に予定していること、原告は、被告在勤中、組合活動等被告から嫌厭されるような行動をとったことはなく、被告には、原告に対し、ことさら不利な人事考課をすべき動機が見あたらないこと、統計的に見ると、原告は、中途入社したことから退職までの勤続年数が24年6か月であって、他の退職者の平均勤続年数より約9年短く、原告より勤続年数の長い従業員が多数原告と同じ級に格付けされており、原告の格付けが特に低いものとは認められないこと、及び、平成4年4月以降については、原告は、不良品を出すなど作業能率が高かったとはいえず、協調性、積極性等に問題があり、職能資格等級制度導入時については、原告の人事考課資料が提出されていないものの、平成4年4月以降と同様であったと考えられることに照らす

---

11)このほかに、人事考課権の濫用が問題となった事例として、三井住友海上火災保険事件（東京地裁平9.9.29労判822号5頁）、ＮＴＴ西日本事件（大阪地裁平17.11.16労判910号55頁）、住友生命保険事件（大阪地裁平13.6.27日労判809号5頁）等。

と、被告の原告に対する人事考課に、裁量権の逸脱・濫用があったとは
認めることができない」との判断を維持しました。

（3）実務上の留意点

人事考課は、多くの場合、上司が一方的に実施することが多いことから、
その判断の正当性を担保し、事後的に恣意的な人事考課であるとの誹りを
受けないようにすべくできる限り判断根拠となる客観的資料を収集しておく
必要があります。たとえば、部下ごとに継続的に日常観察指導記録を作成
しておき、特徴的な指導事実等を記録しておくといった対応が考えられるで
しょう。さらに、人事考課について不服申立制度を用意する等、社内手続
として人事考課の内容をダブルチェックできるような制度を設けておくこと
も、人事考課権の濫用を否定する要素になるでしょう。

Q7

職能資格制度下でも降格はできるのでしょうか？

職能資格制度では、一度身に付けた能力が消滅することはないと考えられている以上、明確は根拠規定がある場合を除き、「降格」はできません。

【解説】
1 概要
　職能資格制度において、職能資格を引き下げる人事、すなわち降格は基本給を引き下げる人事であり、契約内容の変更にあたります。また、一度身に付けた能力は消滅しない、との考え方から、降格という行為自体が職能資格制度に馴染みません。したがって、労働者の同意又は就業規則上の明確な根拠規定が必要です[12]。

2 裁判例
　実際に、職能資格制度下の降格が問題になった事例として、アーク証券事

---

[12] 土田道夫「労働契約法（第2版）」〔有斐閣〕406頁。

第2章　職能資格制度における人事制度はどのように運用されているか

件（東京地裁平12.1.31労判785号45頁）があります。

（1）事案の概要

　　昭和41年、本件の被告であるY証券会社（以下「Y」）において職能資格制度が導入されました。事務補助、一般事務、証券レディ、一般、主任、代理、課長、次長及び部長の職掌があり、これに連動して職級（たとえば一般と主任は職級3、代理と課長は職級4）が定められました。また、職級ごとに号棒を決め、標準年齢等が定められ、同一職級の中では学歴と標準年齢を基準として昇級させるとともに、職務遂行能力を評価して上位職級に昇格させるという運用を行っていました。

　　昭和62年から平成元年にかけ、X1、X2が入社（両名とも中途採用者）し、平成元年から平成4年4月には、両名とも課長職にまで昇格しました。しかしながら、平成4年4月から平成6年11月には、両名に対し、複数回降級、降格がなされました。また、平成6年11月には就業規則が変更され、「昇減額は、社員の人物、能力、成績等を勘案して行う」との規定が導入されました。

　　このような中で、平成6年11月から平成11年にはさらに両名に対し複数回の降級や降格がなされ、両者とも一般・職級3となりました。このとき、平成4年時と比べ、給与が3分の1にまで減少していました。

　　X1らは、年功を加味した職能資格制度の下で、Yが成績不良を理由としてX1らの資格の降格、号棒の引き下げを行うことは許されず、さらに就業規則の不利益変更等によって職能給や手当を減額したことも許されないとして、減額分の給与支払等の請求を行いました。

（2）争点

　　主たる争点は、①改正前の就業規則において、降格または減給を基礎づける変動賃金制（能力評価制度）、すなわち人事考課、査定に基づき具体的な賃金額を決定する制度（降格制度）が採られていたか、②変動賃金制を導入するための就業規則の変更が不利益変更にあたるか、あたるとして変更の合理性が認められるか、というものでした。

（3）判旨

ア　争点①について

　　判決は、まず職能資格制度について、「平成6年4月1日の就業規則の変更以前の旧就業規則及び毎年5月に作成されていた給与システムは、他の企業で採られている一般的な職能資格制度を採っていたものであり、いったん備わっていると判断された職務遂行能力が、営業実績や勤務評価が低い場合にこれを備えないものとして降格されることは、(心身の障害等の特別の事情がある場合は別として)何ら予定されていなかったものである」として、職能資格制度では、原則として降格を成し得ないとの判断を示しました。

　　また、「経営方針書13)及びセールスマニュアル14)にも、右のような降格可能性を裏付ける記載はなかった」ことや、「本件就業規則改定後のセールスマニュアルにおいて」も「降格の可能性には全く言及されていない」こと、さらに、「実際に行われた人事を見ても、平成4年5月以前は、病気で療養していた従業員につきその同意を得て給与を減額した等の例外的な場合を別とすれば、成績不振を理由に降格、職能給の減額という措置が執られたことはなかった」ことなどから、旧就業規則の下での賃金制度において、降格の根拠はないものと判断しました。

イ　争点②について

　　また、判旨は従前Yの従業員は降格を受けない地位が保証されていたとの認定もしました。すなわち、「被告の従業員は、従前の職能資格制度、職能給制度の下では、一定の資格に見合う職務遂行能力が備わっているといったん判断されれば、心身の障害等の特別の事情が生じた場合は別として、営業実績や勤務評価が低下したことを理由にその職務遂行能力を備えないものとして降格され、又は号俸を引き下げられることは

---

13) 会社の年間基本方針や経営方針、営業利益額等の目標値等を記載したもの。
14) 社員一人あたりの目標年間経常利益額や、セールス評価点基準等が記載されたマニュアル。

なかったから、企業の業績悪化により従業員の全部又は一部が一律又は割合的に賃金が減額されることがあることは別として、短期的なサイクルでの市場経済の変動等の外部の要因のために、あるいは一時的に自らが不調に陥ったために、営業実績が低下しても、それを理由として個々人が降格されたり、個別的に減給されることはなく、安定した賃金収入を得ることができる保障があり、より長期的なサイクルの中で営業実績を挙げることにより昇格することができるという安定した地位にあった」としたのです。

したがって、「本件変動賃金制（能力評価制）が導入されたことにより、被告の従業員は、右のような安定した賃金収入を得ることができる保障や、より長期的なサイクルの中で営業実績を挙げることにより昇格することができるという安定した地位を失い、営業実績が低下すれば、それを理由として降格されたり、個別的に減給される危険があるという不安定な状態に置かれることとなった」ものとして、本件変動賃金制の導入が不利益変更にあたることを認めました。

その上で、変更の合理性については、業績悪化の事実等から人件費削減の必要性を認め、新規則が採用した能力評価制度についても、制度としての一般的合理性は認めつつ、①代償措置その他関連する労働条件の改善措置を講じられていない（昇給ピッチを上げる等）こと、②既存の労働者のための適切な経過措置が取られていないこと（導入後数年間は給与を据え置き、減額を行わない等）、③現に雇用されている従業員が以後の安定した雇用確保のためにはそのような不利益を受けてもやむを得ない変更であると納得できるものであるなど、Yの業績悪化の中で労使間の利益調整がなされた結果としての合理的な内容とも認められないこと、④業績悪化により本件制度を導入しなければ企業存亡の危機にあるなどの高度の必要性も認められないことなどを理由に、否定しました。

3 実務上の留意点

このように、職能資格制度は能力に着目した制度であり、能力は一度身に着けると消滅しない（前述の「卒業方式」参照）という理解が前提になっていますので、人事権の行使としてなされる降格（人事措置としての降格）についても、明確な根拠規定がない限り許されないという厳しい制約が課されています。降格を実施する場合には、その会社で採用されている人事制度の性質を踏まえ、そもそも制度として降格自体が予定されているのか、就業規則等の社内規程上そのような根拠があるかという検討から入るべきでしょう。

もっとも、仮に降格に関する規程があったとしても、職能資格制度では他の制度における降格に比べて厳格な運用が求められ、結局、降格が人事権の濫用にあたると評価されてしまう可能性も否定できません。降格の実施にあたっては、降格事由の存否を複数の客観的資料を用いて詳細に認定する等、より慎重に手続きを進めることが求められるでしょう。

また、降格制度の導入をはじめ、既存の人事制度の改定が労働者にとって不利益性の大きいものである場合には、本判決でも言及されているように、代償措置（一時金を支給する、賞与の評価方法を変え従来よりもより高額な賞与支給がなされる可能性を高める等）や経過措置（制度導入時点で減給等が生じるとしても、2年間は減給を控えたり、減給相当分を調整金として支給したりする等）を検討し、パッケージとして用意する必要があるでしょう。

なお、本件は等級の引き下げが問題になっているにすぎませんので、配置転換等によって役職を変更することまでは、本判決も否定していません。

第2章　職能資格制度における人事制度はどのように運用されているか

●第3章●

成果主義
賃金（人事）制度
について

日本企業の人事制度において、バブル崩壊後の1990年代以降、業績（成果）を基準に賃金・処遇の決定を行う成果主義賃金（人事）制度が導入されました。そして、成果主義人事制度は日本企業に合うように反省点の見直しを経たうえで、現在では多くの企業で導入されています。

　当時、成果主義賃金（人事）制度が導入された目的は、バブル崩壊後の景気低迷やグローバル化による競争激化という厳しい経済環境の中で、それまでの広く普及していた年功序列の要素が強い賃金・人事制度を改めて、総人件費の公平な分配を図りながらも、業績や職務に応じた賃金を支払うことによって従業員の勤労意欲を高め、ひいては業務効率を上げることにありました。

　ところが、この一見合理的に見える成果主義賃金（人事）制度は、導入当初は、必ずしもうまく機能せず、期待されたほど成果があがりませんでした。これは、成果主義賃金（人事）制度のメリットとして従業員の勤労意欲向上等がある一方で、評価にノウハウが必要であることや、低い目標設定や短期的な結果の追求、自己の成果追求による協力体制欠如などのデメリットがあり、これを克服できない企業が多かったためと言われています。このため、1990年代に成果主義賃金（人事）制度を導入した企業の多くが、2000年頃には導入した制度の見直しを図っています。

　しかし、それでも成果主義賃金（人事）制度によるメリットは大きく、また、時代にも適合したものであったため、各企業で制度の見直しの過程を経て、現在、成果主義賃金（人事）制度は広く普及するに至りました。

　本章では、この成果主義賃金（人事）制度の内容について説明した上で、その導入にあたっての注意点について過去の裁判例から説明します。

Q1

成果主義賃金（人事）制度とは、どのような人事制度でしょうか？

A 　成果主義賃金（人事）制度とは、労働者の年齢・勤続年数ではなく、職務・職責・役割等の仕事の価値やその達成度（成果）を基準に賃金・処遇の決定を行う制度であると言われています。もっとも、多くの企業においては、成果以外の従業員の能力や仕事の価値等についても考慮しており、成果（結果）オンリー主義でないことに注意が必要です。

【解説】

　成果主義賃金（人事）制度は、1990年代以降に普及を開始し、現在多くの企業で広く取り入れられていますが、その制度内容は各企業によって様々です。そのため、成果主義賃金（人事）制度については、必ずしも定まった定義があるわけではありません[1]。

---

[1] 例えば、立道信吾・守島基博「働く人からみた成果主義」（日本労働研究雑誌No.554・2006）では、「1990年代後半以降に普及した人事制度改革の一貫であり、①脱年功主義化・脱能力開発主義化、②賃金の変動費化・業績連動化、③評価の厳密化・緻密化、という3つの特徴をもちながら、比較的短期間に個人が達成した仕事上の成果を評価・処遇の上で考慮の対象とする人事制度上の仕組み」と説明する。

第3章 「成果主義賃金（人事）制度について」

　成果主義賃金（人事）制度に関する多くの著書・論文がある土田道夫教授は、成果主義賃金（人事）制度について「労働者の年齢・勤続年数ではなく、職務・職責・役割等の仕事の価値やその達成度（成果）を基準に賃金処遇を行う制度」と定義しています[2]。この定義においても表れているとおり、多くの企業において、仕事の達成度（成果）のみを基準に賃金処遇を行うのではなく、職務・職責・役割等の仕事の価値も考慮して賃金処遇を行うこととしています。また、仕事の達成度（成果）のみならず、職務・職責・役割等の仕事の価値を考慮する制度においても、各企業が導入した人事制度ごとに、人事考課に占める成果についての評価のウェイトに軽重があり、成果主義的要素（達成度の評価の重視の程度）の強弱は様々で、企業の状況（企業の規模や業種、従業員の職種等）に合わせて導入しています。

　なお、企業の中には、特に外資系企業やベンチャー企業を中心に、成果主義賃金（人事）制度を推し進め、成果・業績によって決定される賃金の比重を高め、定期昇給や生活関連手当を設けないなど成果主義徹底型賃金制度[3]を導入している企業もあります。

---

[2] 土田道夫「労働契約法（第2版）」（有斐閣・2016）289頁

[3] 土田道夫「成果主義徹底型賃金制度と労働法」（季刊労働法207号）26頁では、成果主義について「『成果主義』にはさまざまな理解があるが、本稿では、従業員の成果・業績（アウトプット）を中心に職務行動（スループット）・能力（インプット）を総合的に評価して賃金決定や処遇を行う制度（成果「中心」主義）と理解しておく。これに対して、もっぱら成果・業績のみで処遇を行う制度を「成果オンリー主義」と呼び、定昇や生活関連手当の縮小・廃止を内容とする制度を「成果主義徹底型賃金制度」と呼ぶ。」と説明している。

Q2

成果主義賃金（人事）制度は、どのような事情を背景に日本で普及したのでしょうか？

A 日本においては、バブル崩壊後の経済状況の中で、「総額」の人件費コストを削減すること、所与の総額人件費の下で役割間、年齢間の賃金の不公平感を解消すること、企業内労働市場と外部労働市場を接合することを目的に普及しました。

【解説】

　日本で初の成果主義賃金（人事）制度は、1993年に富士通（株）が幹部職員を対象に成果主義人事管理制度を導入したと言われています。

　当時、日本では、バブル崩壊後の景気後退の中において、多くの企業において企業組織・機構の再編が行われ、その一環として賃金コストの削減・圧縮が求められていました。また、当時の企業は、経済のグローバル化の流れで、国際競争の激化という厳しい経営環境に置かれていました。そのような経営環境にあって、日本企業では、年功序列型賃金制度ないし年功を重視した職能資格制度が多く普及していました（第2章）。特に問題となったのは、1990年頃から団塊世代の人件費の増大が企業経営を圧迫し始めたことでした（団塊世代は他の世代と比べて、比較的に学歴が高く、年功賃金カーブの上でピーク付近に

第3章 「成果主義賃金（人事）制度について」

位置し、勤続年数が長期化していました。）。このため、団塊世代の人件費増大が、年功システムを維持する上で大きな障害となっており、職能資格制度においても残っていた年功システムを縮小・廃止する必要性がありました。また、当時、バブル崩壊やIT化が進んだことによる専門職化によって雇用の流動化が始まったことから、転職者の賃金設定が可能なように、企業内労働市場と外部労働市場を接合する必要もありました[4]。

この様な環境のもと、年功序列型の賃金（人事）制度を見直すことにより、総人件費の抑制を図りながらも、業績や職務に応じた賃金を支払うことによって従業員の勤労意欲を高めること等を目的[5]に、成果主義賃金（人事）制度が導入され、徐々に広がっていきました。

ところが、2000年代に入ると成果主義賃金（人事）制度に対する批判が高まってきます。例えば、個人業績の達成に偏重する結果、企業全体の業績は無視されるため、成果主義が必ずしも企業業績向上につながらないことや、能力形成の重要性が無視されることなどが指摘されました[6] [7]。

もっとも、成果主義賃金（人事）制度は、このような批判を受けて制度を見直されながらも[8]、多くの日本企業において普及し、2008年の時点では成果主義的賃金制度[9]を導入している企業は54.8%[10] [11]に達しています。

---

[4] 八代充史「成果主義人事制度の実態と今後の課題」土田＝山川編「成果主義人事と労働法」（日本労働研究機構・2003）5頁

[5] 「労働政策研究報告書No.33　変貌する人材マネジメントとガバナンス経営戦略」（JILPT・2005）の基礎資料となったJILPT調査「企業戦略と人材マネジメントに関する総合調査」（2004）においては、①従業員のモラルアップ、②評価・処遇制度の納得性を高める、③個人の目標を明確にすること等が主要な目的とされている。

　なお、上記調査では、成果主義（調査票では成果主義人事制度について「年齢や勤続よりも、仕事の成果や業績を重視する成果主義人事制度」と定義）を導入した理由について主な理由を3つまで選択させる形式が採られた。

[6] 高橋伸夫著「虚妄の成果主義」（日経BP社・2004年）では、成果主義が企業業績向上につながらない（個人業績の達成に偏重する結果、企業全体の業績は無視されるのではないか）、能力形成の重要性が無視されるなどが、問題点として指摘されている。

[7] 最初に成果主義人事管理制度を導入したと言われている富士通㈱では、同制度導入後も業績の向上が見られず、見直し図っている（城繁幸「内側から見た富士通「成果主義」の崩壊」（光文社・2004））

職能資格制度の下での事情	成果主義賃金（人事）制度
・バブル経済崩壊（1991～1993） ・企業の国際競争激化 ・人口構造の高齢化（団塊世代） 　⇒職能資格制度における人件費の増大	人件費（コスト）の削減による競争力の強化
・雇用の流動化	企業内労働市場と外部労働市場の接合

　以上のとおり、日本において、成果主義賃金（人事）制度が広く普及したのはバブル経済崩壊等に経済状況の中で、従業員の勤労意欲向上と総人件費の抑制を目的に導入され、問題点を指摘されつつも、日本企業に適合した形に修正されたためといえます。

---

8) JILPT調査「企業における人事制度の現状と課題に対する調査」（2008年）
　質問内容は「貴社では 2000 年以降に下記のような成果主義の見直しや運用の変更を行いましたか。当てはまるもの全てに○をつけて下さい。」であった。
　主な見直しの内容としては、「考課者訓練の強化・充実（46.7%）」、「部門や会社全体の目標への貢献度を評価（46.3%）」、「評価の手続きの精密化（44.6%）」、「仕事の進め方や取り組み姿勢等プロセスを評価（42.9%）」を行っている。

9) 独立行政法人労働政策研究・研修機構（JILPT）「企業における人事機能の現状と課題に関する調査」（2008年）では、成果主義について「①年功主義化・脱能力主義化、②賃金の変動費化・業績連動化、③評価の厳密化・緻密化」（立道信吾、守島基博「働く人からみた成果主義」（日本労働研究雑誌No.554・2006）を特徴と位置付けている。

10) JILPT調査「企業における人事機能の現状と課題に関する調査」（2008年）による。なお、当該調査は、民間の信用調査機関の企業台帳に掲載された企業のうち、日本標準産業分類の全産業・中分類のうち鉱業、農林漁業、協同組合、医療、宗教、教育、社会保険・福祉、学術研究期間、政・経・文化団体を除いた産業を主とする企業で、従業員数の多い順に11856社を抽出し、「貴社では年齢や勤続よりも、仕事の成果や業績を重視するような成果主義人事管理を導入していますか」との質問の記載のある調査票を送付、有効回答924票のうち、成果主義を導入していると回答した割合となっている。

11) JILPT調査「企業における人事機能の現状と課題に関する調査」（2008年）によれば、企業規模が大企業になるほど、成果主義的賃金制度の導入率が高まるものとされている。

第3章 「成果主義賃金（人事）制度について」

Q3

成果主義賃金（人事）制度を導入した
場合、どのような特徴があるのでしょ
うか？

A 成果主義賃金（人事）制度においては、一般的に、労働の
質（成果）に即した賃金決定が重視されることになる結果、
賃金・処遇の個別管理への移行、労働者間の賃金・処遇の
格差拡大、公正・公平な評価制度が必要、などの特徴があります。

【解説】
　成果主義賃金（人事）制度の特徴としては、第一に、成果主義賃金（人事）
制度という名称のとおり、賃金や処遇の決定において、仕事の達成度（成果）
を考慮する点です。その結果、賃金が有する労働者の所得保障（生活保障）
の側面が後退することとなります（例えば、扶養手当・住宅手当等の生活給の
縮小・廃止等）。成果主義賃金（人事）制度が導入された初期において発生し
た成果を極端に重視したことによるデメリットに対する反省から、現在では、職
務価値を考慮する人事制度や成果に至る行動特性・能力・プロセス（いわゆる
「職務行動」）を評価するコンピテンシー人事が導入され、成果以外の要素が考
慮されるようになっています。とはいえ、成果主義人事（賃金）制度においては、
賃金と労働時間との対応関係は弱まり、労働の質（成果や業績）に即した賃金
決定が重視されることになります。ただし、賃金原資を企業や部門の業績に連

79

動させる場合が多いため、従業員個人の成果に即した賃金決定が重視されるとはいえ限界があり、個人の成果を基準とする絶対評価的な処遇を行うのは限界があります。

第二に、第一で述べたように仕事の達成度（成果）に即した賃金決定がなされる以上、その成果の評価については、原則、労働者ごとに判断する必要があります。このため、これまでの年功制などの人事制度において行われた平等主義的な賃金・処遇管理を維持することができなくなり、賃金・処遇の個別管理に移行することとなります。

第三に、賃金・処遇管理が個別化し、個々の労働者では成果や業績が異なる結果、労働者間の賃金・処遇の格差が拡大しやすくなります。

第四に、成果主義賃金（人事）制度のもとにおいては、賃金・処遇決定のプロセスにおいて個別従業員の業績（成果）が考慮されることから、公正・公平な評価制度が必要となります。また、当該評価制度においては、下記で述べるとおり、目標管理や面談というプロセスを経て評価が行われるため、労働者が能力・成果の評価と処遇の決定に関与するプロセスが増加します。特に、目標管理制度[12]を導入する場合には、目標の設定や期末段階における目標の達成度に応じた評価が上司と部下の面談によって決定されることとなり、労働者が処遇・賃金の決定プロセスに関与する機会が増えます。

このほかにも、能力開発が伴わずに成果を重視すると、モラルダウンを招く結果となりかねないため、労働者の能力開発の重要性が増大することや、賃金・処遇の決定において成果が重視される結果、使用者の個別業務に対する指示が後退し、労働者の裁量が重視されるなどの特徴があります。また、外部労働市場との関係でいえば、成果主義賃金（人事）制度が多くの企業で普及される結果、専門職化が進むことや転職（自発的退職）の増加をもたらすこととなります[13]。

---

[12] Q5参照
[13] 土田道夫「成果主義人事と労働契約・労働法」土田＝山川編「成果主義人事と労働法」（日本労働研究機構・2003年）24〜26頁を参照。

第3章 「成果主義賃金（人事）制度について」

Q4

成果主義賃金（人事）制度においては、具体的にどのような仕組みが導入されるのでしょうか？

具体的には企業ごとに様々ですが、一般的には年功的な制度・運用を改めて、成果や仕事と賃金の結びつきを強める仕組みを導入することとなります。

【解説】

　一口に成果主義賃金（人事）制度といっても、企業ごとの実状（企業の規模・業種、従業員の職種等）に合わせて、多様な形態の制度が導入・運用がなされています。成果主義賃金（人事）制度の例としては、基本給における年齢給の縮小と仕事給・役割給の増加、昇格・昇給・賞与の決定における人事考課部分の拡大、目標管理制度の導入、成果に依拠したポイント制退職金導入などが挙げられます。

　また、既存の人事制度を廃して新たな制度を導入するのではなく、既存の職務資格制度の年功的運用を改め、一定期間の資格在籍による自動的昇格を廃止して人事考課のみによる昇格に改めたり、職能資格制度自体を再編したりして、仕事と賃金の結びつきを強めた制度（職務等級制度・役割等級制度）に改めることによって、成果主義賃金（人事）制度を導入する方法もあります[14)][15)]。

81

成果主義賃金（人事）制度の内容について、賃金制度や人事制度の種類別に整理すると下記表のとおりとなり、多くの場合、各企業の実状に合わせて、これらの方法を組合せて制度を構成します。

　下表のとおり、成果主義賃金（人事）制度導入にあたっての制度改革には様々な方法があり、企業ごとの状況に合わせた方策を選択して導入することとなります。特に、成果主義賃金（人事）制度の制度設計においては、賃金制度のみならず、人事考課における評価制度の設計においても、どのようにして成果を測る

賃金制度の項目		制度改革の種類
基本給	職能給	習熟昇給の縮小・廃止、職能給の廃止、昇格昇給の拡大、資格別定額化
	年齢給	年齢給の縮小・廃止、年齢給の対象者の縮小
	総合決定給	昇給の格差拡大
	職務給	職務給・職責給・役割給の導入
	業績給	業績給・成果給の導入
諸手当		家族手当等の生活手当の基本給繰り入れ
賞与		一律部分縮小・査定部分の拡大 査定による格差拡大、部門別業績賞与の導入
人事評価		人事評価制度の整備、目標管理の導入、 コンピテンシー（行動評価）の利用
職能資格制度		卒業方式から入学方式に切り替え、資格数の削減、 滞留年数の廃止、降格の実施、職能要件の明確化
定期昇給		自動的定昇の縮小・廃止、査定昇給の拡大、 定昇廃止・マイナス定昇の導入
賃金表		シングル・レート化、 単純号俸表から階段号俸表・複数賃率表に切り替え
その他		年俸制の導入

資料出所：社会経済生産性本部生産性労働情報センター・笹島芳雄監修（2000）。

---

14) 土田道夫著「労働契約法（第2版）」（有斐閣・2016）238頁

15) JILPT調査「企業戦略と人材マネジメントに関する総合調査」（2004）では、成果主義（脚注10と同じ定義）を導入した企業709社のうち、職能資格制度の廃止が11％、変更や廃止なしが23％、変更が52％。変更の内容は、職能資格制度の明確化が66％、等級数の減少が37％、停留年数の廃止や縮小が31％となっている。実態としては、現状の職能資格制度に成果主義の導入を図っている。

第3章 「成果主義賃金（人事）制度について」

のかや、組織の成果をどのように反映させるのか、外部環境による影響をどのように考慮するのか、どのようにモラル・ハザード（目標を意図的に低く設定して達成度を高く見せるなど）を解消するか、などの問題[16]を考慮する必要があります。

　ただし、導入には様々な方法がありますが、成果主義賃金（人事）制度導入の一般的な方向性として年功的な制度・運用を改めて、成果や仕事と賃金の結びつきを強める仕組を導入することとは大きく変わりません。

---

[16] 八代充史「成果主義人事制度の実態と今後の課題」土田＝山川編「成果主義人事と労働法」（日本労働研究機構・2003）10〜13頁

Q5

成果主義賃金（人事）制度において導入されている職務等級制度（ジョブ・グレード制）や役割等級制（ミッション・グレード制）とは、どのような制度でしょうか？

A 　職務等級制度や役割等級制度は、企業内の職務を職責の内容・重さに応じて等級ごとに分類し、等級ごとに賃金額を定める制度です。このうち、役割等級制度は職務等級制度に比べて職務分類を厳格に行わないため、これまでの日本企業における労働慣行を維持しやすい制度となっています。

【解説】

1　職務等級制度（ジョブ・グレード制）

　ア　職務等級制度は、80 〜 90年代に米国ホワイトカラーにおいて広まった制度であり、典型的には、「企業内の職務を職務価値に応じて等級に分類し、等級ごとに賃金の上限・中間・下限額による給与範囲を設定する制度」[17] といわれています[18]。

---

[17] 土田道夫「労働契約法（第2版）」（有斐閣・2016）238頁
[18] 菅野和夫「労働法　第11版補正版」417 〜 418頁では、職務等級制について「企業内の職務を職責の内容・重さに応じて等級（グレード）に分類・序列化し、等級ごとに賃金額の最高値、中間値、最低値による給与範囲（レンジ）を設定する制度」としている。

第3章　「成果主義賃金（人事）制度について」

　　第3章で述べたとおり、従来の職能資格制度が人の潜在能力に着目して基本給を決定する制度であるのに対し、職務等級制度は職務（仕事）を基準に基本給を設定する制度です[19]。このため、職務等級制度においては、職務を職務価値に応じて等級を分類することとなりますので、職務分類を明確化するが必要があります。

イ　この職務等級制度において、賃金（基本給・職務給）が労働者の職務・役割に連動して決定されるため、成果主義の色彩が濃くなるものといえます。

　　その一方で、職務の変更（配置転換）や職位の変更（昇進・降格）が職務等級の変更に直結するため、賃金の変動性が高まるとともに、賃金制度を複雑化し、組織や異動の柔軟性を損なう危険があります[20]。また、職務の等級決定や等級内における給与額の決定にノウハウが必要となります。

　　その結果、「Job」概念が浸透し、職務分類や等級内の給与額決定にノウハウのある外資系企業においては導入が進みましたが、日本企業においては典型的な職務等級制度は普及せず、職務等級制度に比べて職務分類に曖昧さを残した役職等級制度が普及することとなりました。

2　役割等級制度（ミッション・グレード制）

ア　役割等級制度とは、「組織の達成目標に照らして従業員の仕事上の役割（ミッション）を分類し、等級化して、その等級に応じて基本給を定める制度」[21]と言われています。

　　役割等級制度の例としては、下記の表のように、職種ごとに対応する役割を分類して等級を決定し、その等級に応じて基本給を定めること

---

[19] 土田道夫「職務給・職務等級制度をめぐる法律問題」山口浩一郎ほか編「安西愈先生古稀記念論文集　経営と労働法務の理論と実務」（中央経済社・2009）175頁
[20] 土田道夫「労働契約法（第2版）」（有斐閣・2016）238頁
[21] 菅野和夫「労働法　第11版補正版」（弘文堂・2017）418頁

85

役割等級制度の例

等級	対応役割	職種				
		経営企画	人事・総務	営業	財務経理	法務
M3	事業部統括					
M2	部統括					
M1	課統括					
E3	上級業務担当					
E2	中級業務担当					
E1	初級業務担当					

なります。

イ　役割等級制度における「役割」は、「職務分析・職務評価によって厳密に確定される職務価値とは異なり、経営状況や企業組織の変化を見ながら部門長により柔軟に決定される」[22]ため、職務等級制度に比べて曖昧さを残した制度となります。このように、役割に曖昧さを残すことにより、職務資格制度と同様に異動が可能となり、組織や異動の柔軟性を損ないません。このため、日本企業においては、職務等級制度よりも、それまでの労使慣行に合致する役割等級制度が広く普及しました

ウ　役割等級制度における賃金の決定は、役割等級ごとのレンジの中で評価によって定まるのが通例です。昇給やレンジ内の額の決定は、典型的には、個々の従業員の各期の目標達成度や能力発揮度（職務行動）を評価して定められることとなります[23]。

---

[22] 都留康・阿部正浩・久保克行「日本企業の人事改革人事データによる成果主義の検証」（東洋経済新報社・2005）

[23] 菅野和夫「労働法　第11版補正版」（弘文堂・2017）419頁

第3章 「成果主義賃金（人事）制度について」

Q6

成果主義賃金（人事）制度では、どのような要素を評価するのでしょうか？

成果主義賃金（人事）制度では、一般的な評価要素のうち、業績（成果）に加え、職務行動を評価します。

【解説】
　人事評価制度を定めるにあたっては、①何を評価するか（評価要素）、②どのように評価するのか（評価制度）、③評価の結果をどのように活用するの（評価結果の活用）を定める必要があり、制度の構成にあたって大前提となるのが①の評価要素です。
　人事考課[24]における一般的な評価要素として、能力発揮の段階別に、①潜在能力・②労働意欲（インプット）、③職務行動・④仕事（スループット[25]）、⑤業績（アウトプット）があります。評価制度の構築にあたっては、これらを適切に組み合わせる必要があります。

---

[24] 人事考課制度とは、人事考課は、従業員の状態を知り、評価する機能を担う管理活動であり、賃金のほか、従業員の適正配置、昇進・昇格等の処遇の決定、能力開発に活用される。

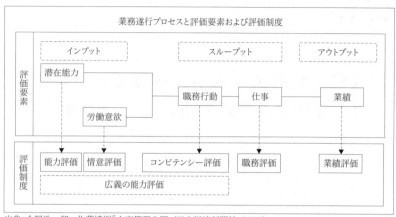

出典：今野浩一郎＝佐藤博樹「人事管理入門」(日本経済新聞社、2002)

　成果主義賃金（人事）制度にける評価要素としては、まず、その名称のとおり、アウトプットである業績（成果）が評価されることとなります。また、上記Q2で述べたとおり、業績(成果)のみによる評価制度では弊害が大きいことから、業績（成果）のみならず、従業員の発揮された能力（職務行動）や仕事の価値を賃金・処遇の決定において考慮します。どの評価要素を考慮するかについては、いかなる人事制度を設けるかによって変わり、職務（仕事）の価値によって等級を分類する職務等級制度において「仕事」の内容によって評価し、役割等級制度であれば職務行動を評価する傾向にあります。

---

[25] スループットとは、「能力を成果に向けてどのように発揮したか」という意味と理解されている（土田道夫「労働契約法（第2版）」（有斐閣・2016）238頁）。

第 3 章 「成果主義賃金（人事）制度について」

Q7

成果主義賃金（人事）制度において、具体的にどのような評価制度を用いて人事考課を行っているのでしょうか？

A 　企業ごとの実状にあった評価制度を導入しておりますが（第 1 章）、一般的に、成果主義賃金（人事）制度を導入している会社では、目標管理制度やコンピテンシー評価を、複数の者から多面的に行う制度を設けることが一般的です。

【解説】

1　成果主義賃金（人事）制度において用いられる評価制度

　　Q6において述べたとおり、日本企業において導入された成果主義賃金（人事）制度においては、業績（成果）に加えて、職務行動を評価して、賃金・処遇を決定することが一般的です。これらの評価要素に対応した評価制度としては、「業績」については「目標管理制度」（MBO＝Management By Objective）が、「職務行動」については「コンピテンシー評価」があり、企業ごとの事情に合わせた形で導入されています。

89

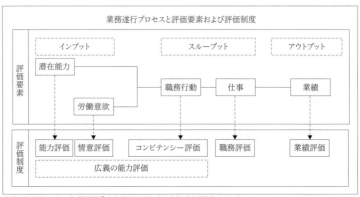

出典:今野浩一郎＝佐藤博樹「人事管理入門」(日本経済新聞社、2002)

　また、これらの評価要素の評価にあたっては、上司だけでなく複数の者の関与によって実施する多面的な評価を行うことがあります。この多面評価制度[26]の中でも、上司、同僚、部下、顧客という側面から評価を行う場合は「360度評価」と呼ばれています。この多面評価制度には評価の正確性が高まることや従業員の納得感を得られやすいことに加えて、日頃、部下の管理を怠っている管理者に対する評価の意味合いも有しており、多面的評価を取り入れることによって管理職の能力開発が促進されること等のメリットがあります。

2　目標管理制度

　目標管理制度（MBO）とは、業績評価制度の一種であり、上司と部下が期首に設定した業績目標が期末にどの程度達成されたかを評価する制度です[27]。

　期首において設定する目標の項目として、①能力開発目標、②職務遂

---

[26] 八代充史「成果主義人事制度の実態と今後の課題」土田＝山川編「成果主義人事制度と労働法」(日本労働研究機構・2003) 14頁。
[27] 八代充史「成果主義人事制度の実態と今後の課題」土田＝山川編「成果主義人事制度と労働法」(日本労働研究機構・2003)。

第3章 「成果主義賃金（人事）制度について」

行目標、③業務改善目標、④業績目標を定めることが一般的です。企業内で統一的な目標項目を導入する必要はなく、部署ごとにその職務内容に応じた項目やその項目の比重を変更するなどの実状に適合させます。

この目標は、上司と部下が部下の能力、業務内容、企業の状況、組織として目標などの把握共有などの目標設定に必要なコミュニケーションを行ったうえで、最終的に企業（上司）が設定することとなります。この時、単に従業員個人の目標を設定するのみでは企業の統一的な運営が困難になってしまうことから、企業や組織の目標を従業員個人の目標に落とし込む作業が必要となります。また、期首に設定した業績目標について、期の途中に進捗状況を確認し、場合によっては当該目標を修正することもあります。

この目標管理制度のメリットとしては、期首に上司とのコミュニケーションの下で定められた目標の達成度によって評価が行われるため、従業員の評価に対する納得感が高まることや、従業員自身が目標設定に関与することから従業員の自律的行動を促すとともに各従業員の能力開発に向けた動機付けにもなることなどが挙げられます。他方で、評価の主観が排除できないこと、目標の達成度で評価されるため従業員が目標を低めに設定してしまうこと、目標外の業務に対するインセンティブがなくなることなどのデメリットもあります。このようなデメリットを解消するためには、個々の従業員の能力や業務の難易度等を考慮した目標設定が重要となりますが、その前提として、上司と部下との間で十分なコミュニケーションのうえで目標設定が行われることが極めて重要です。

また、目標設定における大きな問題点として、数値化できる目標（いわゆる「定量目標」）であれば、その達成度が比較的容易に判断することができますが、数値化が難しい目標（いわゆる「定性目標」）についてどのように評価するかという点があります。しかし、定性目標についても定量目標に変換可能な場合が多く、可能な限り、定量目標に変換して目標を設定することが重要です。例えば、人事部員の目標設定において、単に「従業員のコンプライアンス意識の向上を図る」などという定性目標

ではなく、そのために方法を具体的に記載する（「従業員のコンプライアンス意識向上のためのコンプライアンス研修を年●回開催し、アンケートの満足度●●％以上」）などの定量目標に変換することが重要です。

3 コンピテンシー評価

コンピテンシー（competency）とは、「高業績者の思考特性や行動特性を抽出したものであり、人材育成上の指標として評価や処遇に活用され」るもの[28]であり、このコンピテンシーを用いて行う評価をコンピテンシー評価といいます。このコンピテンシーは、職能資格制度における能力要件と共通する部分もありますが、職能資格制度とコンピテンシーとの違いは、前者が「標準者」を前提としているのに対し、「高業績者」を想定しています[29]。

コンピテンシーモデルは、各企業の状況において求められる思考特性や行動特性に応じて定める必要があります。コンピテンシーモデルの策定にあたって企業内において単一のコンピテンシーモデルを採用する必要はなく、職種や職位に関係なく適用される行動特性として最も基本となるコア・コンピテンシーモデルのほかに、高業績を上げる行動特性が異なる職種（例えば、営業職や研究職）や役割（管理職と一般職等）毎に職種・職位別コンピテンシーモデルを定めることが適当です。

このコンピテンシーモデルの項目の具体的内容を定めるにあたっては、ヒアリングやアンケートによって高業績者に共通する思考特性や行動特性を抽出して、それをコンピテンシー項目別に整理する必要があります。コンピテンシー項目は、各企業の状況において求められる思考特性や行動特性に合わせて作成する必要があるため、必ずしも定型的なものがあるわけではありませんが、例えば、公益財団法人日本生産性本部は、コンピテンシー評価における評価項目としては①成果達成志向、②コミュ

---

[28] 石田光男＝樋口純平「人事制度の日米比較」64頁、菅野和夫「労働法（第11版補正版）」〔弘文堂〕418頁。
[29] 前掲注27）

ニケーション、③チームワーク、④マネジメント、⑤部下育成、⑥顧客満足、⑦自己研鑽、⑧行動・時間管理、⑨論理的な問題解決、⑩関係構築を挙げています[30]。各企業の状況を踏まえて評価項目を定めた後は、この評価項目ごとに、具体的な業務内容に照らして評価軸（例えば、「完全に行動した」、「充分に行動した」、「普通に行動した」、「不充分な行動だった」、「行動しなかった」の5段階）や項目の軽重を決定します。

　このようにして作成された評価項目及び評価軸によって、従業員の評価を行い、賃金・処遇の決定において考慮することとなります。

---

[30] 佐藤純「コンピテンシー評価モデル集」（改訂増補第5版　公益財団法人日本生産性本部生産性労働情報センター）

Q8

成果主義賃金（人事）制度において、評価制度を運用するにあたり、どのような点に注意をすべきでしょうか？

A 評価制度の運用（人事考課）は、成果主義賃金（人事）制度の実際の運用における根幹であることから、まず、制度面・手続面という形式的公正さが求められます。加えて、結果としての評価が著しく恣意的であれば、人事考課権の濫用として違法となることから実体的公正さも求められます。

【解説】

1　成果主義賃金（人事）制度を含めた人事考課制度が就業規則において制度化されて労働契約の内容になっている場合には、使用者は人事考課権を有しており、原則として使用者の裁量に基づいて当該人事考課権を行使することとなります[31]。

　もっとも、使用者に裁量があるといっても、濫用が許されないことは当然です。使用者が人事考課を著しく恣意的に行った場合には、人事考課権と濫用（労契法3条5項）として降格や降給、賃金減額が無効と

---

[31] ノイズ研究所事件（横浜地川崎支判平16. 2.26労判875号65頁、東京高判平18.6.22労判920号5頁）

第3章 「成果主義賃金（人事）制度について」

なります。また、この無効な人事考課権の行使による不昇給、不昇格、賞与の減額支給などによって労働者に経済的損害を及ぼしたときは、人事考課権の濫用（労契法3条5項）として不法行為（民709条）が成立し、損害賠償責任を負うこととなります。この時、労働者の損害額は、標準的評価を受けた従業員の賃金の差額分となるのが通常です。

　　また、人事考課が違法な差別に当たる場合や故意・悪意による低査定がなされた場合は、不当に低い評価を受けたことを理由とする精神的損害に基づく慰謝料請求も肯定される場合があります[32]。

2　そのため、評価制度に基づく人事考課では公正な評価が行われる必要があります。この「公正さ」には、形式的公正さと実体的公正さという二つの視点があります。この形式的公正さとは、制度や手続きそのものの合理的かつ公正であることであり、実態的公正さとは、制度や手続きの運用も公正であることです。成果主義賃金（人事）制度においては、業績（成果）や職務行動に対する評価（人事考課）がその制度の根幹となるため、形式的公正さと実体的公正さの両方が求められることとなります。もっとも、人事考課が公正であるためには、実態的公正さの前提として、形式的公正さが前提となっていることからすれば、形式的公正さを重視すべきであり、形式的公正さ（制度的・手続的公正さ）が確保され、その制度・手続きに則って評価が行われているのであれば、一応の実態的公正さが認められるものと解されます。

3　まず、形式的公正さを担保する手段としては、下記のような要素が挙げられます[33]。これらの要素については、いずれかが欠ければ、直ちに、

---

[32] 住友生命保険事件（大阪地判平13.6.27労判809号5頁）、日本レストランシステム事件（大阪地判平21.10.8労判999号69頁）

[33] 土田道夫「成果主義人事と人事考課・査定」土田＝山川編「成果主義人事と労働法」（日本労働研究機構・2003）70頁

評価の公正さが否定されるというものではありませんが、制度設計にあたっては、形式的公正さの重要性から十分に考慮する必要があり、各企業の規模や業種、従業員の職種等を考慮して決定する必要があります。

①公正・透明な評価制度の整備・開示
【Ex.双方向的な制度、透明性・具体性のある評価項目・基準、項目・基準のウェイトの明確化、評価の納得性を高めるための評価方法（多面評価・調整のルール化等）、評価を処遇（昇降給・昇降格・昇進・異動・能力開発）に反映するためのルール、及び、これらのルールの開示等】
②評価結果の説明・開示（フィードバック）
③不服申立制度の整備
④その他、制度的・手続的公正さを担保する仕組
【Ex.目標設定・アドバイスを目的とする適切な面談の機会の確保、能力開発制度の整備、職務選択の機会確保（社内公募制度・社内FA制等）】

4　また、形式的公正さが確保された評価制度を設けていたとしても、その運用が著しく恣意的であれば、会社が有する人事考課権の裁量の範囲を逸脱し、濫用と判断されることとなります。そのため、まずは、実際の人事考課が、上記①の公正・透明な評価制度に則って公正に行われる必要があります[34]。

人事考課権の裁量の範囲を逸脱し濫用と判断される具体例としては、まず、人事考課が強行法規に反している場合です。例えば、均等待遇原則（労基法3条）、配置・昇進・教育訓練に関する男女平等規制（雇用機会均等法6条）、不当労働行為の禁止（労組法7条）[35]等に違反する場合には、人事考課権の濫用となります。

また、成果主義賃金（人事）制度の趣旨に反するような場合も、人事考課権の濫用となります。すなわち、成果主義賃金（人事）制度は、業績・能力・職務行動からなる職務遂行能力を評価して賃金・処遇を決定す

---

[34] 土田道夫「成果主義人事と人事考課・査定」土田=山川編「成果主義人事と労働法」（日本労働研究機構・2003）72頁
[35] 後述の「第6章　人事考課と不当労働行為」において取り上げる。

第3章 「成果主義賃金（人事）制度について」

るものであることから、この職務遂行能力とは関係のない事由（例えば、年齢や性別など）を理由とする低評価は、使用者が有する裁量を逸脱して濫用となります。

　このほかにも、評価制度が公正であったとしても、実際の運用が公正でない場合には、人事考課権の濫用となる場合があります。例えば、当該評価制度に違反・逸脱した運用が行われていたり、従業員の能力に見合わない極めて高い目標が設定されていたり、人事考課結果と賃金決定との間に著しい乖離がある場合等には濫用となり得るものと解されます。

Q9

成果主義賃金（人事）制度の導入にあたっては、どのような点を注意すべきなのでしょうか？

A 成果主義賃金（人事）制度の導入にあったては、既存の賃金（人事）制度を変更する必要がありますので、就業規則の変更を行う必要あります。その際、個別の労働者との関係で賃金が減少する場合があることから、就業規則の不利益変更に該当し、労契法10条に基づく合理性が必要となります。

【解説】

（1）　人事考課制度において成果主義を導入する場合、賃金規程などの就業規則を成果主義の観点からの変更することとなります。その場合、労契法10条に基づいて「合理性」が必要とされますが、裁判例では、①経営環境の変化を背景とした変更の必要性、②賃金原資を減少させていないか、③人事評価制度の内容（賃金の増減額の幅、評価制度の適正さ等）、④経過措置、⑤労使交渉等の経緯などの要素に照らしてこの「合理性」の有無を判断しています。

（2）　この点、職能資格制度に基づき職能給を支給する年功型の旧賃金制度から、職務等級の格付けに基づき職務給を支給し、人事評価によって

第3章 「成果主義賃金（人事）制度について」

は降格もあり得る新賃金制度[36]に変更したノイズ研究所事件（横浜地裁川崎支判平16.2.26労判875号65頁、東京高判平18.6.22労判920号5頁）では、上記要素に関して以下のとおり認定した上で、就業規則変更の合理性を肯定しました。当該裁判例によれば、新賃金制度が有効となるためには、新賃金制度の内容が変更目的に沿った合理的なものであることが前提ですが、賃金総原資を減少させるものではないこと、激変緩和措置を採っていること、組合・従業員に対して説明を実施していることが重要となります。

要素	裁判所の認定・評価
①給与制度変更の必要性	税引き前損益が損失に転じたという経営状況の中で、高度の経営上の必要性があった。
②賃金総原資	賃金総原資を減少させるものではなく、賃金原資の配分の仕方をより合理的なものに改めようとするもの。
③人事評価制度の内容	個々の従業員の賃金額を、当該従業員に与えられる職務の内容と当該従業員の業績、能力の評価に基づいて決定する格付けとによって決定するものであり、どの従業員にも自己研鑽による職務遂行能力等の向上により昇格し、昇給することができるという平等な機会を保障しており、かつ、人事評価制度についても最低限度必要とされる程度の合理性を肯定し得る。 会社は、旧賃金制度下において人事考課者に対して定期的に研修を行い、個別能力管理は人事考課のデータが必要であること、考課結果は個別面接でフィードバックする必要があることなどを指導し、昇格者の決定方法として一定の滞留年数の経過、考課結果、昇格

---

[36] 新賃金制度における成果主義的な主要な変更点は、地域手当の廃止や年齢給及び職能給の構成を変更の変更、賞与の算定方法を会社の業績、従業員の勤務成績、貢献度等を考慮して算出するポイント制への変更などがあげられます。

	試験、面接、論文、実績等を挙げ、昇格させる基準を示すなどして、人事考課に必要な技能を習得させるための訓練を行っていた。
④経過措置	<u>職務給の等級格付けの結果、従来の職能給の金額を下回った 11 名に対しては、調整手当てを支給すること</u>とし、その額は、1 年目は下回った額の 100％、2 年目は 50％とし、補てんするなどの経過措置を実施。
⑤労使交渉	組合とは複数団体回交渉を実施し、かつ、労働委員会であっせんが行われたが、合意には至らなかった。 従業員に対しては、書面での説明、本社や各事業所での説明会を実施。

　また、年功型賃金体系から能力・成果主義型賃金体系[37]への変更を目指した給与規定の変更の有効性について争われた<u>ハクスイテック事件（大阪地判平12．2.28労判781号43頁、大阪高判平13．8.30労判816号23頁）</u>では、<u>上記要素</u>に関して以下のとおり認定した上で、新給与規定への変更が高度な必要性に基づいた合理性があるものとして、就業規則の変更を肯定しました。また、この裁判例においても、新賃金制度が有効であるためには、新賃金制度の内容が合理的であることを前提に、賃金総原資を減少させるものではないこと、激変緩和措置を採っていること、組合・従業員が当該新賃金制度を受け入れていることが重要です。

　このハクスイテック事件判決では、年功型賃金制度に関して、「近時我が国の企業についても、国際的な競争力が要求される時代となっており、一般的に労働生産性と直接結びつかない形の年功型賃金体系は合理性を失いつつあり、労働生産性を重視し、能力・成果主義に基づく賃

---

[37] 年功的要素の強い賃金制度から「能力・成果に応じた賃金」に変更を意図し、年功部分の割合の縮小及び上限年齢による制限を課し、また、職能給および成績給は、総合職・担当職に支給され、職務内容・職務遂行能力・責任度合いなどを考慮し、総合職の職能等級ごと及び担当職の等級ごとにそれぞれ定める制度に変更した。

第3章 「成果主義賃金（人事）制度について」

要素	裁判所の認定・評価
①給与制度変更の必要性	２期続けての赤字である等の理由から、賃金制度改定の高度の必要性を認めた。
②賃金総原資	賃金総原資については減給なし（８割程度の従業員は賃金が増額している）。
③人事評価制度の内容	職務基準、職能要件、また格付けの基準、査定基準のいずれについても詳細な定めがある。 Ｂ評価（原告の評価）が続く限り賃金が減額することはなく、最下級の評価であるＦが続いたとしても不利益が小さいこと。
④経過措置	新給与規定の実施（平成８年７月25日に、同年３月末に遡って実施）に伴い、平成10年12月まで調整給を設定して、改定時の賃金を下回らないようにし、平成11年１月以降については、１年乃至10年分の賃金減額分の補償措置を設けた。
⑤労使交渉・説明	Ｘを含め２名の労働組合とは、実施までに制度の説明も含めて５回、その後の交渉を含めれば十数回に及ぶ団体交渉を行った。また、組合に属しない従業員は、いずれも新賃金規定を受け入れるに至っている。

金制度を導入することが求められていたといえる」として、能力・成果主義賃金に基づく賃金制度導入の高度の必要性を認められており、年功型賃金制度から成果主義賃金制度への移行が時代にも合っていることが判示されています。

3　一方で、年功序列型賃金制度を業績重視型賃金制度[38]に変更する就業規則の変更の有効性が争われたキョーイクソフト事件（東京高判平

---

[38] 年功序列型から業績重視型への変更を意図し、家族手当の廃止、本給上限を35万円に制限、能力手当は等級ごとに支給（１等級15万円〜５、６等級は０円）。基幹職には１万円〜28万円の役割手当を支給、賞与の算定にあたっては能力等級、役割、個人業績などを考慮する制度に変更。

15.4.2労判851号48頁）においては、上記要素に関して以下のとおり認定した上で、「本件就業規則改定は、これに同意しない被控訴人らとの関係において、そのような不利益を法的に受忍させることもやむを得ない程度の高度の必要性に基づいた合理的な内容のものであると認めることはできない」として、就業規則変更の有効性を否定しました。この裁判例では、新賃金制度が高年齢層にのみ不利益を強いるもので、しかも、経過措置が十分ではないとされています。このような場合には、いかに賃金制度を変更する必要があったとしても、当該従業員の不利益が強く、合理性が認められません。必要となる経過措置としては、従業員本人が努力することにより経過措置期間終了時点で、旧賃金制度における賃金の水準に近づくことができる程度を目安に設計することが望ましいものといえます。

要素	裁判所の認定・評価
①給与制度変更の必要性	赤字が続いており（直近の平成6年3月決算においては約11億円の赤字）であり、賃金制度を年功序列型から業績重視型に改め、従業員間の賃金格差を是正することを目的としたものであり、経営上の必要はある。
②賃金総原資	賃金総額の変更はなし。
③人事評価制度の内容	賃金を高年齢層から低年齢層に再配分するものであり、被控訴人らを含む高年齢層にのみ不利益を強いるものとなっており、総賃金コストの削減を図ったものではない上、これにより被控訴人らの被る賃金面における不利益の程度は重大であった。
④経過措置	経過措置として、基本給が減少する者に対し、1000円に勤続年数を乗じた金額を加算。「十分なものではない」と評されている。
⑤労使交渉等	組合及び従業員との交渉の経緯も控訴人会社が新賃金規程を一方的に説明したにとどまるものであった

第3章 「成果主義賃金（人事）制度について」

　　上述のとおり、キョーイクソフト事件では、給与制度変更の必要性を肯定し、また、賃金総原資の減少はないものの、変更後の賃金制度の内容が大きな不利益を高年齢層にのみ強いる内容であり、経過措置も十分ではなかったため、就業規則変更の有効性が否定されました。

4　成果主義賃金（人事）制度への変更は、変更しなければ直ちに会社が倒産するような緊急の必要性があるような場合ではなく、今後の経営環境等を見越して、賃金原資の分配をより公平・公正なものに変更する場合が多いため、必ずしも高度な必要性が認められない場合も存在します。そのため、成果主義賃金（人事）制度による賃金制度の変更は、従業員の賃金を一律減額するものではないことから必ずしも「高度の必要性」が必要であると解されませんが、一定の不利益が生じる従業員がいることを踏まえ、成果主義賃金（人事）制度の導入の必要性に応じて、賃金総原資を減らさないこと、一定の属性を有する従業員に過度な負担を課すものではないこと（一部を狙い撃ちした制度ではないこと）、十分な経過措置を講じること、不服申立手続を用意しておくことを十分に新制度の説明等を実施することなどの措置を採ることが非常に重要となります。

Q10

成果主義賃金（人事）制度を導入する場合には、就業規則にいかなる記載が必要でしょうか？

A 導入する成果主義賃金（人事）制度が有効な労働条件となるためには就業規則に規定されることが必要であり、特に、降級・降格などの不利益については、就業規則に「明確」な規定が必要となります。

【解説】

　導入する成果主義賃金（人事）制度が、労働条件となるためには、就業規則に規定されることが必要です。

　ところが、会社によっては、詳細な賃金（人事）制度を作成するものの、この制度を就業規則及びその付随規程には明記せず、制度の詳細については導入時の説明資料があるのみという場合があります。この場合に、当該賃金（人事）制度が、労働契約の内容として労働条件になるのか、という問題点があります。

　この点、会社が、従業員の育児休業後の職場復帰に伴って従業員の役割グレードを引き下げその報酬を減額させる等して復帰後の役割報酬を引き下げ、育休等を取得した者の成果報酬の評価を機械的にゼロと査定したことについて争われたコナミデジタルエンタテインメント事件（東京高判平23.12.27労判1042

号15頁）では、以下の事実を認定しました。

- 社内において「役割グレード」と「報酬グレード」とが連動するものとされており、役割グレードの引下げは当然に年俸の引下げを伴うものとされているが、就業規則で、給与の詳細を定めると規定されている年俸規程では、「報酬グレード」や「役割報酬」については言及されているものの、「報酬グレード」が「役割グレード」と連動していることを定めている条項は存在しないこと
- そのほか、役割報酬と役割グレードとの対応が一応示されているものの、役割報酬の大幅な減額を生じるような役割グレードの変更がなされることについて明確に説明した記載は見当たらないし、そのような不利益変更の可能性について、被控訴人から、従業員に対して具体的に説明がなされていないこと

　そのうえで、「役割報酬の引下げは、労働者にとって最も重要な労働条件の一つである賃金額を不利益に変更するものであるから、就業規則や年俸規程に明示的な根拠もなく、労働者の個別の同意もないまま、使用者の一方的な行為によって行うことは許されないというべきであり、そして、役割グレードの変更についても、そのような役割報酬の減額と連動するものとして行われるものである以上、労働者の個別の同意を得ることなく、使用者の一方的な行為によって行うことは、同じく許されない。」として、会社が行った役割報酬・役割グレードの引き下げを無効としました。

　このように、導入する成果主義賃金（人事）制度が有効な労働条件となるためには、単に説明資料等を作成するだけでは足りず、就業規則において明記しておく必要があります。最近では、パワーポイントで従業員説明用の資料等を作成している場合が多いですが、その場合には、従業員の説明に用いた資料の内容が正確に就業規則に反映されているかを十分に確認することが必要です。また、当該パワーポイントを規定化することが難しいようであれば、パワーポイントそのものを就業規則として提出することも可能です。

第4章

評価に基づく降格、降給は可能か

この章では、これまで見てきた人事制度と評価制度のつながりを前提に、具体的な人事制度における評価に基づく降格や降給が可能であるかについて検討します。近時、職能資格制度から成果主義制度への転換などの動きも見られる中で、各制度における降格、降給の意義、要件を整理するとともに、実務上いかなる問題が生じるのか、評価に基づく降格・降給の効力が問題となった裁判例にも触れていきます。

Q1

降格とは、どのようなものを指すのでしょうか？

 降格には、①職能資格等級の引き下げと②職位の引き下げがあり、この中で、さらに、人事考課による評価に基づいて行うものと、懲戒処分として行うものとに分かれます。

【解説】

「降格」は、多義的であり、その分類の仕方も、論者によって様々です。

本章では、降格とは、①職能資格制度を前提とする、職能資格等級の引き下げと②職位の引き下げとに大きく二分し、その中で、人事考課による評価に基づき行う降格と、懲戒処分として行う降格とに分かれる、という分類によっています[1]。

懲戒処分の一つとして行う降格は、懲戒権に基づいて行う処分であり、人事制度に基づく評価に基づいて、会社の人事権の行使として行う降格とは区別されるものですので、本稿の検討からは割愛します。

---

[1] 土田道夫・山川隆一『成果主義人事と労働法』日本労働研究機構・2003年,132～136頁参照

第４章　評価に基づく降格、降給は可能か

Q2

職能資格等級の引き下げ、職位の引き下げとは、どのような内容で、どのような違いがあるのでしょうか？

A 前記①の職能資格等級の引き下げは、職能資格制度における等級の引き下げを指し、前記②の職位の引き下げは、部長・課長など企業組織における指揮命令関係上または組織上の地位の引き下げを指します。職能資格制度における職能資格等級の引き下げと職位の引き下げとの違いは、各引き下げにより、基本給の減額を当然にもたらすか否かであるといえます。

なお、Ｑ５で説明するとおり、職務等級制度における職位の引き下げは、職能資格制度の場合と異なり、基本給の減額をもたらすことになると考えられます。

【解説】

1 　①職能資格等級の引き下げ

職能資格制度は、企業における職務遂行能力を職掌として大くくりに分類したうえ、各職掌における職務遂行能力を資格とその中でのランク（級）（＝等級）に序列化したものです。

職能資格制度の対象となる労働者は、いずれかの等級に格付けされる

109

こととなり、その等級が引き下げられることが、①職能資格等級の引き下げです。

職能資格制度においては、職能資格等級と基本給額が結びつき、職能給を構成するのが一般であり、①の降格は、基本給の減額をもたらすことになります。

2　②職位の引き下げ

ア　職位とは

職位とは、企業組織における指揮命令関係上または組織上の地位をいい、具体的には、部長・課長・係長などと表現されるものを指します。②の降格は、こうした職位を引き下げることを意味します。

イ　職能資格制度における職位の引き下げ

職能資格は、職位とは一定の対応関係が認められますが（ある特定の職能資格等級に属する者の中から、部長などの職位を割り当てるなど。）別個の概念であり、職能資格等級が上がっても職位が据え置かれ、また逆に、職位が引き下げられても職能資格は維持されることは当然有り得ます。

職能資格等級の引き下げとの大きな違いは、職位の引き下げによって、直ちに基本給が変更される、という関係に立たない、ということです（職位に応じて支給される部長手当・管理職手当などの諸手当に変更が生じることはあります。）。

ウ　職務等級制度（成果主義賃金（人事）制度）における職位の引き下げ

職務等級制度とは、「企業内の職務を職務価値に応じて等級に分類し、等級ごとに賃金の上限・中間・下限額による給与範囲を設定する制度」をいいます。

つまり、職務等級制度は職務（仕事）を基準に基本給を設定する制度です。

職務等級制度においては、職位が決まり、これに応じて職務等級が決定されるといい得るとされ[2]、職能資格制度と比較して、職位と職務

第4章　評価に基づく降格、降給は可能か

等級とがより密接な関係に立つことになるので、職位の引き下げが、職務等級の引き下げをもたらす場合があります。この場合、職務等級の引き下げに対応して、職務と結びついた基本給が下がる、ということも生じ得ることになります。

[2)]前掲『成果主義人事と労働法』134頁

Q3

職能資格等級の引き下げとしての降格
を行うための要件は何ですか？

A まず、労働者の同意または就業規則上の根拠が必要です。
また、降格事由の該当性を判断し、規則によって定められ
た降格にかかる要件に実質的に該当し、かつ、形式的にも
手続を遵守していることが必要となります。

【解説】

1 契約上の根拠

Q2で解説したとおり、職能資格制度は、労働者が身につけた職務遂
行能力を序列化するものです。この点、職能資格制度上は、一度身に付
けた能力が消滅することは通常ないと考えられているため、職能資格制度
において、職能資格等級の引き下げは本来想定されていません。

他方、会社の人事権は労働者との労働契約に基づくものですので、こ
のように制度上予定されていない降格を、会社が人事権として行うために
は、労働者の同意または就業規則上の明確な根拠規定が必要であると考
えられます。

この点、使用者（会社）が職能資格等級の引き下げを行うためには、「…

就業規則等における職能資格制度の定めにおいて、資格等級の見直しによる降格・降給の可能性が予定され、使用者にその権限が根拠づけられていることが必要である」という裁判例が存在します（アーク証券事件・東京地判平12. 1.31労判785号45頁）。

2 降格の要件

上記のとおり、まず、就業規則等によって、職能資格等級の引き下げについての根拠規定が降格の要件となります。さらに、根拠規則が存在したとしても、使用者の行う降格に合理的理由がなく、あるいは当該根拠規定に定められた手続に反するなどの事情があれば、人事権の濫用として違法と判断されることになりますので、合理的理由と手続遵守もまた、降格の要件になるといえます。

具体的には、問題となる職能資格等級に定められた職務遂行能力に照らし、当該能力を実質的に欠いているか否かという観点から、降格事由の該当性（抽象的な降格事由については降格事由の解釈を含む）を判断する必要があります。

さらに、形式的に規則によって定められた手続を遵守しているかどうかも確認しなければなりません。

裁判例においても、当時の経営陣を批判する言動をした管理職社員の降格につき、実質的な判断として会社の職能資格制度の内容を具体的に認定し、同管理職社員に与えられていた等級について、単に従業員として与えられた業務を遂行する能力のみならず、組織において部下を指導する上で職場内の秩序維持等にも責任を持つ能力が求められるとして、管理職の資格等級に就く者として期待される部下の指導力、応用的な判断力が欠如しているとする会社の判断が相当であると判断しているものがあります（マナック事件・広島高判平13. 5.23労判811号21頁。）。

また、形式的に会社の就業規則上、職能資格の変更（降格）について定めがあったが、その定められた要件、手続が遵守されていないとして、会社の降格を人事権の濫用と判断したものもあります（フジシール（配転・

降格）事件・大阪地判平12. 8.28労判793号13頁。同裁判例における原告の主張によれば、会社の昇格制度規程には降格の基準（過去4期の評価がオールC）と手続（1年間挽回のチャンス、審議会に具申、毎年4月1日付け）が規定されていたところ、これが履践されていなかったとされています。）。

　このように、実務上、就業規則等によって、職能資格等級の引き下げについての根拠規定が存在することを確認するだけでは、降格の有効性を満たすことにはならず、実質的観点から、降格に合理的理由があることを客観的に説明できること、すなわち、降格事由該当性に関する客観的合理的理由の存在が求められ、さらに、形式的観点から、当該就業規則等の根拠規定に定められた手続に反した運用になっていないかについても、慎重にチェックする必要があるといえます。

第4章　評価に基づく降格、降給は可能か

Q4

（職能資格制度上の）職位の引き下げとしての降格を行うための要件とは何ですか？

A 契約上の根拠は不要と考えられますが、制度が規定化されているのであれば、定められた要件を充足する必要がありますし、人事権の行使である以上、濫用にあたらないことが求められます。

【解説】

　課長職を解いて係長に任命するなど、どのような者をどのような場合にどのような職位へ配置するかの判断は、会社における、労働者の適正な配置の問題といえるため、労働契約上通常想定されたものであり、特別な契約上の根拠規定は不要と解されています（星電社事件・神戸地判平3.3.14労判584号61頁など。）。

　ただし、このような人事権も労働契約の合意の大枠のなかで行使できるものであり、就業規則等に降格の要件（例えば、「職務遂行上において、再三の指示・命令にもかかわらず改善がなされず、会社から要求された職務遂行が行われない場合」など）が定められている場合、当該要件が満たされる必要があります[3]。また、職能資格等級の引き下げと同様、人事権の行使として、権利濫用法理の

115

規制に服することになります。

　濫用の有無の判断については、使用者側における業務上・組織上の必要性の有無・程度、労働者がその職務・地位にふさわしい能力・適性を有するかどうか、労働者の受ける不利益の性質・程度等の諸点が考慮されます[4]。

---

[3] 就業規則上の要件を満たす限り降格命令が認められるとしたものとして、日本レストランシステム事件・大阪高判平17.1.25労判890号27頁

[4] 本文中の要素を考慮して濫用判断を行ったものとして、バンク・オブ・アメリカ・イリノイ事件・東京地判平7.12.4労判685号17頁

第4章　評価に基づく降格、降給は可能か

Q5

（職務等級制度上の）職位の引き下げとしての降格を行うための要件は何ですか？

A 職位の引き下げが賃金引き下げに直結するため、就業規則等の明確な根拠規定が必要であり、さらに、人事考課の公正さという観点から、降格事由該当性、濫用の有無が厳格に要求されます。

【解説】

1　契約上の根拠

Q2で解説したとおり、職務等級制度においては、職位の引き下げが、職務等級の引き下げ、そして基本給の引き下げをもたらし得るのであり、職能資格制度における職能資格等級引き下げと同様、就業規則等の明確な根拠規定が必要であると考えられます。

2　降格の要件

他方、第3章で説明したように、職務等級制度においては、人事考課において、公正な評価が求められます。したがって、評価に基づく降格を考えるに当たっては、降格事由該当性を人事考課の公正さに即して厳格

117

に判断されます。職務等級制度における職位の引き下げも、人事権の行使としてなされますので、権利濫用法理の制限を受けることになることは、職能資格制度における場合と同様です。また、降格幅・賃金減額幅等の妥当性を人事権濫用の要素として考慮すべきであると考えられます。

　さらに、降格手続としても、降格が、基本給減額と連動することを踏まえ、降格の必要性、内容に関する説明、本人の意向聴取等の適正手続が信義則上要求され、人事権濫用の判断要素となると考えられます。

　マッキャンエリクソン事件（東京高判平19．2．22労判937号175頁）においては、新たに成果主義賃金体系を基礎とする賃金制度が導入され（非管理職は給与等級6級以下、管理職は7～9級。降級制度あり）、給与等級7級に格付けされた従業員が、人事評価の結果、給与等級6級に降級、月給が20万円程度減額となった事案において、賃金規程に「(c) 降級　評価の結果、本人の顕在能力と業績が、属する資格（＝給与等級）に期待されるものと比べて著しく劣っていると判断した際には、資格（＝給与等級）と、それに応じて処遇を下げることもあり得ます。」「(注) 降級制度に対する考え方　降級はあくまで例外的なケースに備えての制度と考えています。（後略）」と定められていること、実際の評価制度の運用として、一次評価者から最終評価者までの3つのレベルの評価に基づき、－3～＋3までの7段階の評価がなされ、－1の評価を2年連続で受けた者、－2の評価を当該年度受けた者が降級の対象者となり、昇格会議で審議の上、決定。以上の基準は内規にとどまり非公開とされていることを認定したうえ、「控訴人が従業員に対して降級を行うには、周知性を備えた就業規則である新賃金規程の定める降級の基準に従ってこれを行うことを要するのであり、新賃金規程の下で控訴人が従業員に対し降級を行うには、その根拠となる具体的事実を必要とし、具体的事実による根拠に基づき、本人の顕在能力と業績が、本人が属する資格（＝給与等級）に期待されるものと比べて著しく劣っていると判断することができることを要するものと解するのが相当である。」として、使用者に対し、形式的に内規に該当するという事実のみをもって、降格の基準に該当するとはいえず、

第4章　評価に基づく降格、降給は可能か

「本件降級処分が有効であるというためには、控訴人は、根拠となる具体的事実を挙げて、本人の顕在能力と業績が、本人が属する資格（＝給与等級）に期待されるものと比べて著しく劣っていることを主張立証することを要するものというべきである。」

として、降格事由該当性について、具体的事実に基づく実質的な説明を求めるなど、評価の公正さを厳格に要求しているといえます[5]。

上記裁判例からすれば、実務上のポイントとしては、社内における降格判断の際、規程上の文言に形式的に合致していることの確認のみならず、実質的にみて、本人が属する資格に要求されるレベルを著しく下回っていることを、手元にある対象者の行動結果に関する具体的事実を基に、慎重に当てはめていくことが求められるでしょう。

---

[5] マッキャンエリクソン事件・東京高判平19.2.22労判937号175頁

Q6

評価に基づく降給とは何ですか？

 人事考課と賃金決定とが連動するものと考え、評価によって直接賃金が引き下げられることを指します。

【解説】

1 人事考課と賃金決定の関係

まず、両者は連動性を有するものとして理解すべきです。

なぜなら、社内手続としては、人事考課の後に賃金・処遇決定がなされるのが通常と考えられるからです。

この点、人事考課と賃金決定を分けて考え、人事考課が行われたとしても、賃金額の確定には別途手続を要すると解し、労使間合意を必要とする考え方もあります（いわゆる切断説）。これは、考課・査定による賃金決定の方法・基準と、そこから決められる賃金額はともに重要な労働条件であり、各々が別に契約内容の変更を意味すると解した上、人事考課権の意義は査定の実施権限という点にとどまり、それに基づく金額の決定には改めて労使間の合意を要するという考えを指します。

第4章　評価に基づく降格、降給は可能か

　　もっとも、人事考課に基づいて賃金額が決定されるという意味では両者
は連動しており、かつ労働契約当事者の通常の意思であると解されます。

　　したがって、人事考課の後に賃金決定の労使交渉手続が別途予定され
ている場合など、両者を切断して考えるべき特段の事情のない限り、原則
として、人事考課と賃金決定は連動しており、両者を切り離して考えるべ
きではないとして理解するべきでしょう[6]。

2　以上を前提とすると、人事考課として行われる人事評価によって、これ
　と連動する賃金が引き下げられる（降給）ということが生じることになるわ
　けです。これは、毎年の人事考課の積み重ねによる長期的評価である職
　能資格制度よりも、各年の人事考課により定まる各年の賃金の割合が大き
　い職務等級制度等の成果主義的人事制度の方によりなじむものと考えられ
　ます。

---

[6] 以上について、前掲『成果主義人事と労働法』63 ～ 64頁を参照

Q7

人事考課権の濫用の判断枠組みはどう考えられていますか？

公正な評価という観点から濫用の有無を判断すべきと考えます。

【解説】
1 人事考課権の濫用の判断枠組み

人事考課権も使用者の人事権の一内容であり、これが認められるかについて、権利濫用の有無が問題となります。

そして、人事考課権については、「公正な評価」という観点から濫用の有無を判断すべきとする考え方が有力です。そのように考える法的根拠は、以下の3つがあるとされています[7]。

第一に、人事考課は賃金額の決定と不可分一体の先行手続を意味することから、人事考課を公正に行うことは、人事権の行使であると同時に、賃金支払義務に内在する責務ということができるという点です。この意味

---

[7] 前掲『成果主義人事と労働法』66〜67頁

第4章　評価に基づく降格、降給は可能か

で「公正な評価」は賃金制度・賃金体系の形態を問わず等しく求められる法的要請であるということが可能です。

第二に、「公正な評価」が賃金支払義務に内在する責務である以上、賃金と労働との間の均衡をとることが法的に要請されるといいうる点です。

第三に、「公正な評価」は、成果主義人事においては、その要請がいっそう高まるといえ（成果主義人事においては、人事考課の役割が拡大するため、賃金の短期的変動と個人間の格差の拡大をもたらし、労働者に大きな影響を及ぼし得ます。）、この場合の人事考課は、労働者の能力・成果に見合う評価として公正に行われなければならず、「公正な評価」は、労働者の納得（信頼）を得ながら人事考課を進め、成果主義人事を適正に機能させるための不可欠の前提に位置づけられる、という点も指摘されています。

2　裁判例の判断

エーシーニールセン・コーポレーション事件第1審（東京地判平16.3.31労判873号33頁）においては、自身が勤務していた会社が営業譲渡され、新会社に雇用された従業員らが、新会社で導入された人事考課制度を含む新給与制度について説明を受け、同制度の遵守に努める旨の誓約書を交わし、新制度の適用によって、バンド5、バンド3に格付けされた従業員らが、コンピテンシー評価でCないしD評価を受け降給となった事案において、当該新制度の仕組みが①基本給に関し、各人のバンドごとに給与範囲を設定、毎年の基本給の改訂において、昇給マトリックス表に従って評価する、②評価は、半期毎に2回行い、期首の段階で各人に設定された目標の達成度の業績評価と、各人に予め定められた行動（コンピテンシー）発揮度のコンピテンシー評価から成り、昇格、賞与に反映される、③マトリックス表の給与範囲が100％を超える場合、コンピテンシー評価が低いと降給になる、④コンピテンシー評価については、従業員は「自己評価」を行い、上司と面談して、意見を述べ、上司とさらに上位者との間で調整されるものであると認定したうえ、「原告らは、成果主義による給

与制度を実施することを一内容とする平成12年12月1日施行の就業規則、給与規定に従うことを個別に被告との間で合意した。もとより、労働契約の内容として、成果主義による基本給の降給が定められていても、使用者が恣意的に基本給の降給を決することが許されないのであり、降給が許容されるのは、就業規則等による労働契約に、降給が規定されているだけでなく、降給が決定される過程に合理性があること、その過程が従業員に告知されてその言い分を聞く等の公正な手続が存することが必要であり、降給の仕組み自体に合理性と公正さが認められ、その仕組みに沿った降給の措置が採られた場合には、個々の従業員の評価の過程に、特に不合理ないし不公正な事情が認められない限り、当該降給の措置は、当該仕組に沿って行われたものとして許容されると解するのが相当である。」として、降給の仕組みについて合理性と公正さが認められるかを問題としています。

　そして、具体的事実を詳細に検討して、新制度の仕組み自体には「一定の公正さが担保されているということができる。以上から、被告が新人事制度により導入した成果主義による降給の仕組みには、合理性と公正さを認めることができるという結論になる。そして、原告らの降給は、上述の仕組に沿ってなされたものである以上、特に不合理ないし不公正と認めるべき事情がない限り、有効であると考えることができる。」としています[8]。なお、同事件の控訴審[9]では、「労働契約の内容として、成果主義による給与制度が定められている場合には、人事考課とこれに基づく給与査定は、基本的には使用者の裁量に任されているというべきである。しかしながら、ある従業員が、給与査定の結果、降給の措置を受け、当該恒久措置が、不当労働行為に当たると認められるときは、公序良俗に反するものとして無効なものと解される。」としています。

---

[8] エーシーニールセン・コーポレーション事件＜第1審＞・東京地判平16.3.31労判873号33頁
[9] エーシーニールセン・コーポレーション事件＜控訴審＞・東京高判平16.11.16労判909号77頁

3　実務上の考え方

　上記のとおり、人事考課においては、その重要性にかんがみ、公正な評価が求められ、人事考課権の濫用も、公正という観点から判断すべきである、という考え方があり、特に成果主義的人事制度下においては、かかる考えを汲んだ第一審判決が出されていることからしますと、裁判所の確立された立場とはいえないまでも、特に成果主義的人事制度における降給の濫用判断においては、公正さを念頭において検討を加えておくべきと考えます。

　公正さを担保するための方策ですが、一般論としてはフィードバッグ面談や目標設定のあり方が重要でしょう。少なくとも、制度として、従業員の属する等級ごとに目標が設定され（当該目標設定は、上司の一方的な作成ではなく、従業員との面談を通じて設定される）、期末の評価に当たっても、フィードバックの機会があり、従業員の評価に対する不服申立ての機会も与えられている仕組みがあり、これが適切に運用されていることが重要であると考えます。

●第5章●

PIP
（業務改善プログラム）
－業務改善に向けた
期間を定めた評価－
について

PIP（Performance Improvement Plan。業務改善プログラム）
は、外資系企業を中心とする、いわゆる職務等級制度を採る企業で
は馴染みのある評価制度だと思いますが、新卒〜定年まで勤める、
いわゆる日本型企業では、あまり馴染みがないと思います。そこで、
イメージをつかむため、業務改善プログラム（PIP）を「ある高校
での生徒の進級」に例えて、以下説明します。

ある私立高校では、一年間の成績を見て、次の学年に進級できる
か判断します。進級要件を満たさない、悪い成績を取ってしまった
生徒は、このままだと、次の学年に進級できません。そこで、この
ような生徒を対象に、春休みの期間、特別の補講を行います。英語
が出来ない生徒には、「補講期間中の毎日の英単語テストで平均8
割以上正解すれば、次の学年に進級できる」と目標を設定しました。
そして、補講前に面談を開き、設定された目標を紙で渡しました。
進級の可否は、次のように決まります。

① 進級可となる生徒
　　補講期間に目標を達成した生徒
② 進級不可となる生徒
　　ⅰ．補講を拒否した生徒
　　ⅱ．補講を受けても、テストが全くできない生徒
　　ⅲ．補講を受けて頑張ったが、目標を達成できなかった
　　　　生徒（例えば、6割しかテストを正解できなかった生徒）

この私立高校の「補講」のプロセスは、業務改善プログラム（PIP）
のプロセスと非常によく似ています。そこで、この私立高校の比喩
を使って、業務改善プログラム（PIP）を説明します。

127

・対象者の選定

　「一年間の成績評価」は、企業でいうと、全従業員が毎年受ける、通常の人事評価です。この人事評価の中で、業務パフォーマンスが悪いと評価された者を対象に、改善のため一定期間行う「補講」が、業務改善プログラム（PIP）です。

　補講は、改善が必要な生徒に対して、特別の授業を策定し、人と時間をかけて改善のための補講を行います。業務改善プログラム（PIP）でも同様で、改善が必要な従業員に対し、特別のアクションプラン（改善目標）を設定し、上司や人事部等、色々な人を巻き込んで、時間をかけて業務改善の有無を評価します。このように、業務改善プログラム（PIP）の実施には、時間とコストがかかります。

・改善目標の設定

　「補講」開始時に設定する目標が、業務改善プログラム（PIP）で設定されるアクションプラン（改善目標）です。改善目標は、進級できるかを客観的に判断できるよう、「補講期間中の毎日の英単語テストで平均８割以上正解」と客観的に設定します（業務改善プログラム（PIP）でも、目標は客観的に設定します）。

・対象者とのコミュニケーション

　そして、目標を記載した紙が、業務改善プログラム（PIP）を実施する際の面談で従業員に交付される実施計画書で、面談をして、何をどのように改善しなくてはいけないかを伝えます。

・改善状況の評価と評価を受けた対応

　補講期間中、学校（企業）は、目標の達成状況をモニタリングし、改善状況を評価します。そして、
① 補講期間中、目標を達成した者は、「進級」し、通常のプロセス（次の年の通常の人事評価）に戻ります。
② しかし、「補講」（PIP）を受けなかった者、テストが全くできなかった者（PIPで設定された目標が全くできなかった者）、補講を受けて頑張ったが６割しか正解できなかった者（努力をしたが改善しなかった者）に対しては、目標を達成できなかったので、「進級以外の対応」（人事上の措置：異動・降格・退職勧奨・解雇等）を検討します。

　つまり、補講（PIP）期間中の改善状況を評価し、「進級」という通常のプロセスに戻る改善がなければ、通常のプロセスに戻らない（進級不可）となります。そして、通常のプロセスに戻らない（進級不可）場合に、退学（退職勧奨・普通解雇）させるほどの問題があるのか、それとも、それまでの問題はないが、別の対応をしなければならないか（異動・降格等）、補講（PIP）期間中の改善状況も踏まえ、最終判断するということになります。

第5章　PIP（業務改善プログラム）－業務改善に向けた期間を定めた評価－について

　以上で、業務改善プログラム（PIP）のイメージがつかめたかと思いますが、業務改善プログラム（PIP）には、2つの特徴があります。

　1つ目の特徴は、業務改善プログラム（PIP）は、評価を受けた後の、更なる一定期間の評価制度という点です。すなわち、「改善が必要」と評価を受けた者を対象とするので、業務改善プログラム（PIP）実施には、何かしらの評価の存在が前提となります。そして、対象者に対し、期間限定で、改善のための特別プログラムを設定し、その期間での改善状況を評価するのです。

　2つ目の特徴は、業務改善プログラム（PIP）と人事上の措置が強く結びついているという点です。業務改善プログラム（PIP）は、通常の評価プロセスで改善が必要と評価された従業員、すなわち、今の業務遂行では、期待された労務提供ができていないので、労務の不完全履行（債務不履行）となっている従業員を対象とします。そのため、従業員に改善がなければ、労務の不完全履行（債務不履行）を解消するため、企業は、人事上の措置（異動・降格・退職勧奨・解雇等）を検討します。このように、業務改善プログラム（PIP）は、人事上の措置と強く結びついているのです。

　このように、業務改善プログラム（PIP）は、通常の評価と異なり、業務改善プログラム（PIP）で改善がなければ、人事上の措置まで検討される評価制度です。この業務改善プログラム（PIP）につき、本章で説明します。

Q1

PIP とは何ですか？

 PIPとは、従業員に対する業務改善プログラム（Performance Improvement Program）の略です。

【解説】
　PIPとは、従業員に対する業務改善プログラム（Performance Improvement Program）の略です[1]。業務改善プログラムとは、一般的に、企業が業務改善が必要な従業員に対して一定期間実施する、業績改善のためのプログラム(計画)を意味します。

---

[1] Performance Improvement Plans (PIPs) やPerformance Action Plan等と呼ばれることもあります（Society for Human Resource Management, *How to Establish a Performance Improvement Plan* (March 2, 2018)。https://www.shrm.org/resourcesandtools/tools-and-samples/how-to-guides/pages/performanceimprovementplan.aspxにて入手可能）。

第5章　PIP（業務改善プログラム）－業務改善に向けた期間を定めた評価－について

Q2

業務改善プログラム（PIP）とは、誰を対象[2]にし、どのような目的で行われるのですか？

業務改善プログラム（PIP）は、一般的に、通常の評価プロセスで「能力不足・成績不良」と評価された従業員を対象とし、このような従業員の業務改善を目的として行われます。

【解説】
　業務改善プログラム（PIP）は、業務改善のためのプログラムです。そのため、対象となる従業員は、業務改善が求められる従業員です。業務改善が求められる従業員かは、通常の評価プロセスで「業務パフォーマンスに問題があると評価されたか」を基準に判断することが多いです[3]。
　従業員の業務パフォーマンスに問題が生じる原因は、常に明確とは限らず様々です。例えば、従業員が適切なトレーニングを受けられなかった、期待された業務パフォーマンスを理解していなかった、予期せぬ出来事が起こった等、様々

---

[2] 前掲Society for Human Resource Management。

な原因が考えられます。

　そこで、

　・期待された業務パフォーマンスの達成に必要な全てのツール・リソースが提
　供されたかを確認し、

　・従業員に対し、特定の職務について、業務パフォーマンスの「結果 (成果)」
　に問題があるのか」、「プロセス (行動)」に問題があるのかを伝え、

　・目標を設定し、一定期間内での改善状況を確認すること

等を目的として、業務改善プログラム (PIP) は利用されます。

　ちなみに、一般的に解雇自由 (Employment at will) と言われているアメリ
カでも、ローパフォーマーに対する解雇が差別の意図をもって行われたと言われ
ないために、一定期間、業務改善プログラム (PIP) を実施し、改善の機会を
与えた上で、解雇が行われることがあります。

---

3) もっとも、業務改善プログラム(PIP)は、ある職務に初めて就く従業員に、その職務で期待された業務パフォー
　マンスを伝えため、利用されることもあります。この場合の業務改善プログラム (PIP) は、ある職務に就く
　者への「新任者研修」といえます。

第5章 PIP（業務改善プログラム）－業務改善に向けた期間を定めた評価－について

Q3

業務改善プログラム（PIP）の法的性格は？

「従業員に対する注意指導」と「業務パフォーマンス評価」の両方を併せ持つ、と考えられます。

【解説】
　業務改善プログラム（PIP）の法的性格は、能力不足・成績不良の従業員に対する注意指導（業務指示）の一形態と考えられます。
　もっとも、業務改善プログラム（PIP）では、一定期間で達成すべき目標を設定し、当該従業員の改善状況を確認するため、期間を限定した「従業員の業務パフォーマンスの評価」の性格を併せ持つと考えられます。
　ちなみに、業務改善プログラム（PIP）につき個別に規定した法令は、存在しません。

Q4

業務改善プログラム（PIP）と親和性がある評価制度は？

「職務等級制度（ジョブ・グレード制）」に親和性があると考えられます。

【解説】

業務改善プログラム（PIP）は、一般的に、「特定の職務に期待される業務パフォーマンス」を基準とし、通常の評価プロセスで「能力不足・成績不良」と判断された従業員を対象とします。

そのため、職務（仕事）を基準に基本給を設定する「職務等級制度（ジョブ・グレード制）」に親和性があると考えられます。

もっとも、職能資格制度等の人事制度においても、職能ごとに期待される業務パフォーマンスが存在するはずなので、「当該職能に期待される業務パフォーマンス」を果たせていない従業員に対し、業務改善プログラム（PIP）を行うことは可能で、実際行われています。

第5章　PIP（業務改善プログラム）−業務改善に向けた期間を定めた評価−について

Q5

業務改善プログラム（PIP）を実施する際の一般的なプロセスは？

A
一般的な PIP 実施のプロセス[4]は、次のとおりです。

＜一般的なPIP実施のプロセス＞
① 対象者の選定（Q6参照）
② 業務改善プログラム（PIP）実施の決定（Q7参照）
③ 要改善事項の書面化（実施計画書の作成）（Q8参照）
④ 業務改善プログラム（PIP）の第三者レビュー（Q9参照）
⑤ 対象従業員とのミーティング実施−業務改善プログラム（PIP）の内容確定
⑥ アクションプラン（改善目標）の実施／フィードバック面談（Q10参照）
⑦ 実施結果報告・判定（Q13参照）
⑧ （改善が認められなければ）人事上の措置の実施

　なお、業務改善プログラム（PIP）につき規定した法令は存在せず、業務改善プログラム（PIP）をどのように実施するかは、各企業の任意（自由）です。

---

[4]前掲Society for Human Resource Management。

Q6

業務改善プログラム（PIP）の対象となる従業員は、どのように選別すればよいですか？

「通常の評価プロセスでは改善が困難と判断された」従業員を対象とし、選別するのが一般的です。

【解説】

　本章冒頭の「ある私立高校」の比喩でも説明しましたが、業務改善プログラム（PIP）は、業務改善に向けた特別のプログラム（計画）で、実施には、時間とコストがかかります[5]。「日々の注意指導」や「年次評価」で改善する従業員について、わざわざ時間とコストをかけて、業務改善プログラム（PIP）を実施する必要はありません。

　そのため、業務改善プログラム（PIP）を実施する際は、「通常の評価プロセスでは改善が困難と判断された」、業務／職能にミスマッチと判断されている従

---

[5] 例えば、業務改善プログラム（PIP）を実施するには、人事部・外部の専門家（弁護士等）を巻き込んだアクションプラン（改善目標）の設定や、業務改善プログラム（PIP）を実施する上司のトレーニング、改善状況のモニタリング等、時間や人的コストがかかります。

第5章 PIP（業務改善プログラム）−業務改善に向けた期間を定めた評価−について

業員を対象とするのが一般的です。

　ちなみに、実務では、年次評価を基準に、各組織内での人事評価が下位に位置づけられた社員群の中から、「通常の目標設定・育成/指導・評価フィードバック等では改善を見込めない」と上司が総合的に判断した従業員に対し、業務改善プログラム（PIP）を実施することが多いように思われます。

　また、業務改善プログラム（PIP）は、業務改善に向けた注意指導の一形態です。そのため、選別された対象従業員に対し、問題あるパフォーマンスの具体例を挙げた上で、何故、業務改善プログラム（PIP）の対象となったのか、客観的な事実をもって説明できるようにしておくことも、選別する際の注意として重要です。

Q7

業務改善プログラム(PIP)が注意指導
の一形態であることは分かりましたが、
注意指導の手段(方法)として、業務改
善プログラム(PIP)が適しているのは、
どのような場合でしょうか？

A 改善目標として、客観的な数値目標を立てることができる
場合です。客観的な数値目標は、例えば「1日30件、営
業電話をかける」という能動的な数値目標だけでなく、「報
告書作成の際、誤字脱字は、報告書1頁につき5個以内とする」といっ
た数値目標も含みます。

【解説】

上記①(対象者の選定)で、業務改善が必要な従業員を選別しても、改善
手段として、「業務改善プログラム(PIP)を実施するか」、それとも「他の方法に
より業務改善を求めるか」の選択は、非常に重要です。なぜなら、改善手段と
して業務改善プログラム(PIP)が適していないのに業務改善プログラム(PIP)
を選択しているケースがあるからです。

筆者の経験からすると、業務改善プログラム(PIP)が適しているケースは、
次のi～iii全てを満たすケースと思われます。

第5章　PIP（業務改善プログラム）－業務改善に向けた期間を定めた評価－について

> ⅰ．改善内容につき、客観的な数値目標を立てることができ、かつ
> ⅱ．PIP実施者（評価者）が数値目標を客観的に評価でき、かつ
> ⅲ．PIP実施者（評価者）が評価内容を具体的かつ客観的に記録できる

　筆者が目にする業務改善プログラム(PIP)の失敗例では、まず、目標設定の際、客観的な目標が一切設定されておらず、「努力する」、「チームメンバーと仲良くする」といった主観的・抽象的な目標が設定されていることが多い印象です[6]。このような主観的・抽象的な目標は、達成度が客観的・定量的に評価できないので、対象従業員が本当に改善したのか分かりません。客観的な数値目標を立てられないのであれば、注意指導の方法として、業務改善プログラム（PIP）を選ぶべきではないように思います。

　また、目標設定（ⅰ）はきちんとできても、（ⅱ）「PIP実施者（評価者）に評価能力がなく」[7]、（ⅲ）「評価結果を具体的かつ客観的に記録できていない」ケースも、業務改善プログラム（PIP）の失敗例では多い印象です。筆者の個人的な感覚ですが、業務改善プログラム（PIP）が成功するには、上司と部下の適切なコミュニケーションが不可欠で、業務改善プログラム（PIP）は、難易度が高い指導方法であると思います。人事や専門家のアドバイスの下、業務改善プログラム（PIP）を実施することが多いと思いますが、PIP成功のカギは、何といっ

---

[6] 例えば、「努力する」については「●●試験を3ヶ月以内に合格する」、「チームメンバーと仲良くする」という目標については「メールを送る際は、絶対にチームメンバーの名前を呼び捨てにしない」等という形で、客観的な目標を設定します。

[7] 筆者が実務を扱う中で、PIP実施者（評価者）から、「対象従業員は、自分が行った業務指示を全く守ってくれないので、業務指示違反があったと評価した」といった話を聞くことがよくあります。そこで、筆者が、PIP実施者（評価者）に「具体的にどのような指示を出したのですか」と聞くと、PIP実施者（評価者）は「分からなかったら質問・相談するように常に指示していたが、出てきた報告書が間違いだらけだった」等と答えることがままあります。皆さんは、PIP実施者（評価者）の何が問題なのか、分かるでしょうか？答えは簡単です。指示が不明確なのです。PIP実施者（評価者）は、対象従業員に対し、例えば、「●年●月●日までに、対象従業員は、何を書けばいいか分からない点と、分からない点に関する質問事項・回答案を書面で整理し、PIP実施者（評価者）に同書面を提出すること」といった、明確な業務指示をすべきで、その指示に違反したか否かを、客観的に評価すべきなのです。このように、PIP実施者（評価者）に評価能力がないケースは、PIP実施者（評価者）の業務指示（業務命令）自体に問題がある事が多いです。そのため、PIP実施者（評価者）はどのように業務指示を行えばいいか、そして自分が行った業務指示に対する対象従業員の業務パフォーマンスを客観的に評価するにはどうすればよいか、PIP実施者（評価者）へのトレーニングが必要となるのです。

てもPIP実施者（評価者）です。つまり、業務改善プログラム（PIP）の成功には、上司のトレーニングも大切で、適切に業務改善プログラム（PIP）を実施できる人材がいないのであれば、業務改善プログラム（PIP）以外の手段で改善指導を行うことを検討すべきと思います。

第5章　PIP（業務改善プログラム）－業務改善に向けた期間を定めた評価－について

Q8

業務改善プログラム（PIP）を実施する際、要改善事項や改善目標を記載した書面（この書面を、以下「実施計画書」と呼びます）を作成することになりますが、実施計画書には、何をどのように記載すれば良いですか？

「実施計画書」の内容も、企業が任意（自由）に決めることができますが、内容は、必ず「事実を客観的かつ具体化に記載」する必要があります。

ちなみに、「実施計画書」に記載される一般的な内容は、次のとおりです。

```
＜実施計画書（業務改善プログラム（PIP））の項目例＞
　　(a)　対象従業員の情報
　　(b)　期待される業務パフォーマンス
　　(c)　実際の業務パフォーマンス
　　(d)　期待される業務パフォーマンスとの不一致・ギャップ
　　(e)　アクションプラン（改善目標）の設定
　　(f)　PIP実施期間（60日～90日とするのが一般的）
　　(g)　フィードバック面談の実施時期
　　(h)　上司と対象従業員の署名欄
```

141

【解説】

　業務改善プログラム (PIP) の実施を決定したら、対象従業員の要改善事項を上司が書面化します (実施計画書の作成)。

　実施計画書は、伝える内容の一貫性を保つ観点から、社内の統一書式を使うと良いです。ちなみに、書式は、社内の統一書式を使いますが、内容は、対象従業員の要改善事項に特化したものとなります。

　「実施計画書」の内容についても、法令の定めはなく、企業が任意 (自由) に決めることができますが、内容は、「事実を客観的かつ具体的に記載」しなければならないので、これは必ず守ってください。業務改善プログラム (PIP) の失敗例は、これが守られていないケース[8]が多い印象です。

　ちなみに、「実施計画書」に記載される一般的な項目は、次のとおりです。

＜実施計画書 (業務改善プログラム (PIP)) の項目例＞
- (a) 対象従業員の情報
- (b) 期待される業務パフォーマンス
- (c) 実際の業務パフォーマンス
- (d) 期待される業務パフォーマンスとの不一致・ギャップ
- (e) アクションプラン (改善目標) の設定
- (f) PIP実施期間 (60日〜90日とするのが一般的)
- (g) フィードバック面談の実施時期
- (h) 上司と対象従業員の署名欄

　以下、各項目ごとに説明します。

(a) 対象従業員の情報

　対象従業員に関する情報を記載します。「入社日」や「所属部署」「社内グレード」等、業務改善プログラム (PIP) の対象従業員の特定に必要な情報を記載

---

[8] 例えば、アクションプラン (改善目標) として「業務に必要な知識を習得する」と書かれていることがありますが、不十分です。何が必要な知識で、何をもって習得したと評価するのか、全く分かりません。そこで、知識の習得に関するアクションプラン (改善目標) は、例えば、「必要な知識に関する貴殿の習得度を確認するテストを、●年●月●日に実施するので、それまでに知識を習得してください。テスト問題は▲テキストから出題します。知識を習得したか否かは、正答率が8割以上か否かで判断します」といった形で、客観的かつ具体的に記載します。

第5章　PIP（業務改善プログラム）－業務改善に向けた期間を定めた評価－について

します。

(b) 期待される業務パフォーマンス

「期待される業務パフォーマンス」には、対象従業員と同じ職務を担う従業員に期待される業務パフォーマンス・職務遂行を客観的に記載します。組織規程や職務記述書（いわゆるジョブディスクリプション）がある企業では、それに従った記載をします。

(c) 実際の業務パフォーマンス

「実際の業務パフォーマンス」には、改善が必要なこれまでの問題ある業務遂行につき、事実を具体的に記載します。ここで気をつけて頂きたいのが、上司の「評価」を記載するわけではない、ということです。

筆者の経験では、要改善事項について、「満足にできない」、「期待に沿わない」といった「評価」だけを書いている例が多いように思いますが、これは間違いです。評価を書くことは問題ないのですが、評価だけ書くのは、絶対にやめてください。重要なのは、評価ではなく、「評価の基礎となった具体的な事実」だからです。

すなわち、必ず記載すべきは、「本来、●が期待されたが、▲ができなかった。よって、期待に沿わなかった」という場合の、▲に該当する「事実」です。この事実を、5W1Hを明確にしつつ、具体的に記載してください。

(d) 期待される業務パフォーマンスとの不一致・ギャップ

(b) 期待される業務パフォーマンスと(c) 実際の業務パフォーマンスを比較し、何ができていないか、要改善事項を記載します。この比較を行うことにより、期待される業務パフォーマンスの何ができていないか、対象従業員に伝えることが可能となります。

(e) アクションプラン（改善目標）の設定

期待される業務パフォーマンスとの不一致・ギャップが明らかになったところ

で、次に、「この不一致・ギャップを埋めるために何をすべきか」、具体的なアクションプラン（改善目標）を設定します。(a) 〜 (d) までのプロセスで、対象従業員の要改善事項の抽出が既に完了しているはずなので、上司は、組織規程や職務記述書（いわゆるジョブディスクリプション）から対象従業員に期待される業務パフォーマンスを落とし込む形で、「アクションプラン（改善目標）」の第一案を策定します。

「アクションプラン(改善目標)」には、①期待する業務パフォーマンスを明記し、②目標不達成の場合の対応についても明記します。②には、解雇の可能性があれば、その可能性も明記します[9]。

①期待する業務パフォーマンスは、「具体的」で、「評価可能な目標（正確で、関連性があり、時期が限定されているもの）」を記載しなければなりません。これは、いわゆるSMART目標と呼ばれるもので、具体例を挙げると、次のとおりです。

＜SMART目標の例[10]＞

- *In May, June and July, Jane Doe must have <u>less than 3 percent quality errors per month</u> and <u>produce at least 150 units per month</u>.*

    「<u>5月、6月及び7月</u>において、Jane Doe氏は、<u>各月のクオリティ・エラーを3％未満</u>にし、かつ、<u>各月最低150ユニット</u>を作り出さなければならない」

- *During this <u>90-day performance evaluation</u>, John Doe must have <u>perfect attendance</u>, with the exception of approved medical or family absences. This means that he must clock in and be ready for work by the start of each scheduled shift, return from all scheduled breaks on time and remain at work for his entire shift.*

---

[9] ちなみに、解雇の可能性を示唆することがパワハラである、と対象労働者から主張されることがありますが、これは間違った認識です。客観的な事実を正確に伝えることは、パワハラにはなりません。むしろ、普通解雇の可能性を示唆しつつPIPを実施したことを、普通解雇が有効となる一要素として考慮した裁判例として、アクセンチュア事件（東京地判平30・9・27・労経速2367号30頁）が存在します。

[10] 前掲Society for Human Resource Management（日本語訳は筆者による）。

第5章　PIP（業務改善プログラム）－業務改善に向けた期間を定めた評価－について

> 「この90日のパフォーマンス評価期間において、John Doe氏は、承認された病気休暇又は家族休暇を除き、全労働日に出勤しなければならない。つまり、彼は、予定された各シフトの所定始業時刻までにタイムカードを記録し、同時刻から仕事が開始できるよう準備し、全ての所定休憩時間から時間通り仕事に戻り、残りのシフト時間勤務しなければならない」

　例のとおり、①期待する業務パフォーマンスには、評価対象となる期間（上記の例だと「5月、6月、7月」や「90日」）を特定し、具体的な数値目標を記載します。絶対に、「仲良くする」、「問題を起こさないようにする」といった抽象的・主観的な目標を設定してはいけません。もし、抽象的・主観的な目標しか設定できないのであれば、対象従業員の注意指導の方法として、業務改善プログラム（PIP）を用いるのは適切でない可能性が高いので、別の方法を取ることを考えた方が良いと思われます。

　また、上司は、目標達成のため、対象従業員に追加のリソース・時間・トレーニング・コーチングを提供する必要がないかも判断・検討し、これらが必要な場合、誰が提供するかも、アクションプラン（改善目標の設定）にて特定します。

(f)　PIP実施期間

　改善目標の達成期限である、業務改善プログラム（PIP）の実施期間を明記します。実施期間は「60日又は90日」とするのが一般的です。

(g)　フィードバック面談の実施時期

　PIP実施期間中、対象従業員の改善状況をモニタリングし、フィードバック面談を定期的に実施することとなります。そのため、フィードバック面談の実施頻度を記載します。

　なお、面談の実施時期・頻度についても、特に決まりはありませんが、「毎週1回」、「2週間に1回」、「1ヵ月に1回」といった頻度で実施している例が多い印象です。

(h) 上司と対象従業員の署名欄

　対象従業員に内容を理解してもらう（真摯に業務改善に取り組んでもらう）観点から、対象従業員に署名を求めるのが一般です。

　しかし、対象従業員の署名は、PIP実施に不可欠ではありません。また、対象従業員から「業務改善プログラム（PIP）は企業と従業員が合意して行うものなので、合意していないのに業務改善プログラム（PIP）を実施するのはおかしい」との指摘があることも想定されますが、この指摘は間違いです。

　すなわち、期待される業務パフォーマンスを従業員が履行していない状況は、法的に説明すると、「従業員が企業に対して負う労働債務を不完全履行（債務不履行）している」という状況です。労働契約に従って労働債務を履行していない従業員に、期待された労務提供するよう注意指導することは、企業が従業員に対して一方的に実施可能です。すなわち、企業は、従業員に対し、業務命令として、一方的に業務改善プログラム（PIP）を受けるよう、命じることができます（注意指導の一形態である業務改善プログラム（PIP）を対象従業員の同意なく実施しても、法的に問題ありません）。あくまで対象従業員に内容を理解してもらう（真摯に業務改善に取り組んでもらう）ために署名を求めるのです。

　なお、対象従業員が署名を拒否したら、それは、対象従業員に改善の意思・意欲がないことを示す重要な資料となるので、署名を拒否した事実も、記録に残しておいてください。

第5章 PIP（業務改善プログラム）－業務改善に向けた期間を定めた評価－について

Q9

対象従業員への説明・交付前に実施計画書は、誰かがレビュー（確認）した方が良いでしょうか？

上司が作成した実施計画書は、内容の客観性・合理性を確保するため、第三者（上司のさらに上司や人事部担当者等）がレビューすべきです。

【解説】
　実施計画書のドラフトが完成したら、対象従業員とのミーティングまでに、上司は、実施計画書を第三者にレビュー（確認）してもらうべきです（第三者レビュー）。この第三者レビューは、上司のさらに上司や人事部担当者が実施するのが一般的です（この第三者レビューは、実施計画書を社内で完成させるためのプロセスです。すなわち、第三者レビューを経て、対象従業員に見せる実施計画書が完成するというイメージです）。
　この第三者レビューを行うことにより、提案された実施計画書が、具体的で、目標達成の可否が客観的に判断可能で、対象従業員の職務との関連性があり、PIP期間で改善すれば達成可能なものか（逆に、実施計画書が感情的なものになっていないか）を確認することが可能となります。

Q10

実施計画書は、対象従業員と話し合って、内容を一から決めた方が良いのでしょうか？

A その必要はなく、むしろ、すべきではありません。なぜなら、対象従業員に期待される業務パフォーマンス（業務遂行）は、労働契約に基づき企業に付与された人事権に基づき、労働契約の枠内で企業が決めるもので、対象従業員と話し合って内容を一から決めるものではないからです。

対象従業員とのミーティングでは、企業が対象従業員に期待する業務パフォーマンス（業務遂行）を伝えるのが大原則で、実施計画書を修正するとしても、微修正に留めてください。

【解説】

実施計画書の第三者レビューが終わると、上司は、対象従業員とミーティングを開き、要改善事項とアクションプラン（改善目標）の内容を具体的に伝えます。そして、上司と対象従業員は、実施計画書に署名します。

その際、対象従業員の意見等を踏まえ、上司がアクションプラン（改善目標）を微修正することは許容されますが、それ以上の修正をすべきでないではありません。すなわち、①～⑤のプロセスから明らかなとおり、アクションプラン（改

第5章　PIP（業務改善プログラム）－業務改善に向けた期間を定めた評価－について

善目標）は、「労働契約（組織規程・職務記述書等）」→「対象従業員に期待される業務パフォーマンス（業務遂行）」→「アクションプラン（改善目標）」と落とし込んで作成するものです。上司と対象従業員が話し合って一から作り出すものではありません。

　また、労働契約に従って労働債務を履行していない従業員に、期待された労務提供するよう注意指導することは、企業が従業員に一方的に実施可能です。そのため、注意指導の一形態である業務改善プログラム（PIP）を対象従業員の同意なく実施しても、法的に問題ありません。つまり、「上司と対象従業員の話し合い」→「アクションプランに合意（納得）」ではないのです。

　筆者の感覚では、①～⑤のプロセスを経ず、上司と対象従業員が話し合って、一からアクションプランを作成しようとした結果、本来の業務改善プログラム（PIP）が実施されていない例が多いように感じます。対象従業員とのミーティングでは、企業が対象従業員に期待する業務パフォーマンス（業務遂行）を伝えるのが大原則で、ミーティングで許される改善目標（アクションプラン）の修正は微修正に留めるよう、特に注意が必要です。

Q11

対象従業員が業務改善プログラム（PIP）の実施を拒否した場合は、どのように対応すれば良いでしょうか？

対象従業員が業務改善プログラム（PIP）の実施を拒否した場合は、個別の状況に応じて、人事上の措置（異動・降格・退職勧奨・解雇等）を検討します[11]。

【解説】

　対象従業員が業務改善プログラム（PIP）の実施を拒否した場合は、その事実自体が、対象従業員に改善の意思・意欲がないことを示す証拠となります。

　そのため、対象従業員がPIP実施を拒否した場合、個別の状況に応じ、人事上の措置（異動・降格・退職勧奨・解雇等）を検討することとなります。

---

[11] 但し、職種限定されている場合等、異動命令権が制限されている場合は、それ以外の手段を検討することとなります。

第5章 PIP（業務改善プログラム）－業務改善に向けた期間を定めた評価－について

Q12

業務改善プログラム（PIP）実施後のフィードバック面談で伝える内容は？

アクションプラン（改善目標）の達成状況・改善状況を伝え、改善のために何が足りないか、何が必要かを明確に伝えます。

【解説】

Q6～Q11のプロセスを経て、業務改善プログラム（PIP）が実施されることとなりますが、その実施期間中、上司は、対象従業員の業務遂行をモニタリングし、改善状況を具体的に記録していくことになります。

そして、上司と対象従業員は、実施計画書のとおり、定期的にフィードバック面談を実施し、上司は、対象従業員に、改善目標の達成状況・改善状況を伝えます。そして、上司と対象従業員は、改善のために何が足りないか、何が必要かを確認します。つまり、フィードバック面談では、上司が改めて期待する業務パフォーマンスを明確に説明し、対象従業員が質問し、改善指導を受ける機会を与えることとなります。

このように、業務改善プログラム（PIP）では、上司には、対象従業員の改善状況を適切に把握する能力・コミュニケーション能力が求められることとなります。

Q13

業務改善プログラム（PIP）の実施期間が終了した場合、何をすれば良いでしょうか？

A PIP実施期間における対象従業員の改善状況を確認し、状況に応じて、人事上の措置（異動・降格・退職勧奨・解雇等）を検討します。

【解説】

業務改善プログラム（PIP）の実施期間が終了した場合、実施期間での改善状況を正確に把握し、状況に応じた対応を採ることになります[12]。以下、

 i．業務パフォーマンスが改善し、対象従業員が改善目標を達成した場合
 ii．対象従業員が改善しない場合又は業務パフォーマンスが悪くなった場合
 iii．対象従業員にある程度の改善が見られたが、PIP期間中に、改善目標を達成できなかった場合

に分けて、説明します。

 i．業務パフォーマンスが改善し、対象従業員が目標を達成した場合

　　この場合、業務改善プログラム（PIP）を正式に終了させ、対象従業員を通常の評価プロセスに戻します（つまり、従業員との雇用は継続し

[12) 前掲Society for Human Resource Management。

第5章　PIP（業務改善プログラム）－業務改善に向けた期間を定めた評価－について

ます）。

　　もっとも、通常の評価プロセスでも良い業務パフォーマンスを継続して
もらう必要があるため、上司は、対象従業員に対し、今後も良い業務パ
フォーマンスの継続が期待されていることを必ず伝えることが肝要です。

ⅱ．対象従業員が改善しない場合又は業務パフォーマンスが悪くなった場合
　　　この場合、業務改善プログラム（PIP）を終了させ、個別の状況に応じ、
　　人事上の措置（異動・降格・退職勧奨・解雇等）の実施を検討すること
　　となります[13]。

ⅲ．対象従業員にある程度の改善が見られたが、業務改善プログラム（PIP）
　　実施期間中に、目標を達成できなかった場合
　　A．対象従業員が最善を尽くしたが、目標を1つ以上達成できなかった
　　　　場合
　　　　　必要に応じて、業務改善プログラム（PIP）を一定期間延長します。
　　B．目標が現実的でなく、対象従業員のコントロールできない内容であっ
　　　　たことが事後的に判明した場合
　　　　　この場合、業務改善プログラム（PIP）の延長、改善目標を再設
　　　　定した上での実施又は業務改善プログラム（PIP）の終了（つまり、
　　　　通常の評価プロセスに戻すこと）を検討します。
　　C．対象従業員が改善せず、又は、改善に向けた努力を行っていないと
　　　　使用者が判断した場合
　　　　　この場合、個別の状況に応じ、人事上の措置（異動・降格・退
　　　　職勧奨・解雇等）を検討・実施することとなります。

---

[13] 但し、職種限定されている場合等、異動命令権が制限されている場合は、それ以外の手段を検討すること
となります。

Q14

業務改善プログラム（PIP）が問題と
なった裁判例には、どのようなものが
ありますか？

A 業務改善プログラム（PIP）が正面から問題となった裁判
例として、ブルームバーグ・エル・ピー事件（東京高判平
25. 4.24 労判 1074 号 75 頁）と日本アイ・ビー・エム（解
雇・第 1）事件（東京地判平 28. 3.28 労判 1142 号 40 頁）があり
ます。

【解説】

以下、ブルームバーグ・エル・ピー事件と日本アイ・ビー・エム（解雇・第1）
事件につき、説明します。

・ブルームバーグ・エル・ピー事件（東京高判平25.4.24労判1074号75頁）

（ア）事案の概要

　他の通信社で記者として約13年間の勤務経験があった従業員が、外資系
企業である通信社に、職種を記者に限定して中途入社した後、職務能力の
低下を理由として解雇された事案です（解雇時の賃金は月額67万5000円）。
業務改善プログラム（PIP）と関連する事実関係は、次のとおりです。

（イ）裁判所の判断（判断のポイント）

第5章　PIP（業務改善プログラム）－業務改善に向けた期間を定めた評価－について

　裁判所は、業務改善プログラム（PIP）において、具体的な数値によって設定された課題を原告はほぼ達成した等と判断し、普通解雇は無効と判断しました。

＜時系列＞

・平成17年11月	：中途入社。職種を記者に限定。
・平成18年11月	：勤務評価（総合評価）で「期待に満たない」との評価[14]。
・平成19年6月～	：生産性向上を目的とした「アクションプラン」を実施（3か月間）労働者は、目標を全て達成。
・平成19年12月	：勤務評価で「求められるパフォーマンスをすべて満たすわけではない」等の評価
・平成20年11月	：勤務評価で「求められるパフォーマンスをすべて満たすわけではない」等の評価 ・休職（心身の疲れ）、平成21年2月に復職。
・平成21年12月	：第1回PIP実施。
・平成22年1月27日	：第1回PIPフィードバック。「目標達成に至らなかった」との評価
・同月28日～	：第2回PIP実施。
・同年3月5日	：第2回PIPフィードバック。「目標達成に至らなかった」との評価
・同月6日～	：第3回PIP実施。
・同年4月8日	：退職勧奨・自宅待機命令・社内システムへのアクセス禁止
・同月12日～	：組合加入（新聞労連・新聞通信合同ユニオン）。その後団体交渉（計3回）
・同年7月20日	：解雇予告（同年8月20日付解雇）

　業務改善プログラム（PIP）で設定された各改善目標と、裁判所が認定・判断した従業員の改善状況を整理すると、次頁の表のとおりです。

　本判決では、「従業員に能力不足・成績不良があったか」の判断に際し、裁判所は、社会通念上、一般的に中途採用の記者職種限定の従業員に求められていると想定される職務能力を基準とすべきとした上で、従前の裁判例と同様、従業員の能力不足・成績不良が労働契約の継続を期待することがで

---

[14] 総合評価は、「期待を超えている」、「期待通り」、「期待に満たない」の3段階評価。

PIP内容	第1回PIP フィードバック	第2回PIP フィードバック	裁判所の認定・判断
①独自記事について、1週間に1本は配信し、うち1か月に1本はBest of the Weekに提出できる程度のものであること	独自記事について、平成22年1月21日の時点で、独自記事の配信は3本で、そのうち1本はBest of the Weekへの提出に値するものだったが、配信目標数の4本に達していない	独自記事について、平成22年3月4日まで6本の独自記事を配信することに成功したが、いずれもBest of the Weekに提出できる内容でなく、本数についての改善が見られるものの、内容について依然として深刻な懸念が見られる	被告は、原告執筆に係る記事内容の質の問題について、前記の各評価で抽象的に指摘したり、PIPにおいて月1回「Best of the Week」に提出できる程度の独自記事を提出するという課題を設定するに止まり、原告の記事内容の質向上を図るために具体的な指示を出したり、原告との間で問題意識を共有した上でその改善を図っていく等の具体的な改善矯正策を講じていたとは認められない。なお、この点について、被告は、原告は被告の指導を理解できず、また、被告の指導を受ける姿勢がなかった旨主張しているが、PIPで設定された目標に対する原告の前記達成度合いからすれば、必ずしも被告の指導に対する理解ないし姿勢がなかったとはいえない
②独自記事がすべて英語に翻訳されるように自身で責任をもって積極的に働き掛けること	配信された独自記事3本はすべて英語に翻訳されていた	配信された独自記事6本はすべて英語に翻訳されていた	アクションプランやPIPで求められた英訳の課題をすべて実行する等、この点についての被告の指示に従って改善を指向する態度を示していた

③1日に1本、株式ムーバー記事を配信すること	株式ムーバー記事について、23日間の出勤日のうち、配信されたのが13日間のみであった	株式ムーバー記事について、35本のムーバー記事が配信され、目標を達成したが、被告の記者として同記事に取り組む姿勢については不十分な点があり、中でも企業への確認を怠った件については非常に懸念している	アクションプランや各PIPにおいて設定された配信記事本数に係る課題について、原告は、独自記事の本数については全て達成し、ムーバー記事についても、第一回PIPにおいては目標数に遠く及ばなかったものの、第二回、第三回の各PIPにおいては目標数を達成するか又はそれに近い数値に及んでおり、この点についての被告の指示に従って改善を指向する態度を示していたと評価し得る。
④毎日の行動予定を当日朝に丙川に連絡するとともに、毎週金曜日に翌週の行動予定を丙川に報告すること	行動予定について、目標どおり提出されていたが、詳細に欠ける部分が見られた	行動予定について、毎日の行動予定の報告はあったが、金曜日に翌週の行動予定は提出されなかった	原告は、PIPで求められた行動予定の報告のうち、第二回PIPにおける翌週の行動予定の提出以外については、目標どおりに提出しており、原告がこの点について被告の指示に従って改善を指向する態度を示していた
会社／裁判所の評価	＜会社の評価＞目標達成に至らなかった	＜会社の評価＞目標達成に至らなかった	＜裁判所の評価＞アクションプラン及び3回に及ぶPIPにおいて具体的な数値によって設定された課題をほぼ達成している

きない程に重大なものであるかという基準で、普通解雇の有効性を判断しました。

そして、裁判所は、会社の主観的評価として、従業員の改善が不十分と評価する相応の理由があったことは認められるが、従業員による改善不十分の程度が、労働契約の継続を期待することができない程に重大なものとまでは認められず、本件解雇に客観的・合理的理由はないので、本件解雇は無効と判断しました。

なお、本件では、記者に職種限定され中途入社した従業員に期待された業務パフォーマンス（能力）が、社会一般の中途入社の記者レベルなのか、それとも、当該会社に特有の高いレベルであったのか、という点が、結論に影響を与えたとも考えられます。裁判所は、諸般の事情から、当該従業員に期待される業務パフォーマンスが社会一般の中途採用の記者に求められる職務能力以上の能力が要求されているとは認められない、と判断していますが、会社の期待する業務パフォーマンスが社会一般のレベルと異なるのであれば、会社が期待する質・量（債務の本旨）を労働契約等で具体化・明確化することが、紛争予防の観点からも重要と考えられます。

・日本アイ・ビー・エム（解雇・第1）事件（東京地判平28.3.28労判1142号40頁）
（ア）事案の概要

本件は、会社が、業績不良を理由として、職種限定のない従業員を解雇した事案です。ブルームバーグ・エル・ピー事件（東京高判平25.4.24労判1074号75頁）と異なり、業務改善プログラム（PIP）の対象となった従業員の職種が限定されていない点が、本件を理解する際のポイントとなります。

ちなみに、従業員3名が原告となっていますが、業務改善プログラム（PIP）が特に問題となった従業員Aについてのみ、関連する事実関係を、次表にて、時系列で説明します。

第5章　PIP（業務改善プログラム）−業務改善に向けた期間を定めた評価−について

<時系列>

・昭和62年4月	：従業員A入社（職種限定なし）
・平成元年	：副主任となり、バンド6となった[15]
・平成17年の評価	：「2+」[16]
・平成18年の評価	：「2」（途中STH部に異動）
・平成19年の評価	：「3」
・平成20年の評価	：3月度に月間MVP賞を受賞したが「3」
・平成21年1月上旬〜3月末まで	：PIPを実施。PIPは目標達成により終了
・同月〜同年5月	：この期間に行なわれた業務でMVP受賞
・平成21年の評価	：「3」
・平成22年	：能力改善の必要があり、PIP実施が提案されたが拒否
・同年の評価	：「3」メンバーから最低評価を受け、離席が多い等の勤務態度
・平成23年の評価	：「4」業務に必要な研修・試験を受けた。試験は2回受験し不合格等
・平成24年7月20日	：同月26日付で解雇する旨の解雇予告

（イ）裁判所の判断（判断のポイント）

　　　裁判所の判断は、端的に言うと、勤務不良は認められるが、担当させるべき業務がないとまではいえないので、普通解雇に客観的・合理的理由はなく無効である、というものでした。

　　　すなわち、従業員Aは、バンド6という職位に見合った業務は行っていませんでしたが、STH部異動前は、PBC「2+」の評価を受けるなどバンド6に見合った業務ができていたこと、STH異動後も、複数の表

---

[15] バンドとは、1から10まで設定された会社における従業員の職位で、数字が大きいほど職位が高い、というものでした。

[16] 被告では、従業員の業績を示すPBC（Personal Business Commitments）と称する評価制度を設けていました。PBC評価は、従業員とその上司との間で年初に目標設定を行い、その目標に対する当該従業員の1年間の達成度や、会社に対する貢献度の評価を行うことを内容とします。PBC評価の結果は、上から順に「1」（最大の貢献度を達成）、「2+」（平均を上回る貢献度）、「2」（着実な貢献）、「3」（貢献度が低く、業績の向上が必要）、「4」（極めて不十分な貢献）の5段階。それぞれの配分は、「1」が10％から20％、「2+」及び「2」の合計が65％から85％、「3」及び「4」の合計が5％から16％とされる相対評価でした。

彰を受けたり、業務改善プログラム (PIP) の目標を達成したりするなど業務改善に一定の努力を行い、会社もそれを評価していたこと等からすると、業績不良は認められるものの、担当させるべき業務が見つからないというほどの状況とは認められない、また、PBC評価はあくまで相対評価であるため、PBC評価の低評価が続いたからといって解雇の理由に足りる業績不良があると認められるわけではないと、裁判所は判示しました。

そして、職種や勤務地の限定があったとは認められないなどの事情からすると「<u>現在の担当業務に関して業績不良があるとしても、その適性にあった職種への転換や業務内容に見合った職位への降格、一定期間内に業績改善が見られなかった場合の解雇の可能性をより具体的に伝えた上での更なる業務改善の機会の付与などの手段を講じることなく行われた本件解雇は、客観的に合理的な理由を欠き、社会通念上相当であるとは認められないから、権利濫用として無効というべきである</u>」と判断しました (筆者下線加筆)。

本件の特色は、ブルームバーグ・エル・ピー事件 (東京高判平25．4.24労判1074号75頁) と異なり、業務改善プログラム (PIP) の対象となった従業員が職種限定でない点にあると思われます。

すなわち、能力不足・成績不良のみを理由とする解雇の場合、職種限定契約であれば、「当該職種に期待された業務パフォーマンスは何か」が問題となります。ところが、職種限定のない契約であれば、期待された業務パフォーマンスの比較対象が広くなります。すなわち、現在担当する業務でなくとも、企業において同じ職位にある従業員に期待される業務パフォーマンスを基準とし、能力不足・成績不良と言えるか、が問題になると思われます。

本件では、以前に所属した部では、期待された業務パフォーマンスを果たしていたこと等を踏まえ、会社の中には適正にあった配置先が他にもあるのではないか、という裁判所の考えも垣間見える事案ともいえます。

第5章　PIP（業務改善プログラム）−業務改善に向けた期間を定めた評価−について

Q15

「従業員の能力不足・成績不良」を理由とする普通解雇の有効性の判断基準は？

A 　能力不足・成績不良を理由とする普通解雇の有効性につき、（業務改善プログラム（PIP）が問題となった裁判例ではないものの）裁判所は、相対評価で平均的な水準に達していないというだけでは不十分で、①著しく能力や適性が不足し、②改善の見込みがないときでなければならないと判断する傾向にあります。

　なお、業務改善プログラム（PIP）は、①②を立証する証拠として、裁判上問題となることが多いです。

【解説】

　「従業員の能力不足・成績不良」を理由とする普通解雇の有効性につき、（業務改善プログラム（PIP）が問題となった裁判例ではないものの）その判断基準を示した裁判例をいくつか示すと、次のとおりです。

161

＜能力不足・成績不良解雇につき判断した裁判例＞

ア．セガ・エンタープライゼス事件（東京地決平11.10.15労判770号34頁）

　　　就業規則に規定する解雇事由は、「精神又は身体の障害により業務に
堪えないとき」、「会社の経営上やむを得ない事由があるとき」など極め
て限定的な場合に限られており、そのことからすれば、「労働能力が劣
り、向上の見込みがない」についても、右の事由に匹敵するような場合
に限って解雇が有効となると解するのが相当で、「労働能力が劣り、向上
の見込みがない」に該当するといえるためには、平均的な水準に達して
いないというだけでは不十分であり、著しく労働能力が劣り、しかも向上
の見込みがないときでなければならないというべきである。

　　　相対評価を前提として、一定割合の従業員への退職勧告を毎年繰り
返すとすれば、債務者の従業員の水準が全体として向上することは明ら
かであるものの、相対的に10パーセント未満の下位の考課順位に属する
者がいなくなることはありえない。したがって、従業員全体の水準が向
上しても、債務者は、毎年一定割合の従業員を解雇することが可能とな
る。しかし、就業規則にいう「労働能率が劣り、向上の見込みがない」
というのは、右のような相対評価を前提とするものと解するのは相当でな
い。既に述べたように、他の解雇事由との比較においても、右解雇事由
は、極めて限定的に解されなければならないのであって、常に相対的に
考課順位の低い者の解雇を許容するものと解することはできないからで
ある（筆者下線加筆）。

イ．クラブメッド事件（東京地判平24.3.27労判1055号85頁）

　　　本件解雇は、原告の勤務成績不良を理由とする解雇であるところ、こ
のような解雇については、当該労働者の勤務成績が単に不良であるとい
うレベルを超えて、その程度が著しく劣悪であり、使用者側が改善を促
したにもかかわらず改善の余地がないといえるかどうかや、当該勤務成
績の不良が使用者の業務遂行全体にとって相当な支障となっているとい
えるかという点などを総合考慮して、その有効性を判断すべきと解するの

第5章　PIP（業務改善プログラム）－業務改善に向けた期間を定めた評価－について

が相当である。したがって、本件解雇に関する就業規則所定の解雇事由
「技能、能力が極めて劣り、将来業務習得の見込みがないとき」という
文言も、このような観点からその該当性が判断されるべきである。

　以上のとおり、能力不足・成績不良を理由とする普通解雇の有効性につき、
裁判所は、相対評価で平均的な水準に達していないというだけでは不十分
で、①著しく能力や適性が不足し、②改善の見込みがないときでなければ
ならないと判断する傾向にあります。業務改善プログラム（PIP）は、①②
を立証する証拠として、裁判上問題となることが多いです。
　ちなみに、業務改善プログラム（PIP）につき判断をした最高裁判決は、
現時点で見当たりません。

Q16

業務改善プログラム（PIP）の実施は、普通解雇の要件でしょうか？

 労働契約上、業務改善プログラム（PIP）の実施が普通解雇の要件とされていない限り、解雇の要件ではありません。

【解説】
　就業規則等の労働契約で、PIP実施が解雇の要件とされていなければ、業務改善プログラム（PIP）の実施は、解雇の要件ではありません。
　ちなみに、「業務改善ツールの一つとして、業務改善プログラム（PIP）が存在するのに、業務改善プログラム（PIP）が実施されなかったケース」につき、従業員側がPIP不実施を理由に解雇無効を主張した裁判例として、次の2つの事案が存在しますが、裁判所は、いずれも従業員側の主張を退けています。

ア．甲社事件（東京地判平24.7.4労経速2155号9頁）
　（ア）事案の概要
　　　就業規則上の解雇事由（「勤務態度が不良で、勤務に支障をきたすとき」）に該当するとして、会社が従業員を解雇した事案です。
　　　従業員は、「会社では、勤務成績が不良な場合、告知の上PIPと呼ばれ

第5章　PIP（業務改善プログラム）－業務改善に向けた期間を定めた評価－について

る特別の研修をさせなければならず、そこで目標とされた結果を達成しない場合にはじめて解雇できるという手順が原則とされていた。特に本件のように客観的に数値化できる成績不良もなく、本人の性格や能力評価を問題とする事例においては、改善を求めるPIPの手続がなされることが必要である」とし、業務改善プログラム（PIP）を試みることなく行われた本件解雇は、手続的要件を欠き無効であると主張しました。

（イ）裁判所の判断

　　会社では従業員に業務改善プログラム（PIP）を行っていないが、業務改善プログラム（PIP）は業務改善のツールの一つとして活用されているものの、それを実施するかどうかは会社の裁量に委ねられており、解雇にあたって必ず実施が義務づけられているとまではいえない。また、本件では、会社は従業員に対して、職務遂行態度や姿勢を改善するよう再三にわたって指導注意を行っており、業務改善プログラム（PIP）に代替しうるだけの十分なやりとりがなされていたといえるとして、裁判所は、従業員の主張を退けました。

イ．ドイツ証券事件（東京地判平28.6.1判例秘書L07131536）

　（ア）事案の概要

　　　「職種：グローバル・マーケッツ部門におけるヘッジファンド・セールスパーソン」、「タイトル：ディレクター等級2」という職種限定合意のもと入社した従業員（年収約3600万円で、裁量賞与は別途支給）が、就業規則上の解雇事由（「社員の労働能力が著しく低下したとき、または勤務成績が不良で改善の見込みがなく、就業に適さないと会社が認めたとき」）に該当するとして、会社が従業員を解雇した事案です。

　　　従業員は、解雇より打撃的でない他の方法（配置転換・手当の引下げ）が試みられなかったこと、業績に問題がある場合に会社で実施された実績もある業績改善プラン（PIP）が実施されていないことを挙げ、本件解雇は相当性を欠くと主張しました。

　（イ）裁判所の判断

165

裁判所は、「本件労働契約は，職種限定契約であり、原告は、上級の専門職として特定の職種・部門のために即戦力として高待遇で中途採用されたものであり、長期雇用システムを前提とした従業員とは根本的に異なるところ、期待される能力を有していなかった場合には、原告が主張するような解雇回避措置（配置転換率手当の引下げ）を取らなかったとしても、それをもって直ちに解雇の相当性を欠くことにはならないというべきである。そして、平成20（2008）年及び平成21（2009）年度のPMOで繰り返し指摘された具体的な課題について、改善する機会が約２年間あったことに加え、<u>被告において業務改善プラン制度が就業規則等によって整えられているものではなく、個別の事情に応じて様々であることを踏まえれば、原告が指摘する業務改善プランが実施されなかったことをもって、解雇の相当性を欠くということはできない。</u>」と判断しました（筆者下線加筆）。

ウ．実務上のポイント

　実務上は、そのような社内制度が確立している企業は少なく、甲社事件のように、業務改善のツールの一つとして業務改善プログラム（PIP）を活用している企業がほとんどの印象ですが、業務改善プログラム（PIP）が既に存在する企業においては、企業における業務改善プログラム（PIP）の位置付けを確認する必要があります。

　すなわち、就業規則（労働契約）に業務改善プログラム（PIP）の実施が明記されている場合だけでなく、ローパフォーマーに対する人事上の措置をとる際は必ず業務改善プログラム（PIP）を実施する、との社内制度が確立している場合は、状況にもよりますが、業務改善プログラム（PIP）を実施しないこと自体が、手続違反の一要素として考慮される可能性があるので注意しましょう（ちなみに、海外の公的機関では、業務改善プログラム（PIP）の実施が解雇の前提要件として、社内規程で明記されている例もあるようです）。

第5章　PIP（業務改善プログラム）－業務改善に向けた期間を定めた評価－について

第6章

人事考課と
不当労働行為

従来、日本企業の多くが職能資格制度を採用し、各従業員の昇給・賞与等の査定に関して集団的かつ一律な管理、年功的な運用を行い、当該制度及び運用の中では、労働者の入社年次、学歴、職種等が処遇決定上重要な準拠枠となっていました。

　また、職能資格制度に基づく処遇は、言わずもがな企業側の広範な裁量によって決せられること、及びその判断要素も各企業が独自に基準や手続を定めていたことから、場合によっては、企業の純粋な経営判断、事業運営状況及び当該従業員の能力そのものという本来あるべき判断枠組みを超えて、恣意的な運用によって決せられる可能性を持っていたといえます。

　このような背景のもと、あるひとつの労働組合に所属する組合員の処遇を集団的に観察するとき、他の労働組合の組合員や労働組合に加入していない従業員と比較して、さしたる理由もなく著しく低く設定されているなどの現象が浮かび上がることもままありました。そして、当該著しく低い査定を受けた組合員が所属する労働組合が企業に対し、当該処遇にかかる差別の是正を求めて、不当労働行為救済申し立てを行うという類型が散見されるに至りました。

　本章では、職能資格制度に基づく人事考課について、労働組合がどのように差別是正を図るに至ったか、またその際、労働委員会や裁判所が編み出した判断枠組みがどのようなものだったかを、関連する命令及び裁判例とともに検証するほか、一律の年功序列型賃金制度が崩壊しつつある現代において、当該判断枠組みが維持し得るものであるかどうかを検証します。

Q1

人事考課に関して、従来不当労働行為が問題となった類型には、どのようなものがあったのでしょうか？

年功的要素を持ち得る職能資格制度の下で、特定の労働組合に所属している事実により査定が低位とされたことが不利益取扱いや支配介入にあたるとして救済申立てがなされました。

比較対象は併存他組合員や非組合員、同一組合内で潮流を理由に分裂した場合の他派組合員などであり、主に昇給、賞与、昇進、昇格等が争われました。

【解説】

かつて日本企業の多くが採用していた職能資格制度のもとでは、各従業員の昇給・賞与等の査定に関して集団的かつ一律な管理、年功的な運用が行われ、本来的に労働組合に加入しているかどうかとは関係なく、純粋に労働者の入社年次、学歴、職種等が処遇決定上重要な準拠枠となっていたはずでした。一方で、職能資格制度に基づく人事考課は、その運用にあたって査定者側の主観的判断が入り込む余地が多く、考課の公正さや客観性を必ずしも保証できるものではありませんでした。

第6章　人事考課と不当労働行為

　このような仕組みの中で、ある労働組合の組合員のみが集団的に著しく低位の査定を受けた場合には、本来人事考課に影響しないはずの「労働組合に加入している事実」が当該査定に影響した可能性が強く疑われることになります。そこで、当該労働組合は、労組法第7条第1号（不利益取扱い）及び第3号（支配介入）違反を理由として、不当労働行為の救済申し立てを行うようになりました。

　不当労働行為の類型として、労組法第7条第1号と同第3号は本来別々の要件によって成立しますが、従業員間の査定にかかる集団的な格差・差別に関して、個々の組合員にとっては不利益取扱いがなされた、そして労働組合全体にとっては所属組合員に対する不利益取扱いを介して当該組合の運営に対する支配介入がなされたという二面性を持っており、従来労組法第7条第1号及び同第3号いずれにもかかる問題として取り扱われてきました[1] [2]。

　また、企業内労働組合が主流かつ活発に活動していた時代だったため、労働組合と企業の関係が密接だったほか、場合によっては複数の労働組合が並立したり、一つの労働組合が分裂していわゆる「企業側の潮流に根差した労働組合」と「企業と対立する理念に立つ労働組合」が衝突するような場面も見受けられました。そのような中で、企業が上記2つの労働組合にかかる組合員らの査定に著しい差異をつけたりすることによって、格差や差別が顕在化していきました。

　なお、格差や差別については、主に昇給、賞与、昇進、昇格等が問題となりましたが、このうち特に昇進差別は、具体的な職務遂行能力が問題となり、それだけ企業の裁量が重視されるため、不当労働行為の成立は認められづらくな

---

[1] 菅野和夫「労働法第11版補正版」（弘文堂・2017）986頁においても、「不当労働行為が複数の類型にまたがって行われたり、複数の類型に共通の問題として現れる」事例として整理されている。

[2] 道幸哲也「不当労働行為法理の基本構造」（北海道大学図書刊行会・2002）30頁は労組法7条1、3号の関連について言及し、実際の労委命令は該当号数によって不当労働行為の成否の判断や救済命令の内容が異なっているとは限らず、全般的に見て無頓着な事例処理がなされていると評価しうるが、使用者の多様な反組合的行為を効果的に禁止するという観点からすれば、救済命令の型は必ずしも該当号数に制限されないと考えるべきと整理している。

る傾向にあります。また、昇格差別についても対象従業員の能力評価が問題と
なり、年功序列的な運用であれば別ですが、不当労働行為として認められた例
は少ないといえます[3]。

---

[3] 道幸哲也「労働委員会の役割と不当労働行為法理」（日本評論社・2014）202〜205頁

第6章　人事考課と不当労働行為

Q2

人事考課に関する不当労働行為事件の特殊性としてどのようなことが挙げられるのでしょうか？

A ①申し立てを行う労働組合側の査定差別にかかる立証が困難であり、②紛争が長期化する傾向にある一方で、③入社年次、学歴、職種等といった準拠枠に基づく比較対象集団を容易に想定し得る、という特殊性がありました。

【解説】

労組法第7条第1号及び第3号の立証責任[4]はいずれも申立てを行う労働組合

---

[4] 労働委員会における不当労働行為事件の審問は、通常の民事訴訟における厳格な弁論主義、当事者主義は直ちに妥当しないとされる（労委規則41条の2は、証拠提出について「証明」ではなく「疎明」という言葉を用いるなどしており、証拠方法の制限、証拠法則は中心的課題ではなく、労委制度に適合した「疎明」の在り方が必要とされる）。もっとも、救済を申し立てる側が不当労働行為を構成する事実に対して何らかの証拠を提出しなければいけないのは当然であり、いずれにせよ立証ないし挙証責任の問題は残る（山本吉人「昇給・昇格差別と立証」（労判375号35頁、41頁）。また、労働委員会の救済命令は民事訴訟における判決に相当するものであって、とりあえず一応の判断を示す、というものではないから、審査委員に一応そうらしいという推測をなさしめる程度では足りず、不当労働行為の存在について確信を抱かしめる程度に達することを要するのであって、労委規則にいう「疎明」は民事訴訟との比較で言えば、むしろ「証明」に該当する、ともされる（塚本重頼「労働委員会　制度と手続」（日本労働協会・1977）98頁）。

173

側にありますが、何よりもまず、①労働組合側の査定差別にかかる立証自体が、非常に困難な状況でした。すなわち、人事考課にかかる証拠は企業側に偏在しています。加えて、人事考課は会社内部の判定手続であり、人事の秘密・業務上の機密事項であるとして企業が記録や資料を任意に提出することを拒むほか、当然のことながら、人事考課にかかる情報・統計の取得は、自己と同じキャリアや同一組合員であれば容易ですが、全く異なるキャリアや敵対する他組合については非常に困難でした[5]。労働委員会は強制権限（労組法第22条第1項）を行使して、当事者らに必要な帳簿書類などの提出を求め得ますが、総会の決議を要する（労委規則第5条第1項第7号）ため、これも企業側から人事考課にかかる証拠を提出させる手続として容易に認められるものではなく、一般的ではありません[6]。なお、平成16年改正により採用された物件提出命令（労組法第27条の7第1項第2号）を活用する余地はあるといえるでしょう[7]。

次に、②紛争が長期化する傾向にあるといえます。すなわち、差別対象の従業員（組合員）が多数となるため、個々の差別にかかる立証活動は、上記資料獲得の困難さとも相まって必然的に膨大化する傾向にありました。従業員の個々の労務遂行能力等にも本来的に差異がありますので、査定格差自体が、真に組合差別を理由とするものかどうかの判断も困難となり、審理に時間を要することになります。加えて、問題となる昇進、昇格の査定は年度ごと、賞与の査定は夏季、冬季（及び年末）に行われますので、差別が時系列的に連鎖し、救済申立てが査定ごとに行われるなど、やはり長期化する傾向にありました。

他方、従来の職能資格制度のもとでは、能力主義の理念を掲げつつ、年齢（勤続）による処遇（年功主義）との調和が目的とされていました。そのため、査定において集団的な管理、年功的な運用が行われることが想定され、③入社年次、学歴、職種等の準拠枠に基づき、比較対象集団を容易に想定し得ると

---

[5] 秋田成就、横井芳弘「討論二　昇給・昇格差別について」（労判375号30頁）

[6] 山口浩一郎「労働組合法第2版」（有斐閣・1996）112頁

[7] 山川隆一「査定差別事件における不当労働行為の認定と大量観察方式」（慶應法学第7号　慶應義塾大学法科大学院法務研究科・2007）561頁

第6章　人事考課と不当労働行為

いう特殊性がありました。つまり、同一の人事考課という枠組みの中で、ある労働組合の集団と、それ以外の集団を観察し、格差や差別に不合理性があるかどうかを、容易に比較し得る状況にあったといえます。

Q3

労働委員会が、人事考課に関する不当労働行為事件の審理の際に用いた立証活動にかかる判断枠組みはどのようなものですか？

 大量観察方式という判断枠組みが採られました。

【解説】
　従来の職能資格制度のもとでは、能力主義の理念を掲げつつ、年齢（勤続）による処遇（年功主義）との調和が目的とされていました。人事考課でも従業員の「人」としての属性をとらえて評価する部分を含み、これによって査定項目が抽象化し、査定に企業の主観的判断が入り込むこととなりました。その結果として、査定差別をめぐる紛争は、査定の際の企業の主観的判断の合理性をめぐる争いとなりました。加えて、Q2で述べた通り、人事考課に関する不当労働行為事件の審理の際、申立組合側が立証困難に陥るという意味で、公害訴訟や、医療過誤訴訟との類似性も認められます。
　そこで、これらの訴訟でとられたのと同様に、労働委員会の実務においても、紛争当事者間の実質的衡平をはかるべく、立証責任の軽減やその部分的転換にかかる工夫がなされました。この工夫の総体が、大量観察方式と呼ばれる判

第6章　人事考課と不当労働行為

断枠組みです[8]。

　大量観察方式[9]は、まず、申し立てを行う労働組合において、

①組合員の昇給等に関する査定が他組合の組合員または従業員に比して全体的に低位であること

及び

②その低位さは使用者の組合に対する弱体化意図または組合員に対する差別的意図によること

について一応の立証を行います（差別の外形的立証）。

　特に、②については、企業が過去において当該労働組合を嫌悪しその弱体化に努めてきたこと、組合員に対する査定が組合の戦闘化後、組合への加入後又は協調的他組合の結成後に全体的に低位になったことなどの事実を立証させることになります。

　上記の①②の立証が成功すると、不利益取扱いの不当労働行為が成立するとの一応の推定がなされますので、企業はこれに対し、

③上記格差には組合員ら（一人ひとり）の勤務成績・態度に基づく合理的な評価理由が存在すること

について立証責任が生じます。

　そして、企業の③にかかる立証が成功すれば（①②により企業の不当労働行為意思に基づく差別的な査定によって格差が生じたという一応の立証に対し、真偽不明の状態に引き戻す[10]）、一応の推定は覆り、不当労働行為の認定はされませんが、立証に失敗すれば、一応の推定が覆ることなく、不当労働行為が認定されることになります。

---

[8] 直井春夫・成川美恵子「労委制度ノート」（総合労働研究所・1998）268～269頁

[9] 菅野和夫「労働法第11版補正版」（弘文堂・2017）986頁の定義による。

[10] 西谷敏「労働組合法第3版」（有斐閣・2012）は、査定差別事件における証明責任について、申立組合側は本来、使用者の不当労働行為意思に基づく差別的な査定によって格差が生じたこと（Aという主要事実）を証明するが、大量観察による賃金格差の存在（間接事実a）と使用者の強い差別意思（間接事実b）の存在が立証されれば、経験則上高度の蓋然性をもってAの事実が推認され（一応の推定）、使用者が賃金格差（a）が適正な査定によって生じたものであること（間接事実d）を証明して、Aに関する裁判官の心証を少なくとも真偽不明の状態に引き戻さなければ、Aが認定されることになると説明している。

Q4

労働委員会で採用されていた大量観察
方式は、裁判所においても全面的に採
用されているのですか？

A 紅屋商事事件（最二小判昭61.1.24労判467号6頁）[11]（裁
判例③）において最高裁が採用するに至りました。しかし、
大量観察方式を採用することが可能な事例の範囲について
は、なお検討の余地が残されているといわれています[12]。

【解説】

紅屋商事事件は、企業内労働組合が分裂して他の労働組合が組織された直
後から賞与にかかる査定差別が顕在化した事例であり、勤務成績等を全体とし
て比較すると、2つの併存労働組合の組合員の間に隔たりがないと認められる
場合に関するものでした。したがって、大量観察方式を用いることが事例として
も適切だったといえます。

しかし、紅屋商事事件に前後して、主に裁判所は、大量観察方式ないしは

---

[11] 「大量観察方式」を採用した労委命令を支持した原判決を維持する判断をした（労働省労政局監修「労使関
係法講座」（日本経営新聞社・1990）139頁）。

[12] 土田道夫「成果主義人事と労働法」土田道夫＝山川隆一編（日本労働研究機構・2003）267頁。

第6章　人事考課と不当労働行為

同方式的な立場を採用することもある一方で（裁判例①⑥）、労組法第7条第3号との関係で大量観察方式を採用しつつ、労組法第7条第1号には独自の枠組みを用いるものがあります（裁判例②）。同裁判例は、大量観察方式への疑問として、比較対象従業員として特定の組合員のみを選定した場合、全体としての差別の有無が明確にならず、同方式の前提を欠くということを指摘しています（本章末尾裁判例②認定の要旨2(2)ⅱ①参照）。また、大量観察方式は本来、比較対象従業員との勤務能力の同一性が前提となっているところ、この点について申立組合側が立証すべきであるとの見解をとったものと評価されます（本章末尾裁判例②認定の要旨1③、2(2)ⅰ参照）。

　なお、同判例が労組法第7条第1号と同第3号の立証責任を個別に判断したことについては、労組法第7条第1号において申立組合に個別立証を要するとした点について、大量観察方式では全体としての傾向は分析できても、それが即時従業員個々人の取扱いに一律に反映されるものではないため、結局は個々人ごとに不当な不利益取扱いであることの立証が必要であること、及び労組法第7条第3号において一定の条件を前提に大量観察方式を採用した点について、支配介入としてのグループ間差別の有無は、大量観察方式によっても立証が可能であること、を理由に、論理的整合性は保たれているという肯定的な意見もあります[13]。

　そのほか、例えば、小規模の査定差別事件（裁判例④）は、基本的枠組みとしては申立組合側に、労組法第7条第1号の条文に基づき立証責任を負わせるとしています[14]。また、勤務能力、実績にかかる同等性の判断に当たっては、査定の適否が本来的に相対的なものであることを前提に、不当労働行為が継続的になされるなどして当該組合員の能力評価が正当になされず、結果として勤務実績が悪化したなどと認められる場合はその影響を排除する旨説示し（本章

---

[13] 経営法曹会議編（坂元政三）「経営法曹からみた労働委員会」（第一法規・1985）229～231頁

[14] 竹屋事件　東京地判平20.11.17労判980号67頁は成果主義の観点から導入された役員考課（賞与）の査定差別が争われた事例で、申立組合において他の従業員と同様の勤務実績を挙げているのに本件役員考課において他の従業員より低査定を受けたという不利益な取扱いの事実について立証しなければいけないとしたうえで、考課の相当性についての客観的な立証責任を使用者に負わせるものではないと明言した。

末尾裁判例④認定の要旨1(2)−3参照)、独自の留意点を指摘しています。その後の事例(裁判例⑤)でも、人事考課の運用実態に着目し、従業員の昇格について「年功管理的な運用」の意味を明確にしたうえで、これが不当労働行為意思にどのようにかかわるのかという問題意識で規範定立し[15](本章末尾裁判例⑤認定の要旨1参照)、また差別の有無の認定において申立組合側に、同期同学歴の者に比べて勤務成績等において劣らないことまたは勤務実績等を無視してことさら低く評価していることの立証まで求める事例など(本章末尾裁判例⑤認定の要旨2参照)、必ずしも大量観察方式にとらわれない枠組みを用いた認定がなされるようになりました。

このように、近時の事例においても個別の事情に基づき多様な判断枠組みが示されていることから明確な判例法理を指摘するのは困難と考えられ、裁判所において大量観察方式が全面的に採用されているとまではいえないでしょう。

---

[15] 朝日火災海上保険事件 東京地判平13.8.30判タ1088号148頁(東京高判平15.9.30労判862号41頁同旨)も、会社が職能資格制度を採用しているのであれば、その結果ほかの従業員に比べて賃金等が低位に位置づけられたとしても、それはあくまで従業員の勤務成績等に基づく人事考課(認定)の結果にすぎず、これを不当労働行為というには、会社において導入されている職能資格制度が、実は単なる形式的なものにすぎず、その実体は年功序列型であると認められるか、または少なくとも当該労働者については、人事考課自体の実態が使用者の恣意的な判断によるものであることが認められるような場合に限られるとした。

第6章　人事考課と不当労働行為

Q5

大量観察方式が判断枠組みとして全面的には採用されていない背景として、どのような事情が考えられますか？

A ①成果主義人事など一律の年功的処遇を行わない企業が台頭してきたことにより、大量観察方式が予定していた集団的な査定が想定しづらい状況になったこと、②比較すべき集団自体が大量といえなくなってきたこと、③均一な救済方法になじまないこと、などが挙げられます。

【解説】

　大量観察方式は、Q3で述べた通り、労働委員会の実務において、紛争当事者間の実質的衡平をはかるべく、立証責任の軽減やその部分的転換にかかる工夫の総体として編み出された判断枠組みです。しかし、その前提として想定されるのは、各従業員の査定に関して集団的かつ一律な管理、年功的な運用が行われ、従業員の入社年次、学歴、職種等が処遇決定上重要な準拠枠となっていることが認められる事例です。

　したがって、上記前提を欠く事例において大量観察方式を当然の如く適用すれば、申立組合側の立証責任を理由なく軽減することとなり、一方で企業の立証責任にかかる多大なる負担を強いるものとなってしまいます。また、近時、Q

4でも述べた通り裁判例が大量観察方式によらない判断枠組みを適用していることは、査定差別事件全般において同方式を維持することが困難であることを示しているものと思われます[16]。

大量観察方式に対しては、以下の問題点が指摘されています。

① 査定自体の個別化

成果主義人事のもとでは、年功的処遇が見直され、労働者の年齢、勤続年数ではなく、職務・職責・役割等の仕事の価値やその達成度（成果）を基準に賃金などの処遇を決定する制度が採用されます。したがって、査定過程においても企業は必然的に従業員の個別の能力等を査定することになりますので、単純に集団間での比較を行うこと自体が無意味となりかねません。

② 比較すべき集団の量的不十分さ

大量観察方式は、差別を主張する組合員集団とそれ以外とが勤務成績において全体として同質の集団であることを前提に、量的な推認を行う手法です。そのため、小規模な査定差別事例には適さないものといわれてきました[17]。この点については、すでに裁判例②の判旨においても指摘がある通りです。

③ 救済方法との関係

成果主義人事のもとでは、従業員について個別に能力や勤務成績を評価し、その結果に基づき処遇を決定するため、仮に何らかの差別があった

---

[16] 中央労働委員会（「労働委員会における『大量観察方式』の実務上の運用について」中労時1055.16　17頁）も、従前の単純な集団準拠枠だけでは大量観察方式が有効に機能せず、既に裁判例が従来の大量観察方式を認定判断の手法として採用してはいないと明言している。

[17] 芝信用金庫従組事件　東京高判平12.4.19労判783号36頁は、大量観察方式を用いる前提として、比較対象組合（集団）の業務能力等が申立組合との間で同等であること、比較すべき人数が多数いることを求めた。日本メール・オーダー事件　東京地判平21.4.13労判986号52頁も、「比較されるべき両集団の構成員の数が相当程度おり、また、両集団に入社時期、学歴、職歴、在籍年数（年功）等の事項についても、相当程度の共通性があることが必要」とした。もっとも、後掲昭和シェル石油事件　東京高判平22.5.13労判1007号5頁（裁判例⑥）は、比較対象たる集団約2200名に対し組合員約70名でも、同期・同性・同学歴の従業員間での同質性ないしは同等性について判断が可能であるとした。

第6章　人事考課と不当労働行為

　と認められる場合であっても、従来の大量観察方式のように救済方法とし
て平均値などで調整することは実態に即さないものといわれています。

Q6

大量観察方式にかかる問題点を踏まえて提唱された、「修正大量観察方式」は、どのようなものですか？

修正大量観察方式は、申し立てを行う労働組合に個別立証を求めつつ、集団間の諸事情から差別を推認する判断枠組みです。

【解説】

 中央労働委員会は、平成17年12月、裁判例④⑤ほか当時の裁判例を参照し、また企業の人事考課が年功的性格の強いものからいわゆる能力主義、成果主義の性格の強いものに移行し、労働条件も個々に定まる傾向が強まっていったという変化を前提に、従来の大量観察方式にかかる検討を行い、修正大量観察方式という判断枠組みを公表しました[18]。同判断枠組みにあっても、一定の集団間での比較が想定されているところ、比較すべき従業員集団間における勤務成績などの均質性をどのような場合に認定し得るのか、検証を要します。また、各集団が比較可能な程度の人数であることが前提となるところ、近時、そもそ

---

[18] 中央労働委員会「労働委員会における『大量観察方式』の実務上の運用について」中労時1055号16頁

第6章　人事考課と不当労働行為

も申立組合（の組合員自体）が少数化する傾向も強まりつつあるため、集団間の比較が可能か（大量観察方式自体の必要性）という視点でも検証の必要があるといえます[19]。

　比較すべき従業員間の均質性に関して、修正大量観察方式は、まず比較対象たる「他の集団」の選定方法として、同種（職務）・同期・同学歴（またはこれを基準とするグループ）であって、かつ同一考課・同一査定方法の適用対象者であることを要するとしています。この点については、長期間の勤続を通じた経験の蓄積が能力や成績に反映し、その結果として長期的にみれば多数の従業員が一定程度の昇進・昇格を遂げている例があれば、同種（職種）・同期・同学歴であることが処遇においてなお一定の役割を果たし、集団として比較を行い得るとの考え方もあります[20]。しかし、成果主義人事など、一律の年功序列ではない個別的な評価を行う人事制度においては、同種・同期・同学歴かつ同一考課・同一査定方法の適用対象者が存在しても、運用上個別的に考課・査定が行われる仕組みが採用されますので、やはり集団単位での差別の実態を観念しづらい状況にあるのではないかとの懸念がなお残ります[21]。

　また、集団間の比較という観点でも、やはり成果主義人事のもとでは、申立組合の組合員ら、比較対象従業員らいずれもが個別的に考課・査定を受けることとなるため、そもそも集団として観念し得ず、最終的に個々の組合員の処遇にかかる格差や差別を主張立証していかざるを得ないのではないかと思われます。

　次に、修正大量観察方式の認定の枠組みとしては、差別を主張する労働組合ないし労働組合内集団に対する企業の嫌悪の念が一応推認される状況の下で、申立てを行う労働組合から、「差別的格差の存在」を根拠づける事実とし

---

[19] 山川隆一「査定差別事件における不当労働行為の認定と大量観察方式」（慶應法学第7号　慶應義塾大学法科大学院法務研究科・2007）557〜560頁

[20] 同上　560頁

[21] シオン学園事件　東京高判平26.4.23　判タ1420号84頁は、申立組合員に支給される一時金（平成19、20年各期）が非組合員と比較して著しく低額であったことの不当労働行為性が大量観察方式によって認定された事例であるが、申立組合員と非組合員が全体として同質性を有する集団であり、また人事考課制度も制度自体合理性がなく、運用においても申立組合員らを不当に低く取り扱ったということを前提としている。もっとも、集団査定差別を争われた事例は近年非常に少ない。

て

①差別的格差の存在の立証

②均質性の一応の主張・（可能な限りでの）立証

　をさせ、

　一方で企業側から、「差別的格差であることを否定する事実」として

③差別的格差を否定する事実の立証

　をさせる点に、最大の特徴があります（次頁資料「概念図」参照）。

　ただし、実際の審理の手順として、②に先立って③を立証させることが認められるとされます。企業が③の立証に成功しなければ差別が推認される点で、申立組合側に純粋な個別立証を求めるものとはいえないものです。

　したがって、実態としては、立証責任の分担では②は単に争点を確定するにすぎず、③にかかる事実を全面的に企業に主張立証させることになり、大量観察方式とおよそ変わらない枠組みとも評価し得るものです。

　さらに、申立組合の②にかかる「可能な限りでの立証」とは、組合員の日常の勤怠状況を窺わせる事項について、わかる範囲で立証するものとされていますが（資料≪参考≫立証事項モデル参照）、成果主義人事のもとでは、単に査定の大前提となる内容に過ぎないのではないかと考えられます。すなわち、当該事項はいずれも、「普通に仕事をしていれば、評価は上がっていくはず」という年功序列的人事を念頭に置いており、成果主義人事で判断される職務・職責・役割等の仕事の価値やその達成度（成果）を計るという側面が見られません。加えて、成果主義人事は各企業において多様な形態にて運用されているのであって、当該事項のように立証事項を一般化すること自体が困難であり、現代的には実効性を失っている比較モデルであると解されます。

　このような修正大量観察方式による比較検討が行われていたこと自体、一律の年功序列的賃金制度がいかに日本企業に浸透していたかの証左である一方、日本型雇用の変遷、賃金制度の多様化と共に、かかるモデルの存在意義は失われつつあるといえるでしょう。

　今後、（修正）大量観察方式は、例えば成果主義人事に名を借りた年功序列的な職能資格制度を未だ運用している事例において活用できる判断枠組みで

第6章 人事考課と不当労働行為

資料

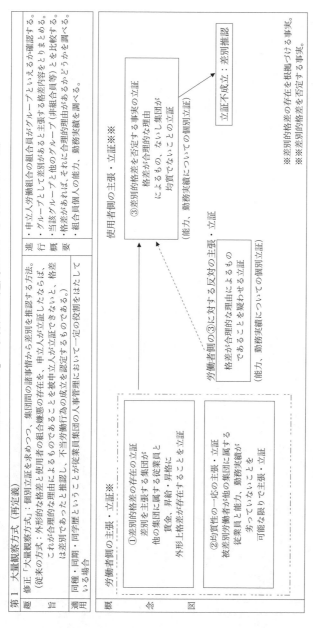

第2　適用上の留意点

項　目	調　査　事　項	留　意　事　項	立証の分担（労働者側）	立証の分担（使用者側）
ア　集団の均質性（集団間の比較）	・同種・同期・同学歴（又はこれを基準とするグループ）かつ同一考課・査定方法の適用者	・グループ化の要素　・入社時期　・年齢　・職群　・学歴	○一応の集団的均質性（同種・同期・同学歴のグループ）（能力・勤務成績が劣っていないことの主張）	○一応の集団的均質性の否認（能力主義・成果主義的な人事管理の採用）（同一グループでの処遇、別グループでの処遇が格差主張グループと異なっていることの主張・立証）
イ　格差の存在（外形上の格差の存在）	・賃金額の実態　又は・昇格・昇給の実態	・賃金、昇格、昇進に外形上の格差が存在することを主張・立証	○格差の存在の主張・立証　集団的低位性（同種・同期・同学歴と同じ地の労働者集団との間に格差がある。）	○格差の存在の否認　上記（集団的均質性）は格差の存在の否認としても機能する。
（査定の合理性）	・人事考課・査定	・考課査定制度等の一連の人事制度の合理性及び運用の実態についての主張・立証（年功的運用、在職年数等）、昇格試験制度が介在している場合、同制度の合理性及び運用の実態について主張・立証（受験資格、合格基準等の適正・合理性）	○考課・査定が合理的であることに対する反論　・不合理な制度　・不公正な運用　・妥当でない判定	○考課・査定が合理的であること（具体的内容は以下のとおり。）・考課基準・考課査定制度の有無（昇格基準非該当）・合理的な制度であること・適正に運用されていること・判定が妥当であること
ウ　勤務成績の証明（勤意の状況）	・能力、勤務実績の実態	・勤務成績が他の労働者に劣らないという、審事実の位置づけ。一義的ではないが、審理のどの段階で問題とされるかどうか。ア　集団の均質性の徴表として扱われる場合　イ　査定の合理性に関しての相当性を査定の合理性を認める徴表として扱われる場合がある。	○能力、勤務実績が他の労働者（集団）に比較して劣っていないこと（申立では主張のみでよい。）○参考方式の活用（勤意の実績、規律に従った勤務態度の実績、能力の状況）	○差別を主張する労働者（集団）の勤務成績等が劣っていること・立証　個人別主張・立証（勤務成績、勤務態度、異動状況、試験成績）集団別主張・立証（昇格枠、査定順位、実績順位）
エ　不当労働行為意思	・労使関係事情	（通常の場合と同様）・労使関係の諸事情・不利益取扱いによる打撃等から判断	○組合嫌悪の意思の主張・立証	○不当労働行為意思の否認（組合嫌悪の反証）（査定が合理的も反証となる。）

第3　救済方法
① 一括して救済を命じるのがこれまでの原則。
② 同種・同期・同学歴等の集団間の比較を考慮する。

第4　【超】大量差別の事件
① チャンピオン方式：当事者の明示の合意に基づき少数の労働者を代表的事例として設定し、これについて証拠調べを行う。
② グルーピング方式：申立人集団を職権でいくつかのグループにわけ、グループごとに順次審理する。

第6章　人事考課と不当労働行為

はあり得ても、これを査定差別事件に全面的に採用するというよりは、あくまで個別の組合員の査定の格差や差別の不合理性を基礎づける間接事実の評価を行う際の一つの指針として、機能するのではないかと考えられます。

《参考》立証事項モデル

> 以下の事項を立証事項のモデルとする。
> 但し、審査対象期間は直近の考課期間（6箇月ないし1年）とする。
> ①　〈勤怠の実績〉
> 　　□遅刻の回数
> 　　□早退の回数
> 　　□無届欠勤の回数
> 　　□届出欠勤の回数
> ②　〈規律に従った勤務態度の実績〉
> 　　□仕事の態度のことで上司から注意されたことの有無
> 　　□その事情
> 　　□その他の行動態度に関して上司から注意されたことの有無
> 　　□その事情
> 　　□懲戒処分を受けたことの有無
> 　　□その事情
> ③　〈能力の状況〉
> 　　□仕事のミスの有無
> 　　□それに対する上司の注意の有無
> 　　□その事情
> 　　□指示された仕事の達成度が低かったことの有無
> 　　□それに対する上司の注意の有無
> 　　□その事情
>
> 〈立証方法〉
> ①　申立人側に上記モデルにそった資料の作成・提出を求める。
> ②　上記申立人主張に対して、使用者側に認否を求め、争いがある部分について、当該労働者の成績・能力が現実の評価どおり低いレベルであることの主張・立証を求める。
> ③　対象とした期間以前に、特に異なった事情があるときは、それを主張する側に立証を求める。
> ④　対象とした審査事項以外の事情が人事考課の結果に決定的な影響を与えたと主張する場合は、それを主張する側に立証を求める。

Q7

不当労働行為が認定された場合の救済命令にはどのようなものがありますか？

A 救済命令としては、主な類型として、①再査定命令（労働委員会が企業に再査定を求め、再査定を実施する際の一定の基準を明示するもの）、②個別的是正命令（再査定ではなく、命令において直ちに一定の金額の支払いを命ずるもの）、③協議命令（労働組合との協議によって決定することを命ずるもの）などがあります[22]。

【解説】

　労働委員会は、救済命令に関して広範な裁量権を有し、具体的あるいは弾力的な救済のために必要と判断する命令を発することが可能です（労組法第27条の12）。この点は、最高裁判決（日産自動車残業差別事件　昭60.4.23民集39巻3号730頁）でも「労働委員会は、当該事件における使用者の行為が労組法7条違反の禁止する不当労働行為に該当するものと認めた場合には、これによって生じた侵害状態を除去、是正し、正常な集団的労使関係秩序の回復、

[22] 宮里邦雄「労働委員会」（労働教育センター・1990）275〜282頁

確保を図るために必要かつ適切と考えられる是正措置を決定し、これを命ずる権限を有するものであって、かかる救済命令の内容（主文）の決定については、労働委員会に広い裁量権が認められているといわなければならない」と判断されている通りです。もちろん、個々の不当労働行為救済申立事件の特質に応じた適切な救済を行うことも、要請されています。

　査定差別にかかる救済命令としては、以下の３つの類型があります。

①　再査定命令(他労働組合員・非組合員の考課査定の平均と等しくなるよう、査定の平均点を下回らないよう、考課の各ランクの人員割合を指定して行うよう、最低値を指定して行うよう、などと具体的に再査定の検討事項を示すもの)

②　個別的是正命令 (組合員各人に対し個別に金額を確定するものや、他組合員などの平均支給額との差額の支払いを命ずるもの)

③　協議命令 (改めて労働組合との協議を行うことを命ずるもの)

　このうち、③協議命令は救済命令として具体性、明確性に欠けるほか、協議自体が不成立となる可能性があり、妥当とはいえないでしょう。

　一方、明確に比較対象となる人事考課が想定できるのであれば、②個別的是正命令が妥当する場面もあるでしょうし、実際にも紅屋商事事件 (裁判例③)のほか多くの事件で当該救済命令が採用されました。もっとも、基本的には人事考課が本来的に使用者の裁量によって決定するべき事柄であり、労働委員会が査定の中身まで決定することは困難と思われますので、①再査定命令がもっとも実態に即したものと言えるでしょう。また修正大量観察方式によれば、①再査定命令を行う際には従業員の勤務成績について個別立証が取り込まれていることから、個々の組合員の救済の範囲や手段は必ずしも一律である必要はないと考えられます。

事件名ほか	差別を主張する組合（各事案で「X」または「X1」と呼ぶ）と会社（各事案で「Y」と呼ぶ）にかかる前提事実ほか	X1の活動ほかYとの関係	定時昇給制度の仕組み	認定の要旨 — 不当労働行為の成否にかかる立証責任等	救済方法の内容及び当否
①旭相互銀行事件（熊本地判S45.3.6労判99.35）【申立対象行為】昭和39年度定時昇給及び一時金査定時の他派への差別【比較集団】組合内の潮流を異にする他派組合員	X1は金融機関共同闘争への参加、春闘における中核的役割、時限スト等賃金闘争など組合活動を展開した。（昭和38年）	Y提案のX1組合員懲戒解雇のX1に関し、X1組合員が全会一致で解雇撤回を決めるなど人事異動反対闘争など差別出退勤時に着用、定時出退勤時限スト、リボンなどを行い、時…5月、X1内での方針相違から分裂された組合が相次いで結成された（分裂前1000名）X1組合員は少数派組合に転落し、判決言渡し当時かにかに25名	定時昇給制度の仕組み　基本給は年齢給・勤続給・職能給（いずれも年功序列定期査定）。能力別査定（毎年7月の全従業員対象）の結果を全従業員に反映。能力別査定は第三次までであり、能力別査定は第三次査定の際、X1組合員査定はX1委員長やX2、X3委員長が立会査定が終了…審査経緯…査定昇給認定のとおりの差異が発生	不当労働行為の成否にかかる立証責任等（大量観察） 1 申立組合員にかかる査定が他従業員または他の組合員の場合にあては て全体的に低位にあることを申立人が立証責任 で、平均査定率と、昭和39年度人事考課実施のころ、X1組合員ら5名は平均査定定額として、同一支店勤務X2、X3組合祖も同年度のX1組合員の平均査定額800円に比べ誰も低いばかりでなく、また、査定当時X2に加入していた1名を除く3名は、同一支店に勤務していた1名を除くきものでも、昇給額も平均査定に達している者はいない。 2 使用者の申立組合X1は立意図図又は申立意図又は弱体化意図又は反組合的意図であり、Yとの間の協力的な労… 3 大量観察の枠組を前提とした評価 X1は、組合活動の活発で好ましくない存在であった。 Y側が反証していることか、査定当時…X1は協力的な他の従業員に比して著しく劣っていたとか…査定を正当づける根拠なかる合理的根拠がないと判断し、X1組合員であった前記8名に対し、査定額を低くしたこと、昇格等他の組合員との間に隔たりのないものである。	救済方法の内容 X1の組合員の平均査定率と、同一の職場内X2、X3組合員の合計のX1組合員査定率と当否 当否 労働委員会がX1の組合員の平均査定率とX2、X3の間の合理的根拠がないと判断し、引き上げるとした意味を味昧正しようとした裁量権を逸脱したものではないとはいえ、救済として範囲を逸脱したものではない。
②北辰電機製作所事件²（東京地裁S56.10.22労民集32.5.674）【申立対象行為】昭和46年度定時昇給及び一時金査定時の昇格等差別【比較集団】X内の分裂及び昇格等差別	Y内のX（X1派）の一部やX2組合運営団体の一部組合員らが上部団体に反対（X2派と呼ぶ）、昇格等の意向を明確にする組織（約400名）を結成した。（昭和44年） 生産性向上のための施策を推進し、X内の意見対立を経たが分裂も実施に至った。（昭和45〜47年ころ）	定時昇給は人事考課により毎年4月実施。定時賞与は昇格等査定は前年冬季賞与対象期間後の6箇月間で実施。昭和45年度から考課要素（評定要素9つ）を明確にし、当該考課要点を算出し換算点を考慮し、第二次評定を実施。査定、第一次評定は原則担当補佐ないし担当係長が実施、第二次評定は担当補佐ないし担当組が行う（第二次評定時は実務された	昇給・賞与制度の仕組み 労組法7条1号該当性（個別立証の必要性） 1 申立人が主張するいわゆる大量観察方式によって立証する。 ①使用者が右集団に属しない者に ②個々の昇給・昇格等に差異があること ③右昇給・昇格等に差異が…に属しない者の勤務の実績ないし成績が右集団に属しない者との間に隔りのない 2 申立人は以下をいわゆる大量観察方式によって全体として右集団として差異がある ①使用者が右集団に属しない者に ②右集団に属さない他の組合員たちの昇給・昇格等の足立を命じた	救済方法の内容 労委規32条2項の申立書に記載され１名 昇格について右集団に属しない１名 について昭和46年6月に遡って主昇補に手続、退職金差額に手続、退職金差額に あたり、その資格のない者との間に差額を支払

¹ 併存他組合が存在する場合、差別を主張する組合をX1、それ以外の組合をX2、X3…の組合と表記する。また、単一組合の場合には、その中で潮流を異にする派閥…をX1派、Z1派、Z2派…と表記する。 Yは本件人事考課の公正ならびびその他の者を右とみて、またYにおける労使関係の事件の事情を考慮したうえで、このような推定を覆すに足る疎明を行わないと、特段の理由がない限り不利益取り扱いと立派ったとの一応の推定が成り立つとし、

² Yは労働委員会及び裁判所において、昇格・賃金及び昇格等における差別的の足立を命じた。このような推定を覆すに足る疎明を行わないと、昇格・賃金及び昇格等における差別的の足立を命じた。

事件名	事実関係	制度の仕組み／重要事実	判旨（大量観察方式）	救済方法の内容

③紅屋商事事件
最二小判S61.1.24

X1の活動はYとのXの関係（昭和49年12月）
Y支店従業員を中心に

〔事実関係〕
Y監督職X組合員（約300名）が上部団体と対立し、Xの意向に、X内で論調（22派）の異なる成立を異なる理由により二種類の二派が発行される（主にZ2派、Z1派）２種類の印刷物が発行されX・Xが更に潮流に分裂した。

昭和46年春闘上げのY・X間交渉経過中Yは回答への回答要求への回答書を添えしたが、その後、X側が意向に入るべきことに反発し、関争業務に入るべきことに当該問争体制の発生した。その後も当該過去に渡り、当争は異常事態が長期に渡り、当該本件に至りほどを終結した。当該春闘中、Y、Xが上部団体と別にX側は上部団体と袂を分かつなど厳しくし、その後Z1派を支持する意向を変えることとして昭和47年中労委命令を得た。

昇格制度の仕組み
評定点を提出された総務部門が、各総括と総務部門の評定担当者の異なる調整を行う（主にZ2派、Z1派の二種類の異なる昇格差の調整を行う）

昇格制度の仕組み
・毎年1回行い、勤務成績、人物を参酌のうえ、所定の資格基準により、回る
・主事本補の職務内容は「広範囲から高度の的知識、技術を必要とする職務」…
・異動候補者は、その範囲の分担業務について、その範囲の分担立案、企画立案を独自にさせ、上級管理職を補佐し、上司の指導助言を必要とせず高度の専門的職能を遂行しうる者
・異動候補者は人事部門の人事担当者の所属部門の新任定める内容、能力を記載に定める基準を満たすか、当該対象者と当該部門との協議において組織対象前の職務内容及び職務能力が…

重要事実
・Z1派組合員らの昭和46年度賞与額・夏賞与額は他の同卒年者のそれに比べて低い。
・昭和46年中主事補資格を付与されなかったのは同期入社129名中Z1派組合員らを含む5名のみだった

賃金の仕組み
支給額の算出方法は、両組合とも「基本給×成績比率配分」による…

ⅰ…右（集団に）…不利益な取扱いがあるかどうかを考えれば足りる
ⅱ 使用者の立証責任及びその効果
右の立証がされない場合において、右差異が、使用者が合理的理由に基づく特段の事情を立証しない限りは特定の集団に属して組合活動を行ったことを理由とするものと推認する。

(2) 大量観察方式採用にかかる一定の前提事実
i 採用に必要な前提事実
原則：右特定集団と比較対すべき集団との間において、それぞれの集団に属した各組合員の質量等、なかんずく勤務の実績が全体的にみて隔たりがない（均一性を有すること）
→一般に個々の組合員について、差別がされているかどうか、経験則上個々の組合員と関係の薄い他の組合員のそれと比較して勤務実績ないし成績が均一である両集団の勤務実績が特定の集団立の均一性により成立した特定の集団の場合は、上記同一性の立証は不要
例外：単一の労働組合のなかで勤務実績ないし成績の均一性を…して成立した特定の集団の場合には、上記同一性の立証は不要

ⅱ 均一性がなく、大量観察方式を用いることができない場合
①特定の集団に属する組合員が全体ないしほぼ全体又は集団以外の組合員に比較して極端に少ない場合
②特定の集団に属する組合員の範囲が明らかでない等不明確ないし成績の均一性を個別立証する
→差別を主張する当該組合員各人につき個別立証をする

大量観察方式を前提とした事実認定
Ⅰ. 申立組合員にかかる各賞与が他の組合員または従業員に比し全体的に低位にあること

命令の内容を限定するものではないから、労働委員会は請求する救済の内容につき、その裁量で命令の内容を決定できる。

救済方法の内容
本件各賞与の内容につき、X1各組合員の人…

労判467.6)

【申立対象行為】
昭和50年度夏季賞与及び冬季賞与にかかる差別

【比較集団】
併存別組合員

X1が結成された（昭和50年1月〜）。Y本店従業員を中心にX2が結成された。
（以下、都労委認定）
YはX1が結成したとYに通知して公然化したことにより、通知の直後から、X1を嫌悪し、言動を通じて、X2組合員と差別する行動をとるなど、X1を嫌悪している。赤い手帳の組合が良いと言ってしまうからのような悪いものを…かかる必要があるない。X1はY…業を営むべきなく発言してしまった。かかる発言により組合員らは…中立を保つ労働委員会に対し…数次にわたる…（以下、中労委認定）
X1結成後、労働委員会においてX1については昭和51年度夏季賞与、組合脱退勧奨等の支配介入、組合長出勤停止…委員長、副委員長、執行委員の解雇等、書記長…中労委救済命令を交付した第三次和解事件が…係属している。

分率×人事考課率×出勤率（組合員比例配分率は固定・成績査定異なし、人事考課は従業員の成績等を査定）

審査結果

・昭和50年度夏季・冬季賞与

	夏季賞与		冬季賞与	
	平均総支給率	平均人事考課率	平均総支給率	平均人事考課率
X1組合員	0.98	7.9	1.33	9.0
X2組合員	1.60	10.0	1.88	9.8

・昭和49年 夏季賞与・冬季賞与（組合結成前）

	夏季賞与		冬季賞与	
	平均総支給率	平均人事考課率	平均総支給率	平均人事考課率
X1組合員	1.42	8.7	1.51	10.1
X2組合員	1.37	9.2	1.39	10.2

X1結成前（昭和49年度夏季賞与及び冬季賞与）は平均考課率に相当…勤務成績等に相応した差異はなく、それ以外の者らと比較しても差異はなく、したがって、本件各賞与における人事考課率の査定時、X1組合員らとそれ以外の者らの間における人事考課率についてみると、その間に全体として顕著な差異が生じている。

2. 使用者の申立組合に対する弱体化意図又は申立組合員に対する差別的意図によること
使用者は結成されれば公然化した後、Yがその後X1を嫌悪し、昭和50年度夏季賞与の考課期間の同年度冬季賞与に至る…非組合員又は非組合員であるかにかかわらず…人事考課率が平均値に近づいている。

3. 一応の推定
X1が結成され公然化した後、Yにおいて…X1を嫌悪し、その後右のような人事考課率らの組合らのほかにみられるほかない理由を理由に、従来低く査定した結果生じた差をみるべき合理的な理由がない。

4. 格差に申立組合員らの勤務成績・態度に基づく合理的な理由がないこと
X1組合員らとそれ以外の者らとの間に生じている右のような差異は、Yにおいて、X1組合員らの人事考課率をそのほかの組合所属という理由として低く査定した結果生じたものと推認することができない。

5. 結論
Y は、本件賞与における人事考課を低くしていることを理由として、各組合員が個々X1組合員に所属している…昭和50年度夏季賞与及び冬季賞与について…X1組合員全体の平均人事考課率と…同種冬季賞与及びX2組合員全体の人事考課率に相応する率とだけ、同種冬季賞与及びX2組合員の査定率に低く査定したものと相応するものと不利益取扱いがされる率とだけ、それによって、個々のX1組合員に対し賃与の差別取扱いを図る右の行為がされたものとして、労働組合法7条1号及びX1の弱体化を図る3号の不当労働行為の成立が認められる。

事考課率に40（夏季）、22（冬季）を加算した人事考課率でX1組合員の各員の賞与、その差額を計算して支給。

国 使用者において賞与を算定するに当たり個々人の組合員らをその所属労組により差別する意図をもって、人事考課を低く査定したことが認められ、これが労組法7条1号及び3号の不当労働行為に該当するとされる以上、労働委員会において、使用者に対しその不当労働行為がなければ当該人事考課により支給したであろう賞与の額と既に支給した額との差額相当分の金員を再計算し、支払を命ずる裁量権の行使として許される。

第6章　人事考課と不当労働行為

等級・賃与差について

Y が本件 X 組合員らと比較した事本件 X 組合員らの一部の者を除き全て不当たため、仕事上の差別的取扱いがされたけれは上記本件 X 組合員らが他の者と比較しては同等の能力、勤務実績を有していたから、Y が昭和61年度以降の上記本件 X 組合員ら等級を実施等級以上の等級に是正すべきことは命同等の等級にすることは、その裁量の範囲内にあるから、Y の当該昇給等級・賃与の裁量を逸脱したものとはい

昇給・賃与格差について

X 組合員らにおいて、その各部組合員である都組合員と比較したれば、上記本件組合員らが本件組合員らに対しての差別的取扱いがないと認められる場合には、事実の関与る本件における判断の手法を用いるこことが値ないし値らと適切に適切に値ないし値らを根拠に直し是正に基づく賃金差に対額賃金及び賞与に値に基づき組合員以

(1) 労働法7条1号本文前段及びその内容
① 労働者が労働組合を結成し組合員であること、労働組合に加入し、
② 使用者が当該労働者に対し不利益取扱いをしたこと、
③ 前記②の不利益取扱いが前記①の故になったこと

1. 不利益取扱いにかかる立証事項[3]

(2) － 1
ア　当該組合員である低査定の事実
イ　当該組合員が他の組合員以上の能力、経歴や勤務実績において

企業における人事考課は、年功序列的に行われ、経歴や勤務実績に応じて考課がされて特内容を同じくする従業員の者と能力的にその能力、経歴を同じくする従業員の者はいよ、人事所内容を同じくする従業員の者と格差が少ないから、勤務実績と考課の間に人事一般に、経歴や職務内容を同じくする組合員以外の者と当該組合の査格差に基づく不利益取扱いをしいず、当該組合員以外の者と初めて当該組合員に対して低いといえる場合がある

するを② 「不利益取扱い」において同等であるとは組合を

2. 能力と使用者の人事考課の仕組みとの関係
立証事項と職務内容を同じくする従業員ので、経歴や職務内容を同じくする従業員の者はこととより同等の考課がされるものであるこことより認められている場合を人事考課が同等であると認することができる

原則：従業員の能力の立証は直接立証は必要がある

例外①：能力、経歴を同じくする一定年齢に達する従業員の者は特段の場合に限り、そ立証困難が伴う場合には直接立証できないこと限り、そのような資料等が直接限り、そのような事実から把握し得る限りにおいて具体的事実以

[3] 紅屋商事事件最高裁判決については、「勤務成績等を全体として比較するとつの集団の間に格差がないこと認められる場合を本件における判断の間に格るから本件に直しいている本件の手法を用いない。」とした。

X の活動ほか Y との関係

（以下、主に X 第一審認定）
（昭和49～50年7月頃まで）
昭和49 に X が結成され、昭和50 年に公然化。（当時組合員約620名、昭和63年の初番申立当時15名）。
昭和50年中、X は Y に春闘賃上げ要求ほか13項目を調査し賃上げ要求する組合交渉に団体交渉の要求事項にかかる団体交渉を、複数回の時間スト等を実施た、X はこの間これを実施。Y はこの態度を硬化した。（昭和50年10月～62年）
Y の同交指名、X 組合員ら事実上不当労働行為を理由として相次いで団交転、一部申立り、Y は当該交渉を拒否て解決しない事件となった。Y はこれより不服申立り、X はそのほとんど出して終結すまで待ち込まれた等ケースもあった。

昭和56年、Y は本件に問題とした新賃金制度を導入し、説明会等を経て団交交渉を申入れたなに、したが X は応じず、その後も仕組み法の運用方が社内法の説明を申立て、一方的に実施してもら、指名スト等をもった。一方昭和58年、X 組合員らが指名スト等もってれに社員全員一般社員全員一般は非難を受けても、らに仕事かず翌日以降 X 組合員らに与えられないらに状況があった。

昇格・昇給制度の仕組み

昭和56年に導入（おおり）
やすく給料する制度が合理性のある制度が目標となり、従業員の等級を格付け、職位を各賃金制度は等、職位を各定する賞与を算定そのもの

・昇格は、資格要件が満ちた等場合に「適性」ほかスト等を加味して決定され、毎年5月に各等級の資格要件に照らし、所属の上司段階での検討の判断に基づき総務部長の判断で決定

・定期昇給は、毎年4月期に行われ、（号俸数）は毎年2回昇給

（昇給号数）は毎年2回昇給われる賃金評価に基づて行ると各賞与給評語」を算定し、「昇給評語」と直接リンクする形で決定

績員評価は賞与給時の成績評語を参照として決定

・成績評価は決定を3次に決定る、その評価基準として課長る評価基準や部下の調整進が決定されているが社内には非公開

・第1次評価は実質上の直接監督者の評価上の段階では成績評語はつけない所長が第2次評価は事業出された1次評価定者から提もとに各素点に従い順位を定け、事実上成績評語を決定

---

④オリエンタルモーター事件
（東京高判 H15.12.17 労判868.20）

【申立対象行為】
昭和56年2月以降の等級、賃金の等級及び賞与の査定にかかる差別

【比較集団】
非組合員

195

する遅延損害金の支払いを命じた部分は、その裁量の範囲内にあり、逸脱したものではない。

外の者と能力、勤務実績において劣らないことを立証すれば、同等以上であると推認することができる。⁴
同等か否かの判断において従前の労働関係による影響⁵を排除すべきこと

(2)―3 同等か否かの判断において従前の労働関係による影響を排除すること
先行して使用者による不当労働行為が繰り返し行われ、あるいは、不当労働行為によって通常生ずるであろう組合員の能力が正当な評価を受けず勤務実績を積む機会を与えられなかった結果、その影響を排除する。

労働者が自己の能力を発揮にして正当に評価されるかどうかは、そのための能力を高めることで勤務実績を積むという本質のほか、及び使用者が、他方その評価いかんによって更に能力向上に努め、しかも繰り返し評価する。勤務実績が悪化により当該組合員の勤務実績が悪化したに等しい、結果的に不当労働行為により不利益取扱いを是認することに等しい、相当でない。

(3)―1 立証事項
i 立証事項
ア 使用者が当該労働組合の存在や当該労働組合の組合活動を嫌悪していること
イ 当該不利益取扱いが労働組合の組織や活動に打撃を与えていること
ii 効果
③要件、使用者が当該労働者が労働組合の組合員であることないしはその故に当該不利益取扱いをしようと意識し、これを実現することができる。

ii 効果
当該労働者に対する人事考課が正当であることないし、当該労働者が不利益に取り扱われるだけの合理的理由が存すること

(3)―2
i 立証事項
使用者がこの立証をしないとき、又は、この反証に十分な理由がないとき、そのことと相まって、当該不利益取扱いが存することで、何らでない。

・第3次評定は総務部長が全体調整し、評価の項目において従業員を中心に微調整
審査結果
・X組合員7名はいずれも、同期入社グループの他の従業員と比較して他の従業員らが概ね1等級ないしそれ以上の者が1半数上位に昇格していたにもかかわらず、それぞれ当初等級を維持されたままであった

⁴ 同最高は、説示において、「使用者と労働者との間における証明の偏りは証明の偏りを考慮する必要があるし、本件では、使用者が不当労働行為の極めて違法な不当労働行為を継続ないし繰り返し行い、組合の弱体化等の政策を遂行している等の事情にあったことをふまえつつ、組合の弱体化等の政策を遂行しているものの、当該組合が存在した場合、当然差別的取扱いであっても、当然差別的取扱いをしたものと、当該組合が存在した場合、勤務成績が組合員以外の者より劣ることの具体的な反証がされない限り、勤務成績が組合員以外の者と能力、勤務実績において同等であると事実上推定することができるというべきである。そうすると、本件の事実関係の下において、差別的取扱いの機証明の必要性を使用者に負担させることは、何ら不当ではない。」とした。

第6章　人事考課と不当労働行為

⑤国民生活金融公庫事件	X の活動ほか Y との関係（以下、主に第一審認定）	昇格・昇給制度の仕組み	制度としての人事考課制度の運用実態[6]
⑤国民生活金融公庫事件 （東京高判 H16.11.17 労判902.127） 【申立対象行為】 昭和60～62年度の職位昇格及び昇給にかかる昇格差別 【比較一組合員】 単主流派非組合員及び非組合員	（昭和32～48年） YX間の労使間対立が始まり、昭和40年職務公権設置、昭和42年職務衛生設置上り、昭和44年～46年職務上拒否闘争、44年及び46年のストライキ、これにまつわる都労委調争などを行った（既にY内に、Xに対する批判層存在）。 昭和48年、X内部で先鋭的な執行部（Z1派）が成立し、YはZ1派活動に従う、良識ある職員の体質を改善していく必要を認識するようになった。 （昭和49～55年） 昭和55年、X定期大会においてXの労働協調路線、Z1派（反主流派）への転換がなされ、Z1派は少数となった。 （昭和56年～）	・昭和40年、Xとの間で実施について確認後、実施に至り、Yは考課実施後、昇給通知書によってXに等級、号俸等を各員に通知し、昇給査定内訳表を作成して交付していた。 ・勤務成績中率表は総合評価と項目別評価からなり、総合評価はS及びAないしDの5段階評価である。 合員評価は勤務態度、勤務実績及び勤務能力の3分野を等級ごとに上記評価要素を、上記評価要素についての評価と評価基準の具体的な目安が示されている。 ・勤務成績報告書は職員の性向、適性を記載し、昇格者選定において基礎資料	1　前提としての人事考課制度 (1) 制度の公正性・客観性 公正性、客観性を担保するための仕組みが整備されている。 ※ 例Yにおいては、昇給・昇格に関する評価の手続、手続などが子細に整備されており、株式評価方法については、評価項目ごとに、制度上り子細に評価項目に関する評価の方法、手続上の対象等につき、評価項目別評価における評価要素は細分化されており、かつ、各等級ごと、項目別評価項目ごとに若干異なるものとしているなど、より客観的な評価を目指して工夫がなされている。 (2) 恣意的運用の有無 Yの人事考課制度の運用は恣意的に行われていない。 2　具体的運用実態 例えば大卒年度で卒業年度が同期の者として、Z1派のみを対象として、3等級以上に昇格せず、特4等級以下の下位等級に格付けされている者がZ1派組合員が同時期に比して下回っている時期に区々で無視し得る実数、Z1派組合員が下位等級に格付けされて存在し、Z1派組合員が同期中位者に比して区々で 【欄外注釈6のうち、①の場合に該当しない 申立て、又は昇格してしか（欄外注釈5参照）】 ① 該当等級に昇格させるために ② 同期同等級の他の各員と比較して能力、勤務成績等において劣らないとき又は

---

[5] 申立組合は昭和59年度以降の昇格・昇給査定について救済申立てについて救済申立てをした者、高裁は、査定に基づく賃金が支払われている限り不当労働行為は継続することになるから、上記査定に基づく賃金上の差別的取扱いの是正を求める救済の申立ての最後の支払の時から1年以内にされた1年以前については不適法であるとして違法として違法として違法申立て（本件救済申立ては不適法である）。

[6] 同判決は本件で①該当等級に昇格させるために昇格させるという事情が認められない限り、時間の事実が立証されないこと、時間の事実が立証され、②該当等級に昇格させるという事情が認められれば、時間の事実が立証されれば、③証明すれば、Z1派組合員らの比較の対象となる昇格の対象となる昇格者を見出すことができないとして、Z1派組合員らを一律に格差の事実を立証できなかったとしても、不当労働行為と差別的取扱いとの間に相当因果関係があるものと推認することができる、としている。

申立対象等	Xⅰの活動とＹとの関係	審査要素	立証事項・効果	救済方法の内容

⑥昭和シェル石油事件
（東京高判
H22.5.13 労判1007.5）

【申立対象行為】
昭和62、63
年度昇格及び昇給査定差別

【比較集団】
併存別組合員

Xⅰの活動とＹとの関係
（昭和44年～）
Xⅰ組合（初審申立時6名）
は各々、執行委員、委員長たるいずれもＸⅰ組合の要職に就任していた。
（昭和59年～）
昭和60年、Ｙは関係会社と合併したが、本件合併前からＸⅰずつにはＹと同一に対立する関係があった。
Ｙは昭和59年中からＹと同じくに反対し、別組合員とともにＸⅰ組合に対する所属支店でのストライキや組合旗の貼付、ピーカーを使用で能力開発集会を行う活発に行っていた。
特にＸⅰ組合員らは、方針としてＸⅰ組合を行うとは活発に
で能力開発考課及び翌年度の昇格査定において、Ｙに対し目標記

昇格・昇給関係
（昭和61年～）
の基本となる職能資格について職能資格等級の類型を
定めた。
能力開発考課の一環として
月1日に職能資格等級の格付けを行っていた（能力開発給与に反映）。
毎年、考・冬季に賞与考課を行って、その結果も定期昇給・支給額に反映した。
各考課は従業員の直近一次考課者とし、毎年10月、時には翌1
課者とした。
Ｚⅰ派引き続きを書面で配布や小冊子を差別するなど性格調
査を行っていた。
争活動を継続し、昭和59年Ｙが賃金体系の変更
にＺⅰ派反対の旨やリーフレットを作成、配布に、Ｙの経営上・運営上の問題に同一視点に対し、Ｙはこれを厳しく対策を訴える冊子に反対するＺⅰ派組改定提案に反対する環境を作り出し、新制度の合意取付けに、Ｚⅰ派活
境を遺け合意を得る度にＺⅰ派活動へのすＺⅰ派感情の表明、支店内でのＺⅰ派活
動への干渉などＺⅰ派活
及び防止対策を採った。

審査要素
Ｚⅰ派組合員らは特4等級
以下の下位等級にとどまっている、同期学歴等の従業員のうち、特4等級以上の上位に昇格した者が
3等級以上に昇格した者が
Ｚⅰ派組合員らはＢ格付けを受けていたが、
も者が約30%に格付される期が
少なかった。Ｚⅰ派活
でＢ評価を受けていたが、
おＡ以上のＡ評価で20%
強、Ｂ評価は全体で70%生

③ Ｚⅰ派組合員らの能力、勤務成績等が相当に劣ることや、使用者の人事考課において勤務成績等の効果
が証明されない場合、Ｚⅰ派組合員が使用者に「陰湿に低く評価している」事実及び効果

3. 立証事項
i. 立証事項
上記②が証明されない場合、組合活動に対するＺⅰ派組合員らに対する不利益取扱いに基づく合理的な理由のあること

ii. 効果
Ｙが合理的な理由について立証できない場合、組合活動に対するＺⅰ派組合員らに対する不利益取扱いに基づく労働組合法7条1号所定の
事実とをあわせて、Ｙが低く評価している具体的事実とをあわせて、Ｚⅰ派組合員らが意図的に昇格させないことに合理的な理由があったと推認できる。Ｙが労働組合法7条1号所定の労働組合活動を理由とする不利益取扱いがあったと推認できる。
（上記③に基づくＺⅰ派組合員らに対する不利益取扱いがあったと推認できる。）

労組法7条1号に係る立証責任
1. Ｘⅰが負担する立証事項
2. 不当労働行為であることとの推定
活動をしていることやＸⅰ組合と賃金の間が同期・同性・同
学歴の中で著しく低い職能資格等級に置かれていること
3. 使用者による立証事項及び効果
合理的な人事考課であり、組合活動を行っている人事の
確認、経験則上、合理的な事実を行っている
3. 立証事項及び効果
i. 使用者の立証事項
上記推定を揺るがす立証が必要となる
ii. 効果
Ｙの反証が成功しない場合、組合活動を理由として若しくは不合理に特に能力に劣っているという
組合の方針に従って組合の勤務成績や能力との間に不合理な
人事考課を受けたとの事実が認定される
4. 中労委の枠組み（上記1～3）
を採用できる根拠
Ｘⅰ組合員ら6名の勤務成績等の能力に特に劣っているという
それらの同期・同性・同学歴等に限っての同期・同性・同
に同質性ないし同等性があることとの事実が認められ、その事実に限ってはＸⅰ組合数比は極めて少数で
あることとの同質性ないし同質性を判断できる指摘は

救済方法の内容
各年度の能力開発に
考課、賃金査定は合理的な
理由がなく、評価にすべてであり賃金、職務資格等級についてのＢ評価になっている。同期・同性・同学歴等の平均的資格者の格付等級に引き上げ。

---

7 立証の手順として、「同判決」を支持する原則は、「昇格しないことが不当労働行為であると主張する職員が、自らの勤務状況、勤務実績、能力が劣悪といえないことを示す具体的事実を立証したときには、反証のない限り、その能力、その勤務成績が劣悪であることから、使用者は、その職員の能力、勤務成績が相当劣悪であることや、使用者の人事考課が相当程度恣意的であるといった実質的な必要がある」としている。同判決は「同期・同性・同学歴等の能力、使用者の人事考課が劣悪と推定するには、それらの同質性ないし同等性を主張立証するという主張立証が、実務的に効率的かつ合理的である。」としている。

第6章　人事考課と不当労働行為

述書、自己診断カードを提出せず、人事考課面談を拒否していた。 Yからの配転命令もX1では拒否するとして、異動や担当職務の希望を記載する自己申告書の提出も拒絶した。	に記載させ提出させた ・各考課に先立ち従業員に目標達成度を自己評価した自己診断カードを提出させた ・人事考課後、改善点などを話し合う面談を行った **審査結果** ・各考課において従業員の能力伸長について評価項目が設定され、SからDの5段階であったが、X1組合員らはいずれもC評価（下から2番目、事実上の最低評価）	当たらない） (2) 処遇システムの性質との関係 　Yの職能資格制度の実際の運用については、本件考課当時、Yにおいて完全な能力主義、実績主義の運用がとられていたとは認めがたく、いわゆる年功的な処遇システムがとられていたところであっても職能資格等級の格付け賃金遇システムが採られていたとしても職能資格等級の格付け賃金等においても職能資格であっても職能面接は当たらない） （動機・同性・同学歴であっても格差が生じるとの指摘は当たらない） (3) X1組合員らの従前の業務態度との関係 　Yは目標記述書及び自己診断カードの不提出自体を不利益に取り扱わないとしており、不提出自体が低査定を招かない。また、自己申告書を提出しなかったことは上記2の推定を揺るがるが…一事情として考慮すれば足りる

●第7章●

同一労働
同一賃金と
人事「評価」を
めぐる問題

この章では、近時問題となっている同一労働・同一賃金に関し、人事評価がどのように関与しているかを検討すると共に、同一労働同一賃金問題の実務対応について検討します。

Q1

同一労働同一賃金問題における人事「評価」の問題とは？

 同一労働同一賃金において、人事評価は重要な考慮要素となります。

【解説】
　同一労働同一賃金の問題はここ数年大きく裁判実務が動いており、もはや数年前の書籍では内容が全く使えないレベルになるほど激動の状況です。以前は、丸子警報器事件（長野地裁上田支部判平8.3.15）くらいしか正社員と非正規雇用の待遇差を違法と認定した裁判例は存在しかありませんでしたが、パート労働法に基づく損害賠償請求を認容したニヤクコーポレーション事件（大分地判平25.12.10）以降、多数の裁判例が発出され、ついに最高裁においても初判断となるハマキョウレックス事件（大津地裁彦根支判平27.9.16、大阪高判平28.7.26、最高裁平30.6.1）、長澤運輸事件（東京地判平28.5.13、東京高判平28.11.2、最高裁平30.6.1）判決がなされるに至りました。また、平成30年6月末には働き方改革法改正の一環として、労働契約法・パート労働法・労働者派遣法の3法改正により、同一労働同一賃金に関する改正も行われ

第7章　同一労働同一賃金と人事「評価」をめぐる問題

ているなど、激動の時代を迎えています。

　しかし、上記のように最高裁判決が発出されたとはいえ、裁判実務にはまだまだ不透明な面が多く、論者により主張が異なる百花繚乱の様相を呈している状況です。

　そのため、同一労働同一賃金問題については、これからの裁判例・学説の深化を待つ必要がある部分が少なくありませんが、実は、同問題の根幹部分に人事評価制度が関わっています。そのため、本稿においては、同一労働同一賃金の問題と人事評価制度の関係について検討することとします。

Q2

同一労働同一賃金をめぐる概念整理—均衡と均等の違いとは？

 両者は本質的に異なる概念であるため、違いを区別して理解することが重要です。

【解説】

　同一労働同一賃金[1]と一口にいっても、その概念は様々ですが、概して述べれば、パート労働法8条（労契法20条）の均衡処遇とパート労働法9条の均等処遇に分かれることになります。

　均衡処遇とは、菅野教授の定義によれば「職務内容、人材育成の仕組み、長期勤続などとのバランスの取れた処遇」（菅野「労働法」第11版補正版302頁）であり、従来正規・非正規に二分されていた労働契約関係の是正を意図する社会改革的規定であるとされます。この定義にもあるように、均衡処遇は「バランス」のとれた処遇ですから、その前提として一定の差があること自体は

---

[1] なお、本場欧州における同一労働同一賃金は、産業横断的に職務により判断するものであり、法人単位・業務に伴う「責任」を考慮する我が国の同一労働同一賃金の問題は特殊な「日本型」同一労働同一賃金といえる。

第7章 同一労働同一賃金と人事「評価」をめぐる問題

許容している概念です。

一方で、均等処遇はパート労働法9条や労基法3条（国籍・社会的身分による差別の禁止）、同法4条（男女差別禁止）など、差別的取り扱いをしてはならないという条文に代表される概念であり、差別が許されないということは差を設けること自体が許容されません。

つまり、一定の差を許容する概念か否かという点に本質的差異があるので、両者の概念を区別して理解する必要があります。なお、この点は下記厚労省のパンフレット記載の図をご参照下さい。

【均等と均衡と法改正を巡る概念整理】[2]

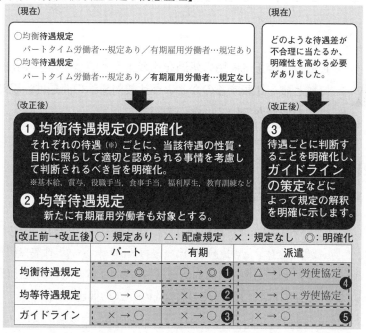

[2] 雇用形態に関わらない公正な待遇の確保（https://jsite.mhlw.go.jp/gunma-roudoukyoku/content/contents/000268580.pdf#search='%E5%8E%9A%E7%94%9F%E5%8A%B4%E5%83%8D%E7%9C%81+%E9%9B%87%E7%94%A8%E5%BD%A2%E6%85%8B%E3%81%AB%E9%96%A2%E3%82%8F%E3%82%89%E3%81%AA%E3%81%84%E5%85%AC%E6%AD%A3%E3%81%AA%E5%BE%85%E9%81%87%E3%81%AE%E7%A2%BA%E4%BF%9D）より引用

Q3

同一労働同一賃金は「誰」と「誰」の均衡なのか？（比較対象論）

正社員と非正規雇用の処遇を比較するといっても、実務的に誰と誰を比較するのかという比較対象論の問題は、現時点でも決着がついていない問題です。

【解説】

　次に、同一労働同一賃金といっても、どの正社員と比較するのかという点は裁判実務上もまだ定まっていない論点です。一口に正社員との比較と言っても、「隣で仕事をしているAさん」との比較なのか、「同じ営業部の正社員」との比較なのか、「正社員群全体」との比較なのか（後掲メトロコマース事件等参照）、あるいは「一般職正社員」（後掲日本郵便東京事件参照）や「総合職正社員」などコースごとに区切られた正社員群との比較なのかという問題です。

　この点、改正有期・パート法における待遇差の説明義務との関係において、比較対象正社員の選出方法は行政通達によれば[3]（今後、最高裁判決により比較対象論の考え方が変わる可能性がある点に注意を要します）以下の通り検討

---

[3] 平成31年1月30日基発0130第1号、職発0130第6号、雇均発0130第1号、開発0130第1号

第7章　同一労働同一賃金と人事「評価」をめぐる問題

【待遇の相違の内容及び理由の説明について[4]（短時間・有期雇用労働法第 14 条第 2 項関係）】

・「職務の内容」及び「職務の内容及び配置の変更の範囲」が同一である通常の労働者
・「職務の内容」は同一であるが、「職務の内容及び配置の変更の範囲」は同一でない通常の労働者
・「職務の内容」のうち、「業務の内容」、「責任の程度」のいずれかが同一である通常の労働者
・「職務の内容及び配置の変更の範囲」が同一である通常の労働者
・「職務の内容」、「職務の内容及び配置の変更の範囲」のいずれも同一でない通常の労働者
の順に「近い」と判断することを基本とすることが考えられる。
○　その上で、同じカテゴリーに複数の労働者が該当する場合には、事業主が更に絞り込むことが考えられるが、その場合には、
　基本給の決定等において重要な要素（職能給であれば能力・経験、成果給であれば成果など）における実態
・説明を求めた短時間・有期雇用労働者と同一の事業所に雇用されるかどうか
等の観点から判断することが考えられる。

せよ、ということになっています。

　説明義務との関係においては、使用者側が上記基準に沿って比較対象者を選定し、説明を行えば良いとされているのですが、裁判実務との関係においては、比較対象正社員の定め方については前掲ハマキョウレックス事件・長澤運輸事件いずれの最高裁判決によっても未だ確立した基準は定立されていない未決着の論点であり、今後も問題となることに留意する必要があります。

　なお、上記最高裁判決後のメトロコマース事件高裁判決（東京高判平 31.2.20）においても、地裁は全体の正社員、高裁は売店業務に従事する正社員が比較対象となっており、裁判実務も混乱が見られます。

---

[4] https://www.mhlw.go.jp/content/12602000/000348378.pdf

Q4

同一労働同一賃金は「何」と「何」の均衡なのか？（比較方法論）

原則として個別比較ですが、密接関連するものは併せて比較する場合があります。

【解説】

　比較方法論とは、待遇の相違について、「基本給」、「賞与」、「通勤手当」、「○○手当」等の個別の賃金項目ごとに比較するのか、それとも、年収ベースで全体の比較をするのかという点です。前掲長澤運輸事件の東京高裁判決は、年収ベースでの比較をしていますが、労契法施行通達[5]やハマキョウレックス・長澤運輸最高裁判決により、個別比較が原則であることが確認されました。

　なお、法改正後においても、新パート労働法8条は「待遇のそれぞれについて」という文言が入っているため、個別比較によることは明らかです。

　ただし、長澤運輸事件最高裁判決によれば、「ある賃金項目の有無及び内容が、他の賃金項目の有無及び内容を踏まえて決定される場合もあり得るところ、

---

[5] 平成24年8月10日付け基発0810第2号「労働契約法の施行について」

第7章　同一労働同一賃金と人事「評価」をめぐる問題

そのような事情も、有期契約労働者と無期契約労働者との個々の賃金項目に係る労働条件の相違が不合理と認められるものであるか否かを判断するに当たり考慮されることになるものと解される。」とされており、例えば基本給と賞与（基本給の〇ヶ月分という支給方法の場合）については、密接に関連しており、切り離すべきではないと考えられます。

　このように、密接関連性が認められる場合には、それらの労働条件は併せて比較検討すべきことになるでしょう。

Q5

同一労働同一賃金の救済方法は？
（法違反の場合の法的効果）

直律効が認められないため、労働条件の修正が行われるのではなく、賃金差額相当分の損害賠償の問題となります。ただし、正社員就業規則の適用問題には注意が必要です。

【解説】

　労契法20条やパート労働法8条に違反した場合、当該違反する労働条件は無効となりますが、無効となった後の救済方法が問題となります。

　労契法20条やパート労働法8条には、労基法13条のような直律効（労働条件を直接変更する効力）は認められませんので、非正規雇用者の労働条件が直ちに正社員の労働条件に変更される訳ではなく、損害賠償の対象になるに過ぎないことになります。この点は、菅野教授も不合理とされる労働条件については「無効と損害賠償の法的救済にとどめ、関係労使間の新たな労働条件の設定を待つべきこととなる。」（菅野「労働法」第11版補正版345頁）としているところです。

　一方で、損害の認定方法について、後掲日本郵便（東京地裁）判決では、民訴法248条[6]による割合的認定を行っていますが、同日本郵便（大阪）判決

第7章　同一労働同一賃金と人事「評価」をめぐる問題

や高裁判決ではかかる割合的認定を行っていないため、損害算定の方法については未だ争いの余地があると言えるでしょう。

　なお、当該損害賠償は民法上の不法行為責任(709条) であると解されるため、前提要件として使用者側の「過失」が要求されるはずですが、裁判所の過失認定はどの裁判例においてもあまり重要視されていない傾向にあることは疑問です。

　本来、過失責任は当該行為者の予見可能性及び結果回避義務違反を前提とするはずであり、同一労働同一賃金の問題は裁判所内においても見解が分かれるような極めて微妙な問題であるため、かかる事案について判決後の過失を認定するのであれば別論、過去の労働条件設定時点に遡り過失を認定するのは行き過ぎであると解されます。裁判官同士でも意見が割れるような問題について、一企業の人事担当者がその問題に直ちに気づくことができなかった＝過失ありと安易に判断すべきではないでしょう。

　ちなみに、直律効がないとしても、不法行為の損害賠償請求ではなく、正社員との賃金差額を賃金請求として行うことも理論的には不可能ではありません。それは、長澤運輸事件第一審判決 (東京地判平28.5.13) のように、正社員の賃金規定を適用しうる場合です。正社員の賃金規程の適用は最高裁では否定されていますが、紛争防止の実務対応として重要なのは、正社員の定義規定が「全従業員」など契約社員にも適用しうる記載になっている場合には非正規雇用者にも正社員の賃金規定に基づく賃金請求の余地が残るため、正社員定義を「本規則第●章 「採用」 の手続きにしたがって正社員として採用された者」などとし、正社員賃金規定適用の可能性を排除しておくべきでしょう。

　なお、上記直律効がないという法律効果については、直律効が無いこと自体に意味があります。つまり、労働条件については本来労使の協議により決定すべきであるところ、違反とされた労働条件について、どのように修正するかもまた労使関係に委ねられているということだからです。

---

[6]「損害が生じたことが認められる場合において、損害の性質上その額を立証することが極めて困難であるときは、裁判所は、口頭弁論の全趣旨及び証拠調べの結果に基づき、相当な損害額を認定することができる。」

例えば、日本郵便の事例では、判決後に使用者側が日本郵便の最大労組（ＪＰ労組）と合意して、今後10年を掛けて住宅手当を廃止するという報道がありました。この交渉経緯については報道されていませんが、非正規雇用20万人を抱える日本郵便において、最大３万円程度の住宅手当を仮に支給するとすれば、単純計算では毎月60億円、年間720億円規模の投資となりますが、郵便不況である昨今の時代情勢からして、今後年間720億円の投資を新規事業に向けるのか、それとも住宅手当に振り向けるのかという点は、正に高度な経営判断であり、労使間で議論の上決定すべき事柄となります。

　もちろん、使用者側が一方的に正社員の労働条件を切り下げたのであれば非難の余地もあるでしょうが、最大労組と合意の上かかる労働条件変更を行ったということについては労働条件は労使関係で決定すべきという大原則の重要性を示しているといえるでしょう。

第7章 同一労働同一賃金と人事「評価」をめぐる問題

Q6

同一労働同一賃金の問題と人事評価制度の関係とは？

 人事評価制度の相違は同一労働同一賃金における不合理性を否定する要素の一つとして考慮されます。

【解説】
　今回の働き方改革法改正で、パート労働法がパート・有期法と名前を変え、労契法20条は廃止されることとなりました。なお、労契法から移管される趣旨は、労契法は純然たる民事法規であり、行政取締法規ではないため、行政指導権限がないところ、パート労働法については行政指導権限がある[7]ため、行政指導を行うためであると解されます。

---

[7] パート労働法第18条1項
　「厚生労働大臣は、短時間労働者の雇用管理の改善等を図るため必要があると認めるときは、短時間労働者を雇用する事業主に対して、報告を求め、又は助言、指導若しくは勧告をすることができる。」
　同第2項
　「厚生労働大臣は、第6条第1項、第9条、第11条第1項、第12条から第14条まで及び第16条の規定に違反している事業主に対し、前項の規定による勧告をした場合において、その勧告を受けた者がこれに従わなかったときは、その旨を公表することができる。」

改正により、有期・パートそれぞれに均衡処遇（パート労働法8条）と均等処遇（同法9条）の概念が導入されました。両者の違いは、「一定の差異を許容する」か否かとなります。

「均衡」であれば、「不合理」ではない待遇差は許容されるが、「均等」においては「差別してはならない」、つまり差を設けてはならないのです。そのため、適用要件については、均等処遇については「当該事業主との雇用関係が終了するまでの全期間において」と要件が加重されています。

均等待遇について、その考慮要素は、パート労働法8条（考慮要素は労契法20条と同様である）において

---

①業務の内容
②責任の程度
③配置変更の範囲（人材活用の仕組み）
④その他の事情

これら4要素とされています。なお、①と②を合わせたものが、「職務」という概念であり、「業務」と「職務」は意味が異なる点に注意してください。また、③については、人材活用の仕組みとも言い換えられる概念となります（前掲ハマキョウレックス事件参照）。

さて、人事考課については、このうち②の責任の程度あるいは③人材活用の仕組みにおいて考慮されることになると解されます。例えば、後述する同一労働同一賃金ガイドラインにおいても、「待遇上の不利益」[8]が課せられているか否かが基本給の違いを肯定する要素として評価されており、これは待遇における「責任」を負っている場合と位置づけることができます。また、正社員のみが一定の役職や等級につくことができる場合（ハマキョウレックス事件参照）であり、

---

[8] 基本給の相違について問題とならない例として「A社においては、通常の労働者であるXは、短時間労働者であるYと同様の業務に従事しているが、Xは生産効率及び品質の目標値に対する責任を負っており、当該目標値を達成していない場合、待遇上の不利益を課されている。その一方で、Yは、生産効率及び品質の目標値に対する責任を負っておらず、当該目標値を達成していない場合にも、待遇上の不利益を課されていない。A社は、待遇上の不利益を課していることとの見合いに応じて、XにYに比べ基本給を高く支給している。」とされている（指針第2、1、（2）、ロ）

第7章 同一労働同一賃金と人事「評価」をめぐる問題

　根本的な人材活用の仕組み（ガイドラインの表現を借りれば「役割の違い」）が異なるという点からすれば③の人材活用の仕組みの相違で考慮される場合もあります。特に、人材活用の仕組みと人事評価制度が結びついている場合、その関係性は顕著となります。

　例えば、正社員は年功序列的な職能資格制度である場合、企業が基幹業務を正社員で回していて、正社員だけでは不足するジョブ、不足する量を短期的に、あるいは短時間で補充するのが有期、短時間労働者であるため、ジョブごとの職務給で賃金が決定されるようなケースにおいては、当然、求められる役割が異なることとなります。

　この、求められる役割の違いは人事評価制度にも表れるため、人事評価制度の相違は同一労働同一賃金における不合理性を否定する要素の一つとして考慮されるのです。

Q7

短時間・有期雇用労働者及び派遣労働者に対する不合理な待遇の禁止等に関する指針(ガイドライン)と評価の関係とは?

 ガイドラインに言う、「役割の違い」を最も具体化するものは評価の違いです。

【解説】

平成28年12月20日付「同一労働同一賃金ガイドライン案」(以下、「ガイドライン案」)は、平成30年6月の働き方改革関連法成立を受けて、平成30年12月28日、「短時間・有期雇用労働者及び派遣労働者に対する不合理な待遇の禁止等に関する指針」(厚労省告示第430号、以下、「ガイドライン」)として定められ、正式な指針となりました。

そもそも、ガイドラインの位置づけは現行で言えば労契法20条やパート労働法8条等(改正後はパート有期法8条・9条)における「不合理」な例を行政見解として例示したものであり、法的拘束力を有するものではありません。しかし、ガイドラインの考え方を取り入れた裁判例は既に出現しているため、法的拘束力の有無とは別に、裁判実務においては既に事実上影響を及ぼしているといえるでしょう。

第7章　同一労働同一賃金と人事「評価」をめぐる問題

　ガイドラインにおいては、「前文」に相当する「第1　目的」の項目において「今後、各企業が職務や能力等の内容の明確化と、それに基づく公正な評価を推進し、それに則った賃金制度を、労使の話し合いにより、可能な限り速やかに構築していくことが、同一労働同一賃金の実現には望ましい。」（傍線筆者）人事評価のことが触れられています。つまり、同一労働同一賃金の前提として、公正な評価ができているかどうかがポイントとなりますが、この評価が具体的にどのようにガイドラインにおいて考慮されているかを検討することとします。

　ガイドラインにおける人事評価との関係で極めて重要な点は、脚注として記載されている以下の箇所です（傍線筆者）。

> 「（注）　1　通常の労働者と短時間・有期雇用労働者との間に賃金の決定基準・ルールの相違がある場合の取扱い」
> 「通常の労働者と短時間・有期雇用労働者との間に基本給、賞与、各種手当等の賃金に相違がある場合において、その要因として通常の労働者と短時間・有期雇用労働者の賃金の決定基準・ルールの相違があるときは、「通常の労働者と短時間・有期雇用労働者との間で将来の役割期待が異なるため、賃金の決定基準・ルールが異なる」等の主観的又は抽象的な説明では足りず、賃金の決定基準・ルールの相違は、通常の労働者と短時間・有期雇用労働者の職務の内容、当該職務の内容及び配置の変更の範囲その他の事情のうち、当該待遇の性質及び当該待遇を行う目的に照らして適切と認められるものの客観的及び具体的な実態に照らして、不合理と認められるものであってはならない。」

　実は、日本の雇用システムにおいて、殆ど（99％の企業がそうであるとも言える）の賃金規定は、ガイドラインに定めるような区分けができるものではなく、本脚注にあるように「通常の労働者と短時間・有期雇用労働者の賃金の決定基準・ルールの相違があるとき」に該当します。この点こそがガイドラインで最も重要な記載であり、この点をどう読み解くかにより、その後の実務対応も自ずから見えてくることになるのです。

　ここで重要なのは、

> ①正社員と非正規雇用の違いは将来の役割期待が異なるという主観的・抽象的説明では足りず、均衡処遇の4要素に従い具体的に検討する必要があるということ。
> ②具体的に検討する対象が何であるか

217

という点です。つまり、①の抽象的ではなく具体的に検討するというのは当然として、②が特に重要になります。つまり、何の違いについて正社員と非正規雇用の違いを検討するのかというと、「賃金の決定基準・ルールの違い」についてということになります。具体的に言えば、なぜ正社員は職能資格で、なぜパートは職務給なのか、あるいは役割に対して払うのかという点です。要するに「なぜその賃金体系なのか」という点を説明する必要があり、賃金体系の相違は評価の相違に直結するのです。

第7章　同一労働同一賃金と人事「評価」をめぐる問題

Q8

ガイドラインの読み方（基本給編）とは？

基本給については人事評価指標により具体化された役割の違いに基づき、賃金の決定基準・ルールの違いそのものが「不合理ではない」と説明できることが重要です。

【解説】
　前述の通り、基本給については「賃金の決定基準・ルールの違い」そのものであるため、その違いを説明するために、正社員と非正規の「役割の違い」を具体的に明確化することが必要です。ここで、両者の役割の違いを最も具体化したものは人事評価であるといえます。なぜなら、人事評価指標の違い（現在の職務評価か中長期評価を含むか、他部署への貢献が要求されるか、将来幹部登用可能性を考慮しているか）はまさにその役割自体を評価するものであるため、役割の違いを最も端的に具体化したものとして発現することになるからです。
　つまり、人事評価指標の違いは賃金制度の違いに直結すると言えます。そのため、両者の役割の相違を敷衍して説明するためには、なぜ正社員はこの賃金制度で、なぜ非正規雇用はこの賃金制度なのかという点の説明をしなければな

219

りません。

　ここで、ガイドラインを見ると、基本給については以下の通りの分類がなされています。

【ガイドラインより引用】

①能力・経験に応じて支給される場合
　能力または経験に応じた部分につき、同一の支給をすべき。違いがあればそれに応じて支給すべき
②業績・成果に応じて支給される場合
　→業績・成果が同じであれば同一の支給。違いがあればそれに応じて支給すべき
③勤続年数に応じて支給される場合
　→同一の勤続年数であれば同一の支給。年数に違いがあればその相違に応じて支給すべき
④昇給について
　→勤続による職業能力の向上に応じて昇給が行われる場合、非正規が勤続により職業能力向上をした場合、向上に応じた部分につき、同一の昇給をすべき

　この読み方について、職能資格や能力に応じて賃金を支払う場合、同じ能力評価で賃金を支払わなければならないとする向きもあるようですが、それは間違いです。仮にそうだとすれば正社員が職能資格制度である会社の場合、パート労働者も職能資格制度に「しなければならない」ことになってしまいます。

　しかし、ガイドラインで記載されているのは、「同じ制度下に置いている場合は同じ基準で支給すべし」ということだけであり、そもそも同じ制度下に置くようにとは言っていないのです[10]。つまり、パート労働者が職能資格制度である場合には、同じ基準で判断すべきことになりますが、正社員は職能資格制度、パートは職務給である場合は、同じ基準にすべきということについて、ガイドラインは一切触れていないのです。

　そうすると、正社員と非正規雇用の賃金制度そのものが異なる場合、前述した「賃金の決定基準・ルールの違い」がある場合であり、これは両者の役割の違いを具体的に述べられるかという点が基本給の差異を肯定するためのポイントとなります。例えば、後掲日本郵便東京事件においては、以下のように「役割

---

[10] JILPT労働政策フォーラム2018. 3.15「改正労働契約法と処遇改善」菅野レジュメ。

第7章 同一労働同一賃金と人事「評価」をめぐる問題

の違い」が人事評価によって具体化されてます。

【正社員と非正規の人事評価と役割の違い】

正社員：将来の幹部登用を見据えて短期のみならず中長期的な評価も行い、他部署
との連携・コミュニケーション、仕事も様々
→「中核人材として育成している」最中であるという位置づけ

非正規：あいさつ、身だしなみ、上司の指示に従えるかなどの一般的事項を評価し「今
の仕事」がどの程度できるかが重要
→「今の仕事」の中で熟練度を上げることが求められ、中核人材としては予定され
ていないという役割

　つまり、人事評価指標により具体化された役割の違いに基づき、賃金の決定
基準・ルールの違いそのものが「不合理ではない」と判断されれば、基本給（さ
らにこれと連動する賞与・退職金）の相違については説明ができるという関係
にあるのです。

Q9

同一労働同一賃金指針の読み方（手当編）とは？

A 手当が支給される趣旨を検討し、正社員・非正規雇用の相違における不合理性判断の4要素から説明できるのかという点について検討し、説明しがたい手当があれば、賃金体系全体を含めた再検討を行うべき

【解説】

一方、ガイドラインにおいて手当については注意が必要です。ガイドラインでは役職手当、特殊業務手当、特殊勤務手当、精皆勤手当、時間外労働手当、深夜・休日労働手当、通勤手当、食事手当等について記載されていますが、これら各種手当てについては、裁判例の傾向から判断構造[11]が以下の通り固まりつつあります。

【手当に関する判断構造】

手当が支給される趣旨を認定
　↓

---

[11] 実務上の検討としては、「パートタイム・有期雇用労働法対応のための取組手順書」https://www.mhlw.go.jp/content/000467476.pdfも参照のこと。

第7章　同一労働同一賃金と人事「評価」をめぐる問題

その趣旨からみて正社員・非正規の職務内容・人材活用の仕組みから支給の差異を説明できるか
↓
労使協議を経ているか
↓
不合理性判断

例えば、住宅手当であれば、全国転勤に伴う住宅コストの増大に対応するという支給の趣旨が認定できるため、全国転勤を行う正社員には支給し、転勤のない非正規に対して支給することは不合理ではありません。一方で、精皆勤手当などは、出勤奨励のインセンティブとして支給するのであるから、出勤の必要性が異ならない（職務が異ならない）のであれば非正規にも支給すべきということになります。

従って、手当が支給される趣旨を検討し、それは以下の正社員・非正規雇用の相違における不合理性判断の4要素から説明できるのかという点について検討し、説明しがたい手当があれば、賃金体系全体を含めた再検討を行うべきです。

【不合理性判断の4要素】
① 業務内容の差異（職務分析により業務・重要度の違いを明確化）
② 責任（権限）の範囲（人事考課の違い、ペナルティの有無）
③ 人材活用の仕組み、配置変更の範囲（配転、職種変更、出向、人材登用、役職任命の相違）
④ その他の事情（労働組合との交渉状況、労使慣行、従業員説明会の状況、高年齢者雇用、経営状況等）

なお、上記判断構造における労使協議について、子会社が親会社の労使協議の結果をそのまま反映している場合は要注意です。親会社の賃金制度を子会社がそのまま導入するケースはまま見られますが、同一労働同一賃金の判断は法人単位でなされるため、労使協議については個別に行わなければならないのです。このようなグループ労務管理の場合、親会社においては労使協議が行わ

れているが、子会社において殆ど協議が行われていないケースは注意して下さい。

　また、①〜④を考慮したとしても、通勤手当等、手当の趣旨次第では支給すべきとする場合があることにも注意が必要です。

第7章 同一労働同一賃金と人事「評価」をめぐる問題

Q10

雇用対策法改正と同一労働同一賃金に関する「評価」の関係とは？

 政府が目指す雇用社会は、欧米型の職務給制度を志向しています。

【解説】
　働き方改革関連法改正の一つに、雇用対策法[12]の改正が挙げられます。雇用対策法は、採用における年齢差別の禁止などを定めている法律ですが、基本的には国の雇用政策に関する方針を定める法律であるため、今回の改正も、直ちに実務的な影響があるものではありません。もっとも、改正法の部分に、国の方向性が示されている箇所があるので、その限度で検討します。
　さて、雇用対策法改正において、重要なのは以下の点です。

> 労働者は、職務の内容及び職務に必要な能力、経験その他の職務遂行上必要な事項の内容が明らかにされ、並びにこれらに即した評価方法により能力等を公正に評価され、当該評価に基づく処遇を受けることその他の適切な処遇を確保するための

---
[12] 労働施策の総合的な推進並びに労働者の雇用の安定及び職業生活の充実等に関する法律に改名されたが本項では雇用対策法と呼称する。

225

措置が効果的に実施されることにより、その職業の安定が図られるように配慮されるものとする（改正雇用対策法3条2項）

　これは、従来の日本型雇用慣行とは明らかに真逆の路線を意味します。つまり、従来の日本型雇用においては、この条文にあるようにあらかじめ評価内容を明らかにして、とか、職務に必要な能力を明らかにして、ということをやっていなかったからです。

　この条文が目指す雇用社会は、いわゆる欧米型のジョブディスクリプションをイメージしていると解されますが（その是非は措くとして）年功序列型賃金に対する大いなる挑戦と評価することもできます。すなわち、年功序列型賃金においては、第2章で述べたとおり、毎年職務遂行能力が高まるという「フィクション」を前提としますが、本条文によれば、どのような「能力」が高まったのか、具体的に示されるべきとしているためです。

Q11

日本郵便（東京）事件における評価の検討方法は？

役割の違いは評価項目の差異に表れており、この点が検討されています。

【解説】
　以下では、裁判例において、具体的に、人事評価がどのように検討されているかについて検討します。
　まず、時給制契約社員と正社員の労働条件相違について問題とされた上記事件については、比較対象正社員は総合職・地域基幹職・一般職正社員の中で、一般職正社員（窓口営業、郵便内務、郵便外務、その他事務作業の標準的な業務に従事し、役職への登用はなく、勤務地は転居を伴う転勤が無い範囲のみ）との比較を行うとされ、一部手当や病気休暇・夏期冬期休暇について差異が不合理であるとされた例です。
　本件においては、正社員と時給制契約社員の人事評価の相違については以下の通りとされています。

【正社員の人事評価】

・地域基幹職、新一般職は「業績評価」と「職務行動評価」から構成され、それぞれ具体的な評価項目がある。

・「業績評価」は、短期業績及び中長期業績を評価するものであり、営業・業務実績のほか、業務品質向上のための方法の開発、担当可能担務の拡大、部下育成指導状況が対象となり、組織貢献加点評価では、積極的な情報提携等による他局の業績への貢献や他の班や局、支社全体といった他組織の業績に対する貢献も含まれる。

・「職務行動評価」は、社員に求められる役割を発揮した行動としての事実を評価するものとして顧客志向、コンプライアンス、チームワーク、関係構築、自己研鑽、論理的思考、正確・迅速、責任感、業務品質向上、チャレンジ志向の10項目からなる。

→これらの評価項目は、正社員に対して幅広い役割が求められているほか…将来の役職者、管理者の候補者として、組織全体への貢献等も期待されていることを反映しているものである。

・なお、昇任昇格についても、正社員は期待される役割や職責が大きくなっていくことが想定されているので、将来の管理者や役職者として活躍できる有益な人材を育てるという人材育成の観点から、できるだけ幅広い経験をさせることを主目的としつつ、本人の能力、適性、要員事情、勤務成績やキャリア形成等も考慮しながら実施されている一方で、時給制契約社員についてはそもそも職位がなく、昇任昇格はない。

【時給制契約社員の人事評価】

・「基礎評価」と「スキル評価」から構成されている。

・正社員のように幅広い業務への従事や他部所への貢献は求められていないので、組織貢献加点評価はない。

・「基礎評価」の内容としては、服装等のみだしなみ、時間の厳守、上司の指示や職場内のルール遵守等

・「スキル評価」の内容としては、被評価者のランクに応じて担当する職務の広さとその習熟度に対する評価が行われる。
　Ex.配達で複数区の通区ができるか、苦情・申告対応ができるか、郵便物の区分や電話対応ができるか。

　以上の人事評価に関する考察は同一労働同一賃金の本質的議論として非常に有益な示唆を与えるものです。つまり、正社員には「業績評価」と「職務行

第7章　同一労働同一賃金と人事「評価」をめぐる問題

動評価」があるとしており、後者はいわゆるコンピテンシー評価[13]（下図参照）であり、顧客志向、コンプライアンス、チームワーク、関係構築、自己研鑽、論理的思考などが評価されることになります。

　一方、時給制契約社員の評価は、「基礎評価」と「スキル評価」から構成されており、前者は、服装等の身だしなみ、時間の厳守、上司の指示や職場内のルール遵守等の評価がなされています。

　この両者を見比べると、明らかに評価の前提である役割そのものが異なることが分かります。つまり、正社員は将来基幹的な業務を任せる可能性があるからこそ、短期のみならず、中長期的評価を行い、また他部署への組織貢献や自己研鑽などの評価項目が問われるのです。一方で、契約社員についてはあいさつができるか、時間が守れるか等の基礎的評価項目であり、他部署への組織貢献は求められず、スキル評価については「今の職務」に関する習熟度が問われるのみであるため、「今の職務」を離れて様々な役職等につくことは求められていません。

　このように、役割の大きな違いがあるからこそ、同事件においては基本給や賞与についてその差異が不合理とはされていないものと評価できるのです。

【コンピテンシー評価項目の例】

コンピテンシー		課題を発見し知識や技能を状況に応じて組み合わせ成果をあげる包括的能力とその行動特性
双方向的活動	コミュニケーション力	「言語・非言語」の双方向的な活用に関するコンピテンシー、伝えたいことを組み立て論理的に表現する力、表情や態度等の非言語から聴き手を理解する力、数値・図表等の数量情報を解釈・表現する力など。
	知性・思考力	「知識・情報」の双方向的な活用に関するコンピテンシー。知識情報を得ることに対しモチベーションを高める力、問題分析、問題解決にむけた論理的な思考力、新しいアイデアを出す企画力など。
	ICT活用力	「ICT（情報通信技術）」の双方向的な活用に関するコンピテンシー。情報のインプットからアウトプットまでのプロセスにおいて、目的に合わせてICTを活用する力、情報社会への適応力など。

---

[13] 好業績者の行動特性を評価項目として体系化したもの

自律的活動	自己管理力	計画実行前の「自己管理」に関するコンピテンシー。自分自身や自分の置かれている状況を俯瞰する力、自分の資源や経験を次の行動に活用する力、長期的な視点で行動する力など。
	計画実行力	「計画・実行」の各段階に関するコンピテンシー。主体的に活動の意味を見出す力、計画・実行に移し対処する力、変化に適応しながら目的を果たす力など。
	社会性	「社会」と「自己」との関わり方に関するコンピテンシー。所属する組織や社会の中で、規律を守り、義務を果たす力、権利を活用・保守する力、自ら貢献する場を求め取り組む力など。
協働的活動	関係構築力	「チーム形成」に関するコンピテンシー。チームワークが求められる場で、メンバーと良好な関係を作るための態度や心遣い、多様な価値観を受け入れる力など。
	連携力	「メンバーシップ」に関するコンピテンシー。チーム全体の状況や役割を理解する力、状況に応じて助け合う力、必要に応じてチームのモチベーションを高める力など。
	統率力	「リーダーシップ」に関するコンピテンシー。対立や不調和の場面で、ストレスに対処する力、ディスカッションや交渉・説得などで、チームを調整し、1つの方向にまとめていく力など。

【コンピテンシー評価の具体例】

		レベル5	レベル4	レベル3	レベル2	レベル1
		商品企画の提案から製品設計、製造にいたる様々な業務を単独で行うことができ、かつ関係者を指導できる	商品企画の提案から製品設計、製造にいたる様々な業務を単独で行うことができる	商品企画の提案から製品設計、製造にいたる業務を自身の専門領域を中心に単独で行うことができる	商品企画の提案から製品設計、製造にいたる業務を指導者などの指示に基づきアシストできる	商品企画の提案から製品設計、製造に必要な基礎的知識・スキルを有しているが、業務を行うレベルに達していない
コミュニケーション能力	コミュニケーション	・進歩を続ける技術や、動的に変化する環境に対して、それらを一方的に受容するだけでなく、主体性を維持しつつ積極的に関わる（技術や環境との相互作用）態度を持てる。かつ、関係者を指導できる。	・進歩を続ける技術や、動的に変化する環境に対して、それらを一方的に受容するだけでなく、主体性を維持しつつ積極的に関わる（技術や環境との相互作用）態度を持てる。	・領域や場面によっては、進歩を続ける技術や、動的に変化する環境に対して、それらを一方的に受容するだけでなく、主体性を維持しつつ積極的に関わる（技術や環境との相互作用）態度を持てる。	・指導者などの指示に基づき、進歩を続ける技術や、動的に変化する環境に対して、それらを一方的に受容するだけでなく、主体性を維持しつつ積極的に関わる（技術や環境との相互作用）支援的な取り組みができる。	・進歩を続ける技術や、動的に変化する環境に対して、それらを一方的に受容するだけでなく、主体性を維持しつつ積極的に関わる（技術や環境との相互作用）態度を持てる。とは言えない。
		・高度な情報化社会にあって、思い込みや断片的な情報を根拠とした主張ではなく、体系的に情報を収集し、先	・高度な情報化社会にあって、思い込みや断片的な情報を根拠とした主張ではなく、体系的に情報を収集し、先	・領域や場面によっては、高度な情報化社会にあって、思い込みや断片的な情報を根拠とした主張ではなく、体	・指導者などの指示に基づき、高度な情報化社会にあって、思い込みや断片的な情報を根拠とした主張ではなく、	・高度な情報化社会にあって、思い込みや断片的な情報を根拠とした主張ではなく、体系的に情報を収集し、先

	行研究・事例等を踏まえ、適切な手法を用いつつ、客観的に情報を解析できるかつ、関係者を指導できる。	行研究・事例等を踏まえ、適切な手法を用いつつ、客観的に情報を解析できる	系的に情報を収集し、先行研究・事例等を踏まえ、適切な手法を用いつつ、客観的に情報を解析できる	体系的に情報を収集し、先行研究・事例・事例等を踏まえ、適切な手法を用いつつ、客観的に情報を解析する支援ができる。	行研究・事例等を踏まえ、適切な手法を用いつつ、客観的に情報を解析できるとは言えない。
	・平素のミーティングにおいて、自分の状態や問題を適切に報告でき、メンバーの状態や問題も適切に理解できる。かつ、関係者を指導できる。	・平素のミーティングにおいて、自分の状態や問題を適切に報告でき、メンバーの状態や問題も適切に理解できる。	・領域や場面によっては、平素のミーティングにおいて、自分の状態や問題を適切に報告でき、メンバーの状態や問題も適切に理解できる。	・指導者などの指示に基づき、平素のミーティングにおいて、自分の状態や問題を適切に報告でき、メンバーの状態や問題を部分的に理解できる。	・平素のミーティングにおいて、自分の状態や問題を適切に報告でき、メンバーの状態や問題も適切に理解できるとは言えない。
リーダーシップ	・議論において、発散技法や収束技法など適切な手法を選択的に用いつつ、プロジェクトの効率、およびメンバーの心的状態を適切な状態に保とよう、建設的に議論を誘導（ファシリテーション）できる。かつ、関係者を指導できる。	・議論において、発散技法や収束技法など適切な手法を選択的に用いつつ、プロジェクトの効率、およびメンバーの心的状態を適切な状態に保とよう、建設的に議論を誘導（ファシリテーション）できる。	・領域や場面によっては、議論において、発散技法や収束技法など適切な手法を選択的に用いつつ、プロジェクトの効率、およびメンバーの心的状態を適切な状態に保とよう、建設的に議論を誘導（ファシリテーション）できる。	・指導者などの指示に基づき、議論において、発散技法や収束技法など適切な手法を選択的に用いつつ、プロジェクトの効率、およびメンバーの心的状態を適切な状態に保とよう、建設的に議論を誘導（ファシリテーション）の支援ができる。	・議論において、発散技法や収束技法など適切な手法を選択的に用いつつ、プロジェクトの効率、およびメンバーの心的状態を適切な状態に保とよう、建設的に議論を誘導（ファシリテーション）できるとは言えない。
	・ミーティングや作業において、プロジェクトの成果の品質や作業効率の改善に寄与ある発言や行動ができる。かつ、関係者を指導できる。	・ミーティングや作業において、プロジェクトの成果の品質や作業効率の改善に寄与ある発言や行動ができる。	・領域や場面によっては、ミーティングや作業において、プロジェクトの成果の品質や作業効率の改善に寄与ある発言や行動ができる。	・指導者などの指示に基づき、ミーティングや作業において、プロジェクトの成果の品質や作業効率の改善に寄与ある支援的な取り組みができる。	・ミーティングや作業において、プロジェクトの成果の品質や作業効率の改善に寄与ある発言や行動ができるとは言えない。
	・メンバーの心的なストレスに気を配り、状況に応じて、対話の機会を設けたり、リスクへの対応を講じたりといった手段を選択的に用いることできる。かつ、関係者を指導できる。	・メンバーの心的なストレスに気を配り、状況に応じて、対話の機会を設けたり、リスクへの対応を講じたりといった手段を選択的に用いることができる。	・領域や場面によっては、メンバーの心的なストレスに気を配り、状況に応じて、対話の機会を設けたり、リスクへの対応を講じたりといった手段を選択的に用いることできる。	・指導者などの指示に基づき、メンバーの心的なストレスに気を配り、状況に応じて、対話の機会を設けたり、リスクへの対応を講じたりといった手段を支援ができる。	・メンバーの心的なストレスに気を配り、状況に応じて、対話の機会を設けたり、リスクへの対応を講じたりといった手段を用いることできるとは言えない。

【非正規の職務評価例】

	【評価項目】		今回	過去		
		能力項目				
共通	信頼性	上司、部下、同僚との信頼関係を築くため、誠実で責任ある行動ができている				
	協調性	周囲の人間（部下、上司、同僚）と協力して円滑に業務を進めることができる。また、そのための声かけを積極的に行っている				
	規律性	社内ルールや法令などを理解し、店舗の方針や上司の指示を遵守している				
	自主性	率先して業務に取り組み、意見や考えを自主的に提案している				
	挑戦性	向上心を持ち、自ら覚える意欲や先輩・上司から学ぶ姿勢がある				
	ビジネスマナー	あいさつ、身だしなみ、言葉づかいなどのビジネスマナーを守っている				
	職場・環境への適応	環境の変化に素早く適応し、職場において臨機応変な働きができる				
	健康の管理・維持	体力や心の健康を維持する努力をしている、また、定期健康診断や検便を必ず受けている				
	顧客満足の提供	企業理念を理解した上で、常にお客様第一の姿勢で行動している				
	食の安全・安心の提供	法令を遵守し、正しい商品知識に基いてお客様に情報提供している				
	コストに対する意識	ムダの削減に努め、時間節約・経費節約を日頃から意識している				
	お客様対応	お客様のご要望、クレームに対し、初期対応ができるとともに、上長への報告、連絡、相談ができている				
選択	IT機器運用	メールの送受信、掲示板からの社内外の情報確認ができ、各キャビネットから必要書類を出せる				
		週間報告ができる				
		支給されたIT機器の操作ができる				
		スキャンチェック、棚卸ができる				
		備品の発注ができる				
		個人情報保護法に基づき、入力ができる				
	接客・応対	お客様に対して常に明るい笑顔で挨拶、応対ができる				
		お客様とのアイコンタクトが出来ており、お客様に合わせた応対ができる				

第7章 同一労働同一賃金と人事「評価」をめぐる問題

Q12

日本郵便（大阪）事件における評価の考慮とは？

東京事件同様に、評価の違いが役割の違いとして考慮されています。

【解説】
　同東京事件と事実関係及び比較対象正社員は一般職正社員である点は同一ですが、本件の原告は時給制ではなく、月給制契約社員です。本件においても、人事評価制度の違いが正社員と契約社員の相違として前記4要素でいう「責任」の要素において考慮されています。
　具体的には、旧一般職正社員の「人事評価制度において、中長期的視点からの業績評価や組織全体への貢献が評価されることからすれば、旧一般職について現在の担当業務に留まらず、長期的な視野に立った上で、組織運営や組織への貢献度など幅広い役割や活躍が期待されているのに対し…契約社員の評価項目は一般的な接遇や当該担当業務に関連するものが中心であること…以上の点が認められ、これらの点を踏まえると、旧一般職と本件契約社員との間において、業務に伴う責任の程度についても大きく相違していると認められる」

とされている点です。

　なお、正社員の人事評価は前掲東京事件を参照いただくとして、月給制契約社員の評価項目は次のとおりとなります。

【月給制契約社員の評価項目】

・基礎評価及びスキル評価から構成される
・基礎評価は時給制契約社員として求められる基本的事項
　　→服装等の身だしなみ、時間の厳守、上司の指示や職場内のルールの遵守等
・スキル評価は職務の広さとその習熟度を定めたスキル基準の評価項目
　　→複数区の通区ができるか否か、苦情・申告の対応ができるか否か、他の時給
　　　制契約社員等に対して指示・指導ができるか。

【月給制契約社員　業績評価の評価項目は存在せず観察ポイント】
　　①作業能率が100％以上発揮されたか否か
　　②郵便事業全般の知識経験を有し、窓口または電話でお客さまへの質問対応が
　　　正確かつ迅速か
　　③お客さまサービスの業務遂行にあたりコンプライアンスの徹底が行われていたか
　　④定められたチェックや検査により事故等が無かったか
　　⑤本人の責めによることが明白な事務処理上のミスがあったか
　　⑥多数の担務数又は配区数を精通しているか
　　⑦他社員とのコミュニケーションが図られるか

　このように、正社員とは評価項目自体が異なり、そのために責任や役割が異なると言えるのです。正社員は現在の担当業務に留まらず、長期的な視野に立った上で、組織運営や組織への貢献度など幅広い役割や活躍が期待されている一方で、契約社員は今の業務に関連することが評価対象になっているからです。

　したがって、同一労働同一賃金の関係においては、賃金の決定基準・ルールの相違について、「なぜそうした人事制度になっているか」を説明できるかどうか、言い換えれば賃金制度の背景にある正社員と非正規雇用の役割・責任の違いを説明できることが非常に重要となります。

第7章　同一労働同一賃金と人事「評価」をめぐる問題

Q13

ハマキョウレックス事件における人事評価の検討は？

 正社員と契約社員の人事制度の違いを敢えて取り上げて検討しています。

【解説】

前掲ハマキョウレックス事件最高裁判決であるが、人事制度の違いについて、以下のように述べています。

> 正社員については、公正に評価された職務遂行能力に見合う等級役職への格付けを通じて、従業員の適正な処遇と配置を行うとともに、教育訓練の実施による能力の開発と人材の育成、活用に資することを目的として、等級役職制度が設けられているが、契約社員についてはこのような制度は設けられていない。

最高裁がわざわざ等級役職制度の有無について言及しているのは、正社員と契約社員の人事制度の違いを考慮しているということの現れであると言えるでしょう。なお、本事件においては、かかる人事制度の相違が、4要素における人材活用の仕組みの相違として検討されています。

なお、同事件の当てはめですが、通勤手当・無事故手当・給食手当・作業手当については原審の判断を是認し、さらに皆勤手当についても原審の判断を覆し不合理であるとしています。つまり、職務内容が同一である以上は、転勤出向・中核人材としての登用の有無に関する人材活用の仕組みの差異から説明がつかない手当については不合理であるということであり、人事制度の違いから説明できるのかという視点となっているのです。

第7章　同一労働同一賃金と人事「評価」をめぐる問題

Q14

その他裁判例における評価の考慮方法は？

各種裁判例において、「評価」制度、人事制度の相違は考慮されています。

【解説】
1　Y社事件（仙台地判平29.3.30）
　　大手運送会社の子会社であるY社事件は、正社員と契約社員の賞与における計算式の相違が問題となった事案ですが、判決では「今後現在のエリアにとどまらず、組織の必要性に応じ、役職に任命され、職務内容の変更がある…（ので）成果加算をすることで、将来に向けての動機付けや奨励（インセンティブ）の意味合いを持たせることとしている」として、役職任命・職務内容の変更という人事制度の相違が人材活用の仕組みの相違として考慮され、これが賞与の違いを肯定する要素になるとしています。

2　大阪医科薬科大学事件（大阪地判平30.1.24）
　　同事件は、大学の有期アルバイト職員として教室事務を担当していた原告

（勤務3年）が、正職員との差額賃金（賞与含め1038万）請求及び不法行為の慰謝料（135万）請求をした事案であり、原告は正職員のうち教室事務を担当する者と比較せよと主張していましたが、裁判所は、部門間を超えた配転があり、コース別採用にもなっていないことから正職員全体と比較すべきとしました（メトロコマース事件と同様の比較対象論）。

　ここで、正社員と契約社員の賃金制度の相違であるが、正社員の賃金は「雇入れの際その職員の職種・年齢・学歴・職歴等を斟酌して個々に決定する」とされており職能資格的である一方で、アルバイトの賃金は「時間給とし、業務・職種別に設定した時給単価表に定めるものとする」とされていました。つまり、賃金決定基準・ルールの相違について、具体的な職務内容の相違からこれを不合理ではないとしたものであるといえます。

　なお、同事件は高裁判決が出され、賞与の一部、夏期休暇、休職給を支給しないことが違法とされています。

第7章　同一労働同一賃金と人事「評価」をめぐる問題

Q15

同一労働同一賃金については諸説あり
ますが、いったい何が正しいのでしょ
うか？

A 　同一労働同一賃金をめぐる学説は様々であり、最高裁判決
を経てもなお未確定の要素が大きいですが、企業が人事評
価、人事制度構築等により実務対応を検討するなかで、重
要と思われる学説については筆者なりに批判的検討を行います。

【解説】

① 同一労働同一賃金問題への対応は、「労働生産性向上による収益力の向上」
と「内部留保の利用」、「価格の引き上げ」により「賃金原資を増やし、労
働者の全体的な待遇改善につなげれば良い」という見解について

　まず、内部留保云々の点ですが、内部留保とは様々な形で存在し、全
てが現金という訳ではないという会計上の問題点は敢えて措くとしても、内
部留保は有限であることに異論はありません。かかる有限の原資について、
これを「賃金」の形で分配すべきなのか、それとも今後の借金返済、設備
投資・設備維持・補修、海外投資、新規事業投資とするかは正に高度な
経営判断であり、軽々に外部が判断すべき事柄ではないことは明らかです。

　前述のように、20万人の非正規雇用に住宅手当の支給を躊躇した日本

239

郵便の事例も、単に「非正規雇用の待遇改善をせずけしからん」という話ではなく、本当に非正規雇用の待遇改善を行うことが、今後10年・20年先の経営を見据えたときに必要な投資なのかという視点を忘れてはなりません。

また、労働生産性上の点ですが、例えば、具体例として「長時間残業を削減し業務の効率化を図ること」などが挙げられることが多くみられます。しかし、運送業においては当然ですがスピード違反や過積載は厳禁です。とすれば、残業を削減するだけでは、「誰かが荷物を運ばなければならない状態」は変わらないので何ら生産性向上にはつながりません。では、値上げをすれば良いではないかと言うは易しですが、実際に発注を受けたり下請けの立場であれば、受注をもらうというのがまずは優先であり、そう簡単に値上げを言い出せないのが現場の正直な実情であることを無視した議論は砂上の楼閣と言わざるを得ません。

仮に、本気で大胆に生産性を上げるための改革を目指すというのであれば、そのための抜本的な改革として例えば不利益変更法理や解雇法制の大胆な改革などとセットで行わなければ片手落ちとなります。

② 最高裁は有為人材確保論を否定したとの見解について

前掲ハマキョウレックス事件および長澤運輸事件最高裁判決は、正社員を厚遇することで有能な人材を確保し長期勤続のインセンティブとするという「有為人材確保論」を否定したとする説もありますが、単に最高裁が判決文中に記載していないという一事をもって有為人材確保論を全否定するのは極端に過ぎます。

実際のところ、現在の雇用情勢のように人口減による労働力不足が続いており、会社における幹部候補人材として採用した正社員については、離職してほしくないと考えるのが通常の会社の人事であり、そのためにインセンティブを与えようとすることもまた至極全うな発想であるため、これが直ちに不合理であるはずがありません。

実務的に見ても、採用にかかる募集媒体・職業紹介事業・選考フロー

第7章　同一労働同一賃金と人事「評価」をめぐる問題

における人件費、採用後の研修教育等、採用・教育を経て幹部へと育てる過程には相当のコストがかかっているのは言うまでも無いところであり、かかる雇用情勢の中で高コストを投資して教育した「有為人材」を確保したいと言う考え方自体は何ら否定されるべきではないのです。

　また、ガイドラインにおいても、特殊勤務手当の相違についての箇所ですが「A社においては、通常の労働者か短時間・有期雇用労働者かの別を問わず、就業する時間帯又は曜日を特定して就業する労働者には労働者の採用が難しい早朝若しくは深夜又は土日祝日に就業する場合に時給に上乗せして特殊勤務手当を支給するが、それ以外の労働者には時給に上乗せして特殊勤務手当を支給していない。」との記載があります。つまり、採用の難易度を考慮して手当の有無を決定して良いとの記載であり、採用の難易を考慮している時点で、有為人材に離職された場合の企業損失を前提としていることは明らかなのです。そのため、本ガイドラインの記載はむしろ有為人材確保論を裏付けているとも言えるため、ガイドラインから見ても、冒頭の「最高裁は有為人材確保論を否定した」との見解は当を得ません。

　なお、ハマキョウレックス事件最高裁判決の後に出された前記日本郵便東京高裁判決やメトロコマース事件東京高裁判決などにおいても、年末年始勤務手当の不合理性判断に際し、「正社員の待遇を手厚くすることで、有為な人材の長期的確保を図る必要がある」ことを肯定しています。

③　パート・有期社員にも正社員と同じ賃金決定基準にする必要があるという見解について

　正社員について職能給制度を取っている企業において、有期・パートにも職能資格を付与し、おなじ基本給制度の中に位置づけるべきであるという見解もありますが、そもそも前述の通り具体的に役割が異なるため「賃金の決定基準・ルール」が異なる場合まで同一の賃金制度にすべきということはガイドラインでは一言も触れられていません。かかる見解は、正社員とパート・有期の役割が同一であることを前提とするものであり、大半の会社

241

における実態とは相容れないことを看過したものです。むしろ通常の会社においては、パート・有期雇用などの非正規雇用社は現在の仕事のみを担当するという役割が期待されているため、職能給制度がそもそもなじまないという問題点を見落としてはなりません。

上記見解は、正社員・有期・パートが同一線上の役割に立つことを前提とする理想郷の世界としては一考に値するかもしれませんが、少なくとも現在の日本の雇用社会における実態および同一労働同一賃金に関する法律・判例・指針いずれを見ても正社員と有期・パートについて同じ賃金制度にしなければならないとしているものは不見当です。

一方、数は少ないですが、ホテル業などの現業であり複数の役割をこなす正社員・非正規雇用が混在する業態においては、正社員の下位層と非正規雇用の役割が一部共通する面があるため、そのような会社においては同じ賃金制度とすることも可能でしょう。しかし、ホワイトカラー等においてはなお役割が全く異なるため、同一の俎上における評価が困難ですので、そのような考え方がなじむ企業は、日本全体の中ではごくわずかであると言えます。

④　パートにも退職金を支払うべしという見解について

退職金については、ガイドラインでも「なお、この指針に原則となる考え方が示されていない退職手当、住宅手当、家族手当等の待遇や、具体例に該当しない場合についても、不合理と認められる待遇の相違の解消等が求められる。」という記載があるのみであり、判断基準はあいまいにされたままです。前述の通り、基本的には退職金については前記基本給における「賃金の決定基準・ルールの違い」を具体化し、これに基づく説明が可能であると考えられますが、この点を措くとしても退職金の特殊性は別途考慮する必要があります。つまり、退職金の支払いについてはそもそも積み立てが必要なのです。正社員については何十年と退職金引き当てを用意してようやく支払いが可能になるものであるため、「はい、同一労働同一賃金です」と言っても急に積み立て原資が用意されるわけではないという当たり前

第7章　同一労働同一賃金と人事「評価」をめぐる問題

の点を改めて考慮すべきでしょう。

　また、実務的に見ても、確定拠出年金型など、退職手当に相当するものの支払主体が事業主ではない第三者である場合もあるため、法技術的にも誰に、どのように支払いを義務づけるのかという問題点もなお残ります。

　したがって、退職金に関する不合理性の判断については、基本給・賞与よりもさらに一段ハードルを上げて不合理性を検討すべきでしょう。

⑤　103万、130万の壁は考慮しないとの指摘について

　社会保険や所得税の適用に関するいわゆる年収「103万、130万の壁」問題について「社会保険の適用の有無や配偶者の配偶者手当の支給状況を考慮して、労働者自身が就業時間の調整をしたり、基本給の引上げなど待遇の改善を望まないことが考えられますが、このような労働者の希望等を理由に均等・均衡処遇を実現しないことは、強行法規である本条に違反するものとなる」との見解があります[14]。

　つまり、現実に「103万、130万の壁」という問題があり、そうした調整を本人が希望していたとしても、そんなことは一切考慮しないという見解ですが、現実にはこの点を考慮する労働者は極めて多いことを看過しています。

　仮に、この壁を中途半端に越えるくらいであれば、離職や欠勤も含めて検討するというのが現実なのです。もちろん、制度としてこのような制度が女性の社会進出を阻んでおり問題であるため改正すべきという点には異論はありません。しかし、それなら法改正で対応すべき事柄であって、同一労働同一賃金において、「そのような点は考慮に値しない」というのも現実を全く無視した暴論と言わざるを得ません。

　この点は、不合理性判断4要素のうち「その他の事情」において大いに考慮されるべきであると解されます。同一労働同一賃金政策のために、一個人が希望しない収入状況にすることが本来的な政策の趣旨に適っているとはどうしても思えません。

---

[14] 水町勇一郎「同一労働同一賃金のすべて」(有斐閣・2018年)

【参照裁判例一覧】

日本郵便逓送事件（大阪地判平14.5.22）

丸子警報器事件（長野地上田支判平8.3.15）

ニヤクコーポレーション事件（大分地判平25.12.10）

ハマキョウレックス事件（大津地彦根支判平27.9.16、大阪高判平28.7.26、最高裁平30.6.1)

長澤運輸事件（東京地判平28.5.13、東京高判平28.11.2、最高裁平30.6.1)

L社事件（東京地判平28.8.25）

メトロコマース事件（東京地判平29.3.23、東京高判平31.2.20）

Y社事件（仙台地判平29.3.30）

日本郵便（東京）事件（東京地判平29.9.14、東京高判平31.1.24）

日本郵便（大阪）事件（大阪地判平30.2.21）

大阪医科薬科大学事件（大阪地判平30.1.24、大阪高判平31.2.15）

九水運輸商事事件（福岡地小倉支判平30.2.1）

井関松山製造所事件（松山地判平30.4.24）

産学医科大学事件（福岡地小倉支判平29.10.30、福岡高判平30.11.29）

第7章　同一労働同一賃金と人事「評価」をめぐる問題

●第8章●

人事評価の
実務と法的問題
をめぐって

－労働法制委員会
合宿における議論－

この章は人事制度の運用において重要な評価制度や人事考課制度が、処遇の決定についてどのような役割を果たすのか。

　そして、正社員と有期社員の労働条件の違いの不合理性の判断にどう影響するのかを検討します。

1．「働き方改革法制」と人事評価

安西　本稿のテーマは「評価制度・人事考課制度」です。

　先日、あるコンサルタント会社の人がやってきて、「うちの抱えている会社の多くはだいたい100人、200人という規模です。人事の専門家もいないし、賃金体系もない。『働き方改革』に沿った賃金体系を作る必要があると思うので、協力してほしい、と言われました」と言っていました。「そういうのは社労士に頼んだらどうか。」というと「うちのコンサルタント会社に社労士が何人かいます。社労士は既存の法律には対応しますが、新しい法律はやりません。」ということでした。このため「弁護士に相談したい」、ということで今日お伺いしたのだということでした。

　企業としては、「無期社員と有期社員」、「通常社員とパート社員」との間の不合理な労働条件の差別の禁止について、最高裁判例が言っているように、均衡を考えなければならない。そのなかで、どんな人事考課、評価をしていくのか、それをどう賃金に結び付けていくのかというのは極めて重要です。

　中小企業では、そうしたことが全く考えられていない。家族的な経営であって、経営者と社員は運命共同体であるというのが日本的働き方でした。人事評価は「あの社員は会社のためによくやっている」というのが物差しで、人を中心として人事考課や評価を行ってきています。それが今までの日本の企業のやり方であり、それが悪いとは、一概に言えません。それは、社員の会社に対するロイヤリティで評価するわけです。

　ところが、今回の働き方改革としての同一労働同一賃金と言われるものは、人に着目するのではなく業務・職務や、職務遂行能力というジョブに着目するもので、人事評価もジョブという仕事中心に行うものへの変更を指向しています。

　そこで、今後の賃金体系もいわゆる戦後においてとられてきた電算型賃金という社員の生活保障を中心とする年齢、勤務年数に基づく体系とはガラッと変わっていかなくてはならない。そうした状況下にありますので、「働き方改革法制」に対応するものとして、今回の議論・研究を実りあるものにしたいと思います。どうかよろしくお願いいたします。

木下　労働契約法部会の部会長の木下です。

　本稿のテーマは「評価制度・人事考課制度」です。

　2017年の秋から部会でこのテーマを設定し、7本の報告を重ねてきました。

　なぜ人事考課制度を選んだのか、私からご説明させていただきます。

　働き方改革の中で、日本型同一労働同一賃金といって、非正規社員の処遇改善に関する取り組みが注目されております。しかし、やはり、労働契約の中心は正社員です。正社員を中心とした取り組み、研究は皆さんなさってるようで意外にされていない。正社員がどんなものなのかを知るためにも、正社員の人事制度の運用において重要な評価制度や人事考課制度が、正社員の処遇の決定について、どんな役割を果たしているか、これを見ていく必要があります。

　さらに評価制度・人事考課制度は、労働契約をめぐる紛争でも争点になります。

　例えば、成果主義賃金のもとで降格、賃下げができるのか。PIP（業務改善プログラム）をもとに、能力不足を理由とする解雇ができるのか。それから、不当労働行為はどうなのか。そして今労契法20条訴訟においての評価や人事制度の違いは、正社員と有期社員の労働条件の違いの不合理性の判断にどんな役割を果たしているのか。

　こうした側面のある人事考課制度を知らないで、場当たり的に主張したり、紛争化しても、意味がありません。

　高度成長期から現在までの正社員の制度を中心に見ていただいて、本稿では、しっかりと主張していただければと思います。

　第一として、人事考課はどういう行為かを考えます。本日は、インハウスの方もいます。吉田先生は整った制度をもつ大企業の勤めです。吉田先生からは日本を代表する大企業ではどんな人事考課が行われているのか、また、管理職の立場、若い時に評価を受けた立場として、どんなことに留意されてるか、この2点について、報告いただきたいと思います。

２．人事評価と人事管理

（１）人事評価とはどのような行為か

吉田　私のミッションは、人事評価とはどのような行為かを明らかにすることです。

　人事評価とは、人事管理論の標準的テキストに従うと、従業員の状態を知り、評価する機能を担う管理活動であり、賃金のほか、従業員の適正配置、昇進・昇格等の処遇の決定、能力開発に活用されるものとされています。

　最近、人材の「材」を財産の「財」という漢字を使用する企業が多く、この例の企業でもそうなっております。

　評価制度の全体像はここに書いてある通りで、３つに分かれています。パフォーマンス評価、コンピテンシー評価、それに適性評価です。

　パフォーマンス評価は、その所属長の評価と組織評価によって決定されるというもので、成果に加えてプロセス等も評価されます。

　コンピテンシー評価は、仕事のできる人、成果を出す人という意味でのロールモデルを想定し、その行動特性を基準にして、その行動特性と被評価者の行動特性との距離、それにどこまで追いついているのかを評価します。

　後ほど、具体例を挙げますが、マインドセットも含めて、思考、行動、知識、スキルなどを評価することになります。

　経営管理職（部長、室長等）を中心として、多面評価を使用している会社も多いと思います。

　適性評価は、次年度以降の異動に活用できるように、その従業員の特性を踏まえて、どういったキャリアを積ませていきたいのか、どういった職務に就かせたいのかを上司として評価するものです。

　パフォーマンス評価は、給与、賞与、そして人事異動・配置等の処遇に、コンピテンシー評価と適性評価は、資格の昇格判定、人事異動・配置等の処遇に反映されます。

　人事評価のスケジュール・イメージですが、事業年度が４月１日からの１年間だとしますと、４月の初めには組織目標を決め、その組織目標を受けて、それ

を個人目標に落としていく作業があります。その際に、上司（所属長）は、被評価者である所属員と年度始の目標設定面接をします。

この会社は9月にコンピテンシー評価をすることになっています。4月に決めた個人目標について、10月ころに中間レビューをして、中間フォロー面接において、目標の達成状況はどうなのか、、状況の変化によって目標を変更する必要がないか等を、上司と話し合いをします。また、中間フォロー面接時には、次年度の異動に備えて自己申告を確認し、自分のキャリアビジョンを申告し、それを上司と確認する作業を行っていきます。事業年度の終わりに近づく2月か3月には、年度末レビューをして、それが上司のパフォーマンス評価につながります。そして、年度末面接を行い、上司は所属員に評価を開示し、その理由を説明し、納得がいくまで話し合います。翌事業年度になると、当事業年度におけるその組織の業績評価（組織評価）をしますので、その組織評価による調整を経て、所属員の最終のパフォーマンス評価が決まります。その最終評価により、6月以降の給与と賞与の額が決定されることになるという流れです。

人事評価の評価項目についていいますと、コンピテンシー評価は、①マインドセット、②分析・課題設定力、③企画・創造力、④実行・完遂力、⑤主導・影響力、⑥相互成長・人財育成力、⑦基本的スキル（取得資格等）となっています。具体的な内容をあげると、「反対や抵抗を厭わず関係者と対峙、調整しているかどうか」とか、「自組織の担当者間の連絡、協働を促進しているかどうか」などの視点での評価項目となっており、そのような視点で所属員の行動パターンを評価するというものです。

このコンピテンシー評価は、絶対評価に近い形を採っている会社が多いのではないかと思います。このコンピテンシー評価は、異動・配置や昇格に影響することになります。

第1章22頁の[図1]には、パフォーマンス評価について記載しています。これは、組織目標を受けて、そのうち自分（担当者）がどういう仕事を担当して、それに関してどういう目標を掲げて、この事業年度の職務を遂行していくのかを上司と話し合いながら、年度始の面接で目標を決めていくということから始まるものです。

例えば、法務部では、個人の目標として、「訴訟追行を通じて紛争発生原因

を分析し、再発防止策を策定して、年度末までに経営に提言する」などの、提言事項等を目標にするという例を挙げています。

　パフォーマンス評価については、給与や賞与に繋がるものであり、これらのパイ（賃金原資）は決まっていますので、相対評価にならざるを得ないと思います。この会社では、5段階の相対評価になっています。

（2）人事評価の活用方法（使途）は

　人事評価の使途については、今までのご説明と重複してしまいますが、若干、敷衍してお話させていただきます。前提としましては、後ほどお話します役割等級制度を採用している場合の使い方です。昇給、賞与を含めた賃金については、単年度のパフォーマンス評価、つまり実績・成果によって決まることになります。所属長によるパフォーマンス評価は、その部の業績評価、つまり組織目標に対するその部の業績・成果がよければ、その所属員のパフォーマンス評価も、たとえば5％よくなるということになります。そして、この最終のパフォーマンス評価によって給与ランクが決まり、各所属員の給与等が上下することになります。たとえば、1ランク給与ランクが上がれば月例給与が5000円上がるとか、パフォーマンス評価は、そういう使い方をされると思います。

　昇格については、複数年のパフォーマンス評価や、コンピテンシー評価、さらに外部機関によるアセスメント評価や所定の試験に合格していることなどの資格要件によって判定されることが多いです。

　人事異動（配置）・職務登用については、これも複数年のパフォーマンス評価、コンピテンシー評価、そしてプラスアルファとして総合的な人物評価が関係しているように思います。このプラスアルファ部分は、私の個人的な憶測です。

　人事異動で配置が変わって別の職務に就く、あるいは職務登用される、ということになれば、役割等級制度における職務が変更されるということになりますので、それによって賃金も変わってきます。

（3）目標管理制度とは

　次に、人事考課のプロセスとしての目標管理制度について考えてみます。正確には、目標管理による人事評価制度というべきかもしれません。この目標管理制度の歴史について、以下のようになります、

すなわち、「目標管理制度とは、概ね、年度始に上司と面接のうえ当該年度に達成すべき業務遂行上の目標を設定し、年度途中に中間フォローとして上司と面接のうえ進捗状況を確認し、場合によっては目標を修正するなどし、年度末に再度上司と面接して目標達成状況を振り返る制度であり、人事考課（査定）の前提となる制度と理解してよいであろう。この目標管理制度が日本に導入されたのは、昭和40年頃と古く、P.F.ドラッカーがその著書「The Practice of Management」（1954）において初めて提唱し、その邦訳によって日本に紹介され、導入されたといわれている。昭和40年代に急速に普及したが（第1次ブーム）、賃金処遇制度との連結がなくインセンティブが働かないなどの理由により沈滞期を迎えることとなったが、90年代からの成果主義の台頭に合わせて再び注目を浴び（第2次ブーム）、現在に至っている。」というものです。

第1章29頁には、「表3」として、目標管理による人事評価の流れを記載しておきました。

［表2］

年 度 始	組織目標をもとに、個人目標を上司との話合いによって決定（目標設定面接）
年度中間	上司と面談のうえ進捗状況を確認し、必要に応じて目標を修正し、上司はフィードバックと示唆・助言を与える（中間フォロー面接）
年 度 末	上司は、目標の達成度（達成率）の点から、本人の成果や職務遂行の程度を評価（目標達成度評価） 上司は評価結果を本人に通知・開示し、その評価理由を説明かるとともに、次年度に向けて指導・助言（年度末面接）

　概略をご説明しますと、まず、年度始に組織目標を決めます。それをもとにして、個人目標を立てます。年度中間では、上司と話し合って、進捗度合いを確認するとともに、目標自体やその重要度を変更することもあります。そして、年度末には、再度、自らの職務目標の達成状況を上司と確認した上で、上司は、所属長評価を所属員に開示して、評価根拠を説明します。評価に不満がある場合には不服申し立て制度があります。年度始、中間、年度末で上司と話し合うのですが、上司と本当に話し合ったかどうかを人事部に報告するシステムになってい

ます。イントラネットを使って報告するんですが、上司を介さないで、直接人事部に報告するということになっています。人事部から尋ねられるアンケート項目として、以下に例を挙げております。

（質問例）・上司といつ面接しましたか。
　　　　　・上司とは何分程度面接しましたか。
　　　　　・上司は、組織目標を十分説明しましたか。
　　　　　・上司との間で個人目標を十分に話し合い、共有しましたか。
　　　　　・上司は、あなたの個人目標達成に向けて適切なアドバイスをしましたか。
　　　　　・上司は、あなたの評価結果とその理由について十分に説明しましたか。

　こうしたに質問に「はい」、「いいえ」で答えていきます。
　ちょっと話はそれるかもしれませんが、私が経営管理職として人事評価をする立場にあったときに注意していたことがあります。それは、目標設定に際して、目標を見える化し、数値化させるということです。
　「申込書不備チェック業務においてミスをなくすよう頑張る」という目標では、一生懸命頑張りましたということになれば、ミスが多く発生したとしても目標を達成したことになってしまいます。そうした目標の設定ではなくもう少し具体的に書いてほしいと指導していました。たとえば「申込書不備チェック業務において、不備発見率を98％以上とする。」というように、数値化してもらっていました。また、目標達成のための具体的プロセスを目標として盛り込んでほしいというようなことも指導しました。これによってプロセス管理もしやすくなるからです。
　私の組織は小さな組織で20数名しかいなかったんですが、年度始、中間、年度末とそれぞれ、1時間以上は人事面接をして話をしましたので、ずっと面接に費やされる週がありました。パフォーマンス評価を中心として、所属員とその職務遂行状況を十分に共有し、評価根拠については、納得いくまで説明することが必要だと思います。ただ、結局、パフォーマンス評価は相対評価なので、順番をつけざるを得ない。その順番の説明が大変だったという記憶があります。

（4）人事評価と賃金制度
　次は、人事評価の前提となる賃金制度についてです。ここでは、職能資格制度、

職務等級制度、役割等級制度について触れたいと思います。まず、職能資格制度は、従業員の能力に応じて資格格付けを行い、その資格に基づく賃金を支払うものです。職務と資格とは切り離されますので、「職位（職務）のはしご」と「資格（ランク）のはしご」という二重ヒエラルキーの昇進構造があることになります。そして、いったん身についた能力は減らないという人の能力観を基本としますので、降格は馴染まないという性質があります。

　2つ目の職務等級制度は、職務を必要なスキル、責任、難度等をもとに評価して、職務価値を決め、いくつかの等級を設定し、昇進や賃金設定などの基準にするシステムで、職務それ自体を等級の決定基準とするものです。

　最後の役割等級制度は、役割の重要度に応じて職務を等級に区分し、役割ベースで設定された目標の達成度（成果）を処遇に反映させる社員格付制度で、能力主義から能力主義と職務主義の混合思想へといったハイブリッド型の制度だといえます。

　ちなみにレジュメでは年俸制についても触れていますが、年俸制を上記制度と並べてよいのかわかりません。賃金の支払方法にすぎないかもしれません。

（5）役割と評価実務をめぐって

木下　ありがとうございました。確認ですが、今の「ある企業の例」は、最後の分類でいう、どの制度と結び付けて活用されている、ということでしょうか。

吉田　基本的には、役割等級制度を前提とした制度です。

木下　そうすると、役割が変われば上下に賃金が変わることもありうるということですね。

吉田　そうですね。職務が変われば当然変わってきますし、その職務の重要性によって賃金が決まっています。

木下　ありがとうございました。

　スケジュールイメージでは、1年間をかけて評価をし、評価結果が翌年に向けて活用されていると。そのことからも、無期契約を前提とした、評価制度ということになるわけですね。

吉田　そうですね。

木下　活用方法としては異動を含めた多面的な人事に活用されている、あるい

は、能力開発にも活用するとなりますと、業務特定型の人事ではなくて、いわゆる「無限定」で、業務内容については特に限定せず、幅広く業務を会社が指示できるタイプですね。

吉田　はい。

木下　吉田先生の会社は営業職の従業員が多いと思いますが、営業職はこの評価制度と違うんでしょうか。

吉田　全く別の評価制度となっております。営業職については、基本的には、営業の成績の良し悪しによって決まっていくので、人事評価的要素はほとんどありません。

　ただ、最近はコンプライアンスが強調されているなか、何か悪いことしちゃった、つまり懲戒を受けたなどということからコンプライアンス評価が悪くなって、給与に影響するということはありません。日のようなレベルでの人事評価的側面はありますけども、内勤職員と同レベルの人事評価的側面はないといっていいかと思います。

木下　営業職も正社員のカテゴリにあると思いますが、正社員であっても、その役割の違いによって、人事制度も人事評価制度も違うと。それが契約上明確になっているということですね。

吉田　はい。

木下　雇用区分が違えば人事制度が違って、評価制度が違うということが、一企業の例からも、よく分かります。しかも、大変、精密な評価を行うことによって、人事を成立なさっているわけで、これには時間とコストをかけてもいいという例だったと思います。

　1年に60時間くらい、上司は部下との面談のために時間を費やすところもあるそうですね。

吉田　そうですね。

木下　結構な割合ですね。

　吉田先生への質問はありますでしょうか。

安西　不満があった時の申立制度を利用する人はいるのかということと、人事考課による降格の有無、その場合、評価する上司は、誰かに評価されるのかと

いう、この3点をお聞きしたい。

吉田　レビューリクエストについては、制度はありますが、あまり利用されていないようです。たまに労働組合に対して苦情を申し立てるということは聞いたことがあります。ただ、堂々と人事部にレビューリクエストをすることはほとんどないのが実態ではないでしょうか。

　降格については、資格の降格は、懲戒による降格以外ではほぼありません。役職の降格的な異動によって、賃金が大幅に減ることはあります。

　評価者、とりわけ経営に近い評価者の評価について、パフォーマンス評価は、その人が長になっている組織の組織業績評価がそのままその人の評価になると思います。コンピテンシー評価は、事実上は社長も評価しているでしょうし、制度としては多面評価として、担当執行役員や同僚、部下が評価することになります。

3. 職能資格制度をめぐって

（1）職能資格制度とは

　我が国の人事制度は、職能資格制度と職務等級制度に分類されることがあります。特に、職能資格制度は非常に日本的な制度だと言われて、今でもこれが主流だと思います。これについて、中川先生にご報告いただきます。

中川　職能資格制度は、企業における職務遂行能力を職掌として大くくりに分類したうえ、各職掌における職務遂行能力を資格とその中でのランク（級）に序列化したものです。文章だけではわかりにくいので、以下の図をご覧ください。

図　職能資格制度の例

職能資格			職能資格の等級定義(業務の職能の等級区分=職能段階)	職掌区分	対応役職			初任格付	理論モデル年数	昇格基準年数	
層	等級	呼称			役職位	専門・専任職				最短	最長
						技術系	事務系				
管理専門職能	M3 (9)	参与	管理統率業務・高度専門業務	管理専門職掌	部長	技師長	考査役		—	—	
	M2 (8)	副参与	上級管理指導・高度企画立案業務及び上級専門業務		副部長	副技師長	副考査役		⑤	—	
	M1 (7)	参事	管理指導・企画立案業務及び専門業務		課長	主任技師	調査役		⑤	③	
指導監督専任職能	(6)	副参事	上級指導監督業務・高度専任業務・高度判断業務	専務・技術・営業職掌	課長補佐	技師	副調査役		④	③	
	(5)	主事	指導監督業務・専任業務・判断業務		係長	技師補	主査		④	②	
	(4)	副主事	初級指導監督業務・判定業務		主任				③	②	
一般職能	(3)	社員一級	複雑定型及び熟練業務	事務・技術・営業				大学院修士	③	②	⑥
	(2)	社員二級	一般定型業務					大学卒	②	①	⑥
	(1)	社員三級	補助及び単純定型業務					高校卒 短大卒	④ ②	④ ②	⑥

(出所：清水勤『ビジネス・ゼミナール　会社人事入門』〔日本経済新聞出版社，1991年〕)

職能資格制度の特徴は、仕事を等級で分けて定義づけているといえます。層が大枠の分け方で、管理職、中間職、ジュニア職という分け方です。等級は従業員規模に応じて、管理職をどのくらい、などと役割を付けていきます。

呼称は会社ごとの称号で、ニックネームのようなものです。

職能資格の等級の定義が重要なところで、等級がどういう役割を担っているのかということをここで細かく設定していくことになります。抽象的に書いてありますけれども、本来はさらに細分化してここはかなり細かく設定していきます。

職能資格制度のもう1つの特色は、昇格基準年数と理論モデル年数です。各等級でどれくらいの年数在籍するとこの能力を得たと考えられ、上の等級になるかという考え方が予め設定されています。

理論モデル年数はその等級の能力を習得するのに必要なおおよその年数です。昇格基準年数は、最短は、最短何年でこの等級から上がれるかを示しています。最長は、何年ここで止まれるかを示した年数です。

最長年数は、昇格できない場合に自動的に昇格させようというものではなくて、6年経ってもここの等級にいる場合には、テコ入れしてなんとか昇格させてあげるよう会社が努力しましょうというものです。もちろん本人も努力するのですが、そこで止まることのないよう、底上げをしようというものです。

職能資格制度がどんな発想に基づいているかを説明します。

人事管理の基本的理念は、人・仕事・賃金の3要素です。人（能力）に注目するのが能力主義です。仕事に注目するのが成果主義です。

能力主義と成果主義の特徴を表にまとめました。

	基本的な考え方	特徴
能力主義（日本型） →　労働力基準	人材を育成し、成長した人材が仕事を作っていく。 人材の成長に応じて賃金も上がる。	・人材の育成 ・長期的功績 ・定昇あり
成果主義（アメリカ型） →　労働基準	仕事を標準化し、仕事の価値を決め、仕事に合った人材を採用する。 仕事と成果で賃金が決まる。	・人材の活用 ・短期的功績 ・定昇なし

次の図を見てください。

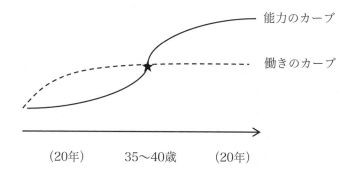

　能力のカーブは35〜40歳を境に急激に上がっていきます。能力主義の場合には、前半は働きよりも低い賃金、後半は働きよりも高い賃金が与えられることになり、勤続年数が長ければ長いほど賃金が上がるという構造に結び付くのです。

(2) 職能資格制度の運用をめぐって

　職能資格制度はなぜ日本に定着したのでしょうか。

　高度成長期の末期からオイルショックのころに、職能資格制度が登場してきます。高度成長期以前は、戦後の生活保障という観点から生活給が浸透し、年功賃金が定着していましたが、オイルショックのころから年功賃金では定昇できないという問題が生じ、制度を変える必要があるということで、職能資格制度という能力に着目し、安定的に定昇できるような制度が開発されていきました。さらにバブル経済期を迎えると、職能資格制度は普及していきました。年功型賃金を脱するために、職能資格制度が出て来たのですが、年功的に運用される部分があり、人材育成、長期雇用を前提としていた日本の正社員制度に合致して広く普及していって、安定的な定昇が実現できると。

　バブル経済の崩壊によって、職能資格制度も見直されるようになり、成果主義制度を前提とした賃金制度に移行していきます。

　職能資格制度と人事考課についてですが、これには、4つの制度運用原則があります。

1つ目が昇格原則です。卒業方式とも言われています。これは、現在在級している資格等級の職能要件、つまり、その資格等級において要求される知識、技能、業績、経験等を十分に習得した場合に上位の等級にあがるという原則です。

6等級に必要な知識、技能を身に付けた者が6等級に昇格するのではなく、5等級の者が、5等級が必要とする能力条件を十分に満たした場合に昇格するという考え方です。6等級に欠員があろうとなかろうと、5等級を満たした者がいるのであれば昇格をさせなければなりません。

2つ目が、能力の育成と公正評価の原則です。職能資格制度における昇格の考え方によれば、昇格後はまだその等級に必要な能力を有していない状態なので、各等級の職能要件を明示し、その各等級の職能要件に対して各人がどのような能力の状態にあるのかを検証し、自覚させ（能力考課と自己評価）、不十分なら育成を、十分なら昇格をさせるという原則です。

3つ目は、昇進原則です。特定の等級に昇格した後、当該等級の職能要件をある程度身に付けたのち、当該等級に相応の役職に就く（昇格があって初めて昇進がある）という原則です。課長になったら、必ず昇格するということではなく、昇格したらすぐ課長になれるというものでもありません。等級に必要な能力をどれだけ身につけているのかに光を当てるのが原則です。

4つ目は、同一資格同一処遇の原則です。これは、同一等級内では、役職の如何にかかわらず、職能給に関する限りは同一の処遇を受けるという原則です。

人事考課の種類とその機能についてですが、これは、成績考課、能力考課、情意考課の3つがあります。成績考課は、職務の遂行度を見ます。役職の軽重に関係なく、その達成度を評価します。能力考課は、職能要件（等級基準）に対応する職務を実際に分担させ、その習熟度を評価します。情意考課は、仕事に取り組む「やる気」を評価します。規律性（ルールや規範の遵守）、積極性（改善や創意工夫）、協調性（チームプレー）、責任性（やるべきことをやる）等により判断されます。結果（成績）を生み出す過程に対する評価であり、成績考課と抱き合わせとなります。

職能資格制度と人事考課との関係ですが、職能資格制度は、能力主義を前提とした制度です。人事考課のうち、昇格・昇進の可否の判断基準となるのは能力考課です。成績考課（＋情意考課）は賞与等の決定要素となります。

　職能資格制度と人事考課をめぐる法的問題ですが、今回は３つ、例を示して説明します。

　１つ目が、野村證券（男女差別）事件（東京地裁平14.2.20労判822号13頁）です。これは、コース別雇用管理における男女賃金・昇格格差の違法性（特に課長代理への昇格格差）が争われた事例です。

　著名な事件ですが、人事考課に絞って見てみます。高卒の男性社員、女性社員の間で、人事考課の運用、制度そのものも違っていました。男性の場合、昇給昇格、賞与それぞれについて、査定の方法が決まっていまして、かつ、業績と育成両面について評定されていました。女性の場合、年二回行われる勤務成績査定（部店長が記入）により行われていました。女性高卒社員の評定においては、男性高卒社員の場合と異なり、育成に関する事項等は含まれていません。なお、代理待遇の女性社員であっても、他の一般女性社員と同様の評定表でした。

　男性の場合、課長代理への昇格は、①現に主任の役職にあり、入社後12年を経過すること、②課長代理として会社が求める基準に達していることが基本的要件（①の基準に達している限り、特段の事情がない限り、課長代理に昇格していた）でした。高卒女性社員が課長代理（昭和61年４月以降は「総合職課長代理」、昭和62年以降は「一般職代理」）待遇となるのは、昭和63年６月までは、早くとも入社後24年次であり、同年７月以降は早くとも入社後19年次であった上、昇格対象者中実際に昇格する者の数は少なく、平成４年当時、課長代理（「一般職代理」）に昇格した者は対象者60名のうち３名でした。

　判決は、改正均等法施行前と施行後で判断が分かれています。施行前は当時の社会情勢などから違法とはいいがたいとしました。改正後については、差別的取扱い禁止は使用者の法的義務となったので、こうした運用は違法であるとしました。

　２つ目は、職能資格制度下における人事考課について、裁量の逸脱・濫用が

争われた光洋精工事件（大阪高裁平成9年11月25日労判729号39頁、原審大阪地裁平成9年4月25日労判729号40頁）です。

第一審判旨でどんな人事考課がなされていたかが述べられています。「協調性、積極性等に問題があり」とされており、情意考課を重視して、人事考課の濫用の有無を判断している点に特色があります。

3つ目は、職能資格制度下における降格の効力が争われたアーク証券事件（東京地裁平成12年1月31日労判785号45頁）です。一度身に付けた能力が消滅することはない以上、職能資格制度において「降格」は存在しません。この事件では、複数回、当該労働者に降格がなされており、それが適法であったのかが争われています。

この点、裁判所も、「平成6年4月1日の就業規則の変更以前の旧就業規則及び毎年5月に作成されていた給与システムは、他の企業で採られている一般的な職能資格制度を採っていたものであり、いったん備わっていると判断された職務遂行能力が、営業実績や勤務評価が低い場合にこれを備えないものとして降格されることは、（心身の障害等の特別の事情がある場合は別として）何ら予定されていなかったものである。」としています。

（3）職能資格制度と人事制度の問題

木下 ありがとうございました。

職能資格制度において人事制度はどのように運用されているかを確認いたしました。

日本の正社員雇用に職能資格制度が定着したのはなぜか。高度成長期からオイルショック、バブルの直前ぐらいまで比較的長い間、日本の正社員といえば、職能資格制度というのが定着していたと思います。アーク証券事件が職能資格制度で降格しようとして、それが否定されたわけです。一度身につけた能力は減らないから、給料も下がらないという、下方硬直的な人事制度が長い間定着したのはなぜか。

この点について、ご意見いかがでしょうか。

近衛 乱暴に言えば、時代が時代だったので、日本は永久に成長し続けるという勘違いがあったからこそ、バブル崩壊後の成果主義導入につながったと思い

ます。

木下 成長を前提にするのは、当然だと思うんですけど、成長する中で、各人が個人として、能力を身につけて上がっていく、全体のパイが大きくなるだけじゃなく、個人についても能力の成長というものが前提となるのが職能資格制度だと思います。

安西 それは、潜在能力を勘案するから一旦身に付いた能力は下がらない、という楠田説[1]の問題だと思います。

楠田説は、能力評価を潜在的能力におくため、結局、学歴、勤続、年齢といった年功的となり、同一学歴、同一勤続なのになぜ一部グループに賃金差が生じているのか。それは加入組合差別や思想差別ではないかという論拠となって、楠田説をとっている会社は、賃金差別訴訟で全敗したわけです。能力評価は潜在的能力ではなく、顕在的能力として、どのような成果、実績をあげているかを評価すべき立場に立つべきなのです。

潜在能力の評価で職能資格制度を入れると年功とイコールになってしまうところがあるので、現在は目標管理を併用した成果主義で評価するようになっています。

小林 アーク証券事件をやりましたが、当時はそんなに意識していませんでした。1960年代、財界は職務給制度を導入しようとした際、その前の電算型、年功賃金が定着して、労働界の反対で挫折しています。折衷案として出てきたのが職能資格制度です。緩やかな年功制です。それは日本の実態にも合うし、職務給ではないけど能力を加味して、賃金を定められるということで大企業を中心に現場にもマッチしていたと思います。

一回取得した資格は原則として下がらないというのは、年功制の裏返しです。能力は実際、衰えることもあります。加齢によって衰えるのに、それが下がらないというのは、幻想でしょう。ただ、そうしないと辻褄が合いませんし、労働側にも受け入れられない。1974年から、低成長期に入りますが、その時代でもマッ

---

[1] 楠田丘。日本賃金研究センター代表幹事として職能資格制度を柱とする賃金制度を提唱し、指導した。

チしていました。

木下 同期同学歴による企業間の公平感を保ちやすいという面もあると思います。企業の人事コストは、ピラミッド型になっているので、年次を経ていくと、ポストは少なくなりますが、職能資格を前提にすれば、同一資格同一処遇なので、仕事についていない人でも、役職手当分の差がついても、基本給の差はつかないということで、企業内の平和は保ちやすかったのです。この点は非常に重要だと思います。

これの反面が野村證券事件に出たように、男性だけの賃金体系で、同時期に働いていた女性労働者はその枠外に置かれていました。均等法のない当時は男女別の体系になっていても、適法だと言われていました。同一の資格でも大きな処遇差が出るので均等法が施行後には、勤続の長い女性たちが大企業を相手に差別訴訟をするようになりました。今、なぜ差別訴訟がないかというと、人事制度が変わったからだと思います。

末 これまでの多くの評価制度は、本当の意味で能力や業績を評価していなかったと思います。評価制度の形式で、実態は「昇進制度」だったものが多いという気がしています。だから給与を下げるのは非常に難しいということになるのではないのでしょうか。

木下 企業内組合は職能資格制度をどう見ていたのでしょうか。

（4）昇格の入学方式と卒業方式

奥川 小林先生が言ったように、電算型から突然職能資格制度になったのではなくて、職務給制度が一時期あったことは間違いありません。職務給制度は、職務の変更によって、賃金が下がったり上がったりします。日経連が1969年に「能力主義管理とその理論と実践」という報告書を作って、そこから職能資格制度が普及していきました。職能資格制度がずっと支持されたかというと、高度成長期はポストがあったからです。同期が課長になるとみんなが課長になってしまうか、課長待遇のスタッフ職になりますが、部下はいません。それでも一応の公平感はあります。日本経済が永久に右肩上がりではありませんから、職務という話になって、歴史は繰り返す、ということになる。

木下 役職だけでなく、転勤に伴っても、給料は変わらない。だから転勤命令

を出しやすい。日本の正社員の長期雇用、無限定雇用には合っていたのだと思います。

　人事考課は職能資格制度のもとでどういった役割を担っていたのでしょうか。

中川　能力考課、情意考課、成績考課と先ほど言いましたが、能力考課が一応、知識、技能、習熟度をみるということで、ここで昇格の差をつけるというのが1つの役割です。

　情意考課と成績考課は基本的に賞与などに関連するものです。昇格の差をつけることには直接関係ありません。

安西　昇任、昇格制度として入学方式と卒業方式の2つがあります。まず、入学方式とは、上位の職や等級を担当するだけの能力レベルに達しているか判定して昇任、昇給させるもので、例えば中学生のレベルに達したと認められるので中学校に入学させるといったものです。卒業方式とは、現在の職務職能等級に求められるレベルを満たしたので次の上位の職務職能等級に上げるという昇格方式で、例えば小学生の課程を終了したので、次の中学生に上げるといった制度です。差別訴訟に耐えられるのはどちらだと思いますか。当時はどちらの方式が多かったですかね。

中川　当時は卒業方式で能力がついたら上げるという設定です。

木下　入学方式のほうが、等級が上がることについての明確なカテゴリが見えやすいので、差別訴訟などで能力がある人が上がってるんだ、という主張がしやすいです。卒業方式だととにかく一定年度経過すれば卒業できるというイメージです。野村證券事件のように、12年経過したらみんなが課長代理までにはなっていたということになりやすいので、差別訴訟では負の要素になりやすい。昔は卒業方式が多かったようですが、入学方式が増えて来たのは、その辺を意識しているからだと思います。

　次に、バブル崩壊後の失われた20年における成果主義賃金のもとで、どんな評価制度がなされてきたのか。これについて、池田先生からお願いいたします。

4. 成果主義賃金制度をめぐって

（1）成果主義賃金制度とは

池田　成果主義賃金（人事）制度とは「労働者の年齢・勤続年数ではなく、職務・職責・役割等の仕事の価値やその達成度（成果）を基準に賃金処遇を行う制度」と言われています（土田道夫「労働契約法（第2版）」（有斐閣・2016）289頁）。成果主義人事は、もともと賃金が有している具体的労働の対価という側面と労働者の所得保障という側面のうち、前者の性格を強化し、賃金の変動性を高める意味を有するとしています。

　「成果主義賃金制度」という名前からすると、成果のみを基準に評価を行うように思えますが、実際にはそうではなくて、土田先生の定義のとおり、職務・職責・役割等の成果以外の要素も考慮しており、実際には、成果主義的、成果主義中心の賃金制度ということができます。成果（結果）オンリーの制度ではありません。

　成果主義賃金の一般的な特色ですが、以下の10項目が挙げられます。
①労働の質（成果）に則した賃金決定が重視されること
②賃金・処遇の個別管理への移行
③労働者間の賃金・処遇の格差が拡大
④労働者が能力・成果の評価と処遇の決定に関与するケースの増大
⑤能力開発の重要性が増大
⑥労働者の裁量の重視（指揮命令下での労働という要素の後退）
⑦個人の成果を基準とする絶対的な処遇の限界
⑧有期雇用や非正規雇用のニーズの高まり
⑨転職（自発的労働移動）の増加
⑩個別労働紛争の増加

　具体的には、労働の質（成果）に則した賃金決定が重視される結果、賃金・処遇の個別管理へ移行します（上記①、②）。さらに、個別管理により、労働者間の賃金・処遇の格差が拡大します（上記③）。目標管理制度等の導入により、

上司と相談して自身で目標を立てることになるなど、労働者が、能力・成果の評価と処遇の決定に関与するケースが増えていきます（上記④）。さらに、能力開発の重要性が増大していきます。というのは、労働者の職務遂行能力の発揮を期待して、導入されるものですから、能力がないまま成果の発揮を求められても、結局労働者のモラルダウンを招きます。このため、使用者による労働者の能力開発の重要性が高まります（上記⑤）。

　さらに成果を基準に判断しますので、使用者による業務指示による業務ではなく、労働者の判断によって業務が行われることとなりますので、労働者の裁量が重視されます（上記⑥）。

　もっとも、個人労働者の成果によって人事考課を行うとしても、実際には、個人の成果を基準とする絶対的な処遇には限界が生じます（上記⑦）。また、成果を求める以上、専門性が必要となり、有期雇用や非正規雇用のニーズが高まります（上記⑧）。

　専門性を有し、また、社内労働市場と外部労働市場が接続しますので、転職（自発的労働移動）や個別労働紛争が増加します（上記⑨、⑩）。

（2）職能資格制度から成果主義制度への移行

　では、どのように職能資格制度から成果主義賃金へと移行したのでしょうか。日本で人事管理制度が導入されたのは、1993年に富士通が幹部職員を対象に成果主義人事管理制度を導入したのが最初と言われています。

　その後、日本企業において導入が進みましたが、2004年ごろ、成果主義賃金に対する批判が高まり、一部見直しが図られます。このときの批判として、個人業績を達成することに偏重した結果は企業全体の業績が無視されるなどがありました。

　もっとも、その後も導入は進んでいき、2008年には成果主義導入している企業がかなりの割合に及ぶこととなりました。ただ、すんなり成果主義賃金制度が導入されたわけではなく、批判等を踏まえ、多くの企業で当初導入した成果主義賃金制度の見直しを行っています。

　なぜこのような人事制度が導入された時代背景としては、1991年から1993年にかけてバブル崩壊がありました。このバブル崩壊による長期景気低迷の中で、国際的な企業競争力の維持が求められていましたが、90年代ごろから、団塊

の世代の人件費の増大が経営を圧迫し始めることになります。その結果、団塊の世代の人件費増大が年功システムを維持する上で大きな障害となって、職能資格制度においても残っていた年功部分を縮小・廃止する必要性がありました。

このように、バブル経済崩壊（1991 〜 1993）、企業の国際競争激化、人口構造の高齢化（団塊世代）といった要素により、職能資格制度における人件費の増大を招き、その結果、人件費（コスト）の削減による競争力の強化が必要となりました。

また、このころから、雇用の流動化が進み、企業内労働市場と外部労働市場の接合を図るためにも成果主義賃金制度を導入する必要性が高まりました。

以上の時代背景をもとに、日本において、成果主義賃金制度が導入されるに至りました。

成果主義賃金制度の内容ですが、成果主義賃金制度といっても、企業ごとに多様な形態・運用がなされています。例えば、その成果主義賃金制度の導入の方法として、基本給における年齢給の縮小と仕事給・役割給の増加、昇格・昇給・賞与の決定における人事考課部分の拡大、目標管理制度の導入、ポイント制退職金の導入などがあげられる。

また、職務資格制度の年功的運用を改め、一定期間の資格在籍による自動的昇格を廃止して人事考課のみによる昇格に改めたり、職能資格制度自体を再編したりして、仕事と賃金の結びつきを強めた制度（職務等級制度・役割等級制度）に改めることによって、成果主義賃金制度を導入する方法もありうる。

（3）成果主義制度のモデルは

成果主義賃金（人事）制度のモデルとして、職能等級制度と役割等級制度の2つがあるといわれています。

職務等級制度は、「企業内の職務を職務価値に応じて等級に分類し、各等級ごとに賃金の上限・中間・下限額による給与範囲を設定する制度」をいいます。従来の職能資格制度が人の能力に着目して基本給を決定する制度であるのに対し、職務等級制度は職務（仕事）を基準に基本給を設定する制度です。この制度においては、賃金（基本給・職務給）は、労働者の職務・役割に連動して決定されるため、職能資格制度以上に成果主義の色彩が濃くなるといえます。

一方で、職務の変更（配置転換）や職位の変更（昇進・降格）が職務等級の変更に直結するため、賃金の変動性が高まるとともに、賃金制度を複雑化し、組織や異動の柔軟性を損なう危険があります。また、職務の等級決定や等級内における給与額の決定にノウハウが必要であった。

　その結果、日本企業においては、職務等級制度はあまり普及せず、職務等級制度に比べて職務分類に曖昧さを残した役職等級制度が普及することとなる。

　役割等級制度とは、組織の達成目標に照らして従業員の仕事上の役割（ミッション）を分類し、等級化して、その等級に応じて基本給を定める制度です。

　役割等級の例

等級	対応役割	職種				
		経営企画	人事・総務	営業	財務経理	法務
M3	事業部統括					
M2	部統括					
M1	課統括					
E3	上級業務担当					
E2	中級業務担当					
E1	初級業務担当					

　この役割は、「職務分析・職務評価によって厳密に確定される職務価値とは異なり、経営状況や企業組織の変化を見ながら部門長により柔軟に決定される」ため、職務等級制度に比べてあいまいさを残した制度であり、それ故、組織や異動の柔軟性を損なわない。この役割等級制度が日本企業において広く浸透してきました。

（4）成果主義賃金制度と人事評価の多面制

　人事考課における一般的な評価要素として、段階別に、①潜在能力・②労働意欲（インプット）、③職務行動、④仕事（スループット）、⑤業績（アウトプット）があります。

　職能資格制度では、①②の評価が主でしたが、成果主義においては③④⑤の評価が行われます。

どのような制度をもって評価していくか、ですが、日本で多く採用されているのが、目標管理制度とコンピテンシー評価です。

目標管理制度とは、上司と部下が期首に設定した業績目標が期末にどの程度達成されたかを評価する制度（業績評価制度）です。具体的な制度の中身については、各企業の状況に合わせて導入されます。期首に設定した業績目標について、期の途中に進捗状況を確認し、場合によっては目標を修正することもあります。

コンピテンシー（competency）とは、「高業績者の思考特性や行動特性を抽出したものであり、人材育成上の指標として評価や処遇に活用されるもの」であり、このコンピテンシーに沿って行う評価をコンピテンシー評価といいます。コンピテンシーは、職能資格制度における能力要件と共通する部分も大きいですが、職能資格制度とコンピテンシーの違いは、前者が「標準者」を前提としているのに対し、「高業績者」を想定している。

誰が評価を行うかについてですが、よく採用されているのが多面評価制度です。多面評価制度とは、人事評価を上司だけでなく複数のものの関与によって実施する方法である。多面評価制度の中でも、上司、同僚、部下、顧客という側面から評価を行う場合は「360度評価」と呼ばれています。

この多面評価制度のメリットとして、評価の正確性が高まることに加え、日頃、部下の管理を怠っている管理者に対する評価の意味合いを持っており、それによって管理職の能力開発が促進されます。

（5）成果主義賃金制への移行と就業規則の不利益変更の問題

木下 今の報告で、吉田先生がおっしゃった今の日本の大企業での人事制度が成果主義制度であることがよくわかると思います。

基本的に評価要素も、評価方法も、報告のとおりだと理解できると思います。

成果主義賃金制度と、評価の関係で言うと個々の運用による争点もあるのですが、大きな裁判になったのは職能資格制度から成果主義賃金制度に移行するときに、その制度移行が就業規則の不利益変更なのか、個別的な賃金引き下げなのか、という点だと思います。

池田先生、主な裁判例をご報告いただけますか。

池田　まず、成果主義賃金制度の導入のための就業規則の変更の合理性を認めた判例としてノイズ研究所事件（横浜地裁川崎支判平16．2.26労判875号65頁、東京高判平成18．6.22労判920号5頁）があります。この判例では就業規則の変更が不利益変更に該当することを前提に、①就業規則の不利益変更の有効性と②新賃金制度の下における被控訴人らの格付けの有効性が問題となりました。

　主要な制度の変更点としては、
・地域手当の廃止、年齢給表の変更する（20 〜 30歳まで昇給し、30歳以降60歳（定年）まで同額を支給）
・賞与の算定方法を、会社の業績、従業員の勤務成績、貢献度等を考慮して算出するポイント制に変更する
という点です。

　裁判では、一審は新賃金制度が不合理として無効としましたが、控訴審は変更の合理性を肯定しています。

　給与制度変更の必要性については、国内において海外メーカーとの競争が激化して、売上げ、営業利益が減少し、税引き前損益が損失に転じたという経営状況の中で、会社にとって、高度の経営上の必要性があったとしています。

　また、賃金総原資については、賃金総原資を減少させるものではなく、賃金原資の配分の仕方をより合理的なものに改めようとするものであり、個々の従業員の具体的な賃金を直接的、現実的に減少させるものではなく、賃金額決定の仕組み、基準を変更するものであること、としています。

　人事評価制度の内容については、個々の従業員の賃金額を、当該従業員に与えられる職務の内容と当該従業員の業績、能力の評価に基づいて決定する格付けとによって決定するものであり、どの従業員にも自己研鑽による職務遂行能力等の向上により昇格し、昇給することができるという平等な機会を保障しており、かつ、人事評価制度についても最低限度必要とされる程度の合理性を肯定し得る、としています。会社は、旧賃金制度下において人事考課者に対して定期的に研修を行い、個別能力管理は人事考課のデータが必要であること、考課結果は個別面接でフィードバックする必要があることなどを指導し、昇格者

の決定方法として一定の滞留年数の経過、考課結果、昇格試験、面接、論文、実績等を挙げ、昇格させる基準を示すなどして、人事考課に必要な技能を習得させるための訓練を行っていた。

　従業員に対する説明については、書面での説明、本社や各事業所での説明会を実施していました。

　労働組合との交渉については、組合とは複数団体回交渉を実施し、また、神労委であっせんがおこなわれましたが、合意には至りませんでした。

　経過措置については、職務給の等級格付けの結果、従来の職能給の金額を下回った11名に対しては、調整手当てを支給することとし、その額は、1年目は下回った額の100%、2年目は50%とし、補てんするなどの経過措置を実施しましたが、経過措置は、いささか性急なものであり、柔軟性に欠ける嫌いはあるが、それなりの緩和措置としての意義を有するとしています。一方で、一審は、この経過措置が不十分であるとし、無効としました。

　新賃金制度の下における被控訴人らの格付けの違法性については、何を経営上の柱となる業務と位置付けるか、当該業務との関係において具体的な職務を重要性の観点からどのように区別するか、誰をどの職務に従事させるかについては、事柄の性質上控訴人の経営上の裁量的な判断にゆだねられているものということができる、としています。

　同様に、年功型賃金体系から能力・成果主義型賃金体系への変更を目指した給与規定の変更を認めた裁判例としてハクスイテック事件（大阪地判平12.2.28労判781号43頁、大阪高判平13.8.30労判816号23頁）があります。制度の主な変更点としては、年功部分が20%、職能部分が80%としたこと、年功的に支給されていた年齢給を、35歳以上の最高額を15万円に制限したことなどです。

　当該判決では、一審および控訴審がいずれも変更の合理性を肯定しています。その理由として、まず、給与制度変更の必要性については、Y社は2期続けての赤字であり、賃金制度改定の高度の必要性があったとされました。また、賃金総原資については、賃金総原資については減給なしで、新給与規定の実施により、8割程度の従業員は賃金が増額しているという実態がありました。

経過措置についても、新給与規定の実施（平成8年7月25日に、同年3月末に遡って実施）に伴い、平成10年12月まで調整給を設定して、改定時の賃金を下回らないようにし、平成11年1月以降については、1年ないし10年分の賃金減額分の補償措置を設けました。

このことから、就業規則変更の合成を肯定致しました。

一方で、反合理性を否定した例として、キョーイクソフト事件（東京高判平15.4.2労判851号48頁）がありあます。制度の主な変更点としては、年功序列型から業績重視型への変更、・家族手当の廃止、本給上限を35万円に制限、能力手当は等級ごとに支給（1等級15万円～、5、6等級は0円）、基幹職には1万円～28万円の役割手当を支給などです。

当該判決では、一審・控訴審ともに合理性に欠けるとして無効としています。その理由として、経営上の必要性があることや賃金総原資が減少していないことは認めつつも、人事制度の内容が、賃金を高年齢層から低年齢層に再配分するものであり、被控訴人らを含む高年齢層にのみ不利益を強いるものとなっており、総賃金コストの削減を図ったものではない上、これにより被控訴人らの被る賃金面における不利益の程度は重大であったことや、従業員に対する説明や組合との交渉についても、控訴人会社が新賃金規程を一方的に説明したにとどまるものであったこと、経過措置が十分でないことなどが重視され、本件就業規則改定は、これに同意しない被控訴人らとの関係において、そのような不利益を法的に受忍させることもやむを得ない程度の高度の必要性に基づいた合理的な内容のものであると認めることはできないとしています。

（6）年功型から成果主義型への移行をめぐる問題

木下 今の三つの判決が示すように、職能資格制度から成果主義制度に移行すれば、当然、分配の競争が従業員間で起きてくるし、従来、年功型で高齢者に多く分配されていたものが、若年層にも回ると。言ってみれば、企業内労働市場における世代間対立がここで明らかになります。前二者の判決ではこの世代間対立が起きる制度変更だと思うんですけども、経過措置等を踏まえて有効とされ、後者は露骨に高齢者の賃金を削ったということで会社側の主張が認められなかったと。

低成長期になれば、かつて高度成長で多額の賃金の増額を受けていた高齢者に対して若年層が「私たちは頑張っても賃金が上がらない」ということで、制度の改善を求めたこと自体は認められていいと思うのですが、裁判所は既得の利益に対する保護が厚い。この点について、ご意見はありますか。

小林　年功制の合理性がどこにあるのか。日本の今の社会保障制度のもとでは、ある程度合理性があると思います。どうしてかというと、教育や家族を社会保障として扱うヨーロッパの考え方と、賃金に社会保障の役割を担わせる日本の考え方がある。だから教育費を賃金で賄い扶養の問題も賃金で賄う。家族や教育の面で社会保障的に手当せずに、賃金だけを下げる、となると非常に不合理です。この点が成果主義制度に移行する際に一番の問題になったんだと思います。

　安倍政権もその辺は気が付いていて、大学について給費型奨学金を増やすと言い始めています。

倉重　ハクスイテック事件の判旨では、「国際的な競争力が要求される時代となっており、一般的に、労働生産性と直接結びつかない形の年功型賃金体系は合理性を失いつつあり」「普通以下の仕事しかしない者についても、高額の賃金を補償することはむしろ公平性を害する」などと述べられています。

　賃金については、最終的に何が公平か、という話になるのだと思います。時代によって、何が公平かも変わってくるでしょう。年功制は絶対的な正義ではなく、年功制自体が公平でないというような裁判官もいるんだな、という印象を受けました。

近衛　小林先生のご指摘は非常に重要です。労働以外の我々の生活の環境がある程度年功制を前提としているんです。住宅ローンも教育もそれで成り立っています。年功制をやめて成果主義制度に移行するといったら、それはやはり少子化に直結します。将来の展望が見えない中で、家庭を作って子供を育てるというのは難しい。少子化が固定化しそれを社会的に変革するのが難しい中で、企業側からすれば、「カネが足りない問題を何で企業側に押し付けるんだ」という不満はあります。

小林　内部留保の数字を見ていると、お金がない、とは思いませんけどね。

木下 ライフスタイルの資金需要に応じた賃金をどう考えるか、という問題ですね。男性が主に働くスタイルなのか、それとも共働き家庭なのか、という点にも関わります。本来、男女が共に働く、ともに家庭責任を果たす、となると家族手当は意識されなくなると思います。前二者の判例では、まだ男性中心の企業の人事制度という匂いが残っていると思います。

一方、個人的な賃金にしていけば、家族の問題は国が社会保障でやると。ヨーロッパ型を日本でも目指せるのか、というのは検討する必要がある。こうした検討を踏まえて、賃金制度を考えなければならない。

成果主義制度での人事考課の在り方ですが、これは、職能資格制度と比べて、成果主義の場合、人事考課制度はどんな意味合いをもつでしょうか。

（7）成果主義評価の公正性をめぐって

池田 成果主義では、成果を測るということが極めて重要であることから、人事考課制度の公正性が極めて重要となってきます。公正な制度が構築された上で、公正な評価がなされていなければ、制度として有効とは言えないでしょう。

使用者は、人事考課制度が就業規則において制度化され、労働契約の内容になっている場合には、労働契約上、人事考課権を有し、原則として使用者の裁量によることとなります。もっとも、使用者が人事考課を恣意的に行い、不昇給、不昇格、賞与の減額支給などによって、労働者に経済的損害を及ぼしたときは、人事考課権の濫用（労契法3条5項）として不法行為（民709条）が成立して損害賠償責任を負うこととなります。

人事考課制度が有効であるための制度的・手続き的な公正さとしては、以下の4点が必要だと思います。

①公正・透明な評価制度を整備・開示

②評価結果を説明・開示（フィードバック）

③紛争処理制度の整備

④その他、制度的・手続的公正さを担保する仕組（Ex.適切な目標設定・アドバイス、能力開発制度の整備、職務選択の機会確保（社内公募制度・社内FA制等））

さらに、評価する段階で、それが公正な制度に則ったものであり、かつ、実体的にも公正であることが要求されます。

実体的公正さについては、まず、人事考課が強行法規に反していないことが必要です。例えば、均等待遇原則（労基法3条）、配置・昇進・教育訓練に関する男女平等規制（雇用機会均等法6条）、不当労働行為の禁止（労組法7条）等があります。2つ目に、成果主義制度の趣旨による制約、例えば、成果とは関係のない事由を理由とする低評価などは許されません。3つ目が最終的な賃金額の妥当性です。

木下　結局、誰かが決めた評価だから納得しろ、というよりは、手続や内容に透明性があるかどうかが大事で、それに従って運用されていることが確認でき、当事者の参加ができているかが重要です。これは当事者、第三者からみてそういえるかどうかです。職能資格制度の人事考課に比べ、手続面でも、妥当性の面でも高度で精密な人事評価が行われなければなりません。だから、人事考課の実行にはコストや手間がかかって、営業職では全然違う制度だという話があったように、人材の中でも、そうした制度を適用することが望ましい人材の枠に成果主義と、それに伴う評価制度が実行されていると。そのことに結び付いていると思います。

吉田先生の報告にありましたが、日本の大企業の人事制度は、成果主義型を活用して社内の活力を保っていると言えるのだと思います。

コナミデジタルエンタテインメント事件（東京高判平23.12.27労判1042号15頁）は、職務等級の変更による賃金の切り下げが育児休業明けに行われたということで、今風に言うと、マタハラの要素もあると思います。運用方法によっては、こんな形になってしまい、不満や不服の種になるということに注意が必要だと思います。

5．人事評価に基づく降格・降給をめぐって

（1）人事評価に基づく降格とは

木下　ここまでは、人事制度と評価制度の繋がりについて見てきました。以下では、現在の人事制度、おそらく主に成果主義制度が中心だと思いますが、これ

を前提に、個別論点に入っていきたいと思います。

　まず、評価に基づく降格や降給は可能かという論点です。

　では平田先生お願いいたします。

平田　評価に基づく降格、降給は可能かということですが、まず降格から説明いたします。

　降格の意義ですが、降格には、①職能資格等級の引き下げと②職位の引き下げがあります。

　このような降格は、さらに、人事考課による評価に基づいて行うものと、懲戒処分として行うものとに分かれます。

　本発表では、人事考課による評価に基づいて行う①、②の降格について、「評価に基づく降格」の可否、限界を検討いたします。

　職能資格等級の引き下げと職位の引き下げですが、前者から見ていきます。

　職能資格等級の引き下げですが、職能資格制度は、企業における職務遂行能力を職掌として大くくりに分類したうえ、各職掌における職務遂行能力を資格とその中でのランク（級）（＝等級）に序列化したものです。基本給は、資格とランクに対応した「職能給」によって構成されます。

　職能資格制度の対象となる労働者は、いずれかの等級に格付けされることとなり、その等級が引き下げられることが、①職能資格等級の引き下げです。

　上記のとおり、職能資格制度においては、職能資格等級と基本給額が結びつき、職能給を構成するのが一般であり、①の降格は、基本給の減額を意味することになるといえます。

　次に、職位の引き下げですが、職位とは、企業組織における指揮命令関係上または組織上の地位をいい、具体的には、部長・課長・係長などと表現されます。②の降格は、こうした職位を引き下げることを意味することになります。

　職能資格制度における職位の引き下げですが、職能資格は、職位との間に一応の対応関係が認められますが、両者は別物と考えられますので、職能資格等級が上がっても職位が据え置かれ、また逆に、職位が引き下げられても職能資格は維持されることが有り得ます。なお、職位の引き下げによって、職位に応じて支給される手当に変更が生じることがあるが、基本給は変更されません。

職務等級制度（成果主義賃金（人事）制度）における職位の引き下げですが、職務等級制度とは、「企業内の職務を職務価値に応じて等級に分類し、等級ごとに賃金の上限・中間・下限額による給与範囲を設定する制度」をいいます。

　そして、職務等級資格制度は職務（仕事）を基準に基本給を設定する制度です。

　職務等級制度においては、職位の引き下げは、職務等級の引き下げをもたらし、また、それに対応して基本給の引き下げをもたらす場合が有り得ます。職務等級制度においては、職能資格制度と比較して、職位と職務等級とがより密接な関係に立ち、職位がまず決まることによって職務等級が決定されると言いうるので、職務等級の引き下げも職位の引き下げの一種とみることが可能といえます。

（2）降格の要件をめぐって

　降格の要件ですが、職能資格等級の引き下げの場合、契約上の根拠が必要です。

　基本的に、一度身に付けた職務遂行能力が消滅することはない以上、職能資格制度において「降格」は制度上、想定されていません。

　職能資格を引き下げる人事は基本給を引き下げる人事であり、契約内容の変更にあたるため、労働者の同意または就業規則上の明確な根拠規定が必要です（アーク証券事件（東京地判平12.1.31労判785号45頁））。

　そして、問題となる職能資格等級に定められた職務遂行能力に照らし、当該能力を欠いているか否かという観点から、降格事由の該当性（抽象的な降格事由については降格事由の解釈を含む）を判断する必要があります。

　また、規則によって定められた降格にかかる要件に該当し、手続を遵守しなければ、やはり降格は認められません。

　職位の引き下げですが、職能資格制度における場合、契約上の根拠については、就業規則等における根拠規定は不要と考えられています。

　この点について、「企業において通常昇格・降格等と称されるところの、その従業員中の誰を管理者たる地位に就け、またはその地位にあった者を何等かの理由において更迭することは、その企業の使用者の人事権の裁量的行為であ

ると一般的には解されるところであるから、これは就業規則その他に根拠を有する労働契約関係上の懲戒処分ではない。従って、本件処分は就業規則にその根拠を有さない懲戒処分であるから無効である旨の原告の主張は採用できない。」（星電社事件（神戸地判平3．3.14労判584号61頁））と述べた裁判例があります。

降格の要件ですが、どのような者をどのような場合にどのような職位へ配置するかの判断は、人事権の行使として、使用者の広い裁量が認められると考えられます。

ただし、このような人事権も労働契約の合意の大枠のなかで行使できるものであり、就業規則等に降格の要件が定められている場合、当該要件が満たされる必要があります。また、権利濫用法理の規制に服することになります。

濫用の判断については、使用者側における業務上・組織上の必要性の有無・程度、労働者がその職務・地位にふさわしい能力・適性を有するかどうか、労働者の受ける不利益の性質・程度等の諸点が考慮されることになります。

職務等級制度における場合、契約上の根拠について、職務等級の引き下げが賃金引き下げに直結するのであり、職能資格制度における職能資格等級引き下げと同様、就業規則等の明確な根拠規定が必要であると考えます。

職務等級制度においては、降格事由該当性を人事考課の公正さに即して厳格に判断するとともに、降格幅・賃金減額幅を人事権濫用の要素として考慮すべきと考えられます。さらに、降格手続としても、基本給減額と連動することを踏まえ、降格の必要性、内容に関する説明、本人の意向聴取等の適正手続が信義則上要求され、人事権濫用の判断要素となると考えられる。

（3）降格と賃金の決定をめぐって

では、評価に基づく降給について検討します。

人事考課と賃金決定の関係ですが、両者は連動性を有するものとして理解すべきと考えます。

社内手続としては、人事考課の後に賃金・処遇決定がなされるのが通常と思われるためです。

この点、人事考課と賃金決定を分けて考え、人事考課が行われたとしても、

賃金額の確定には別途手続を要すると解し、労使間合意を必要とする説もあります（切断説）。

これは、考課・査定による賃金決定の方法・基準と、そこから決められる賃金額はともに重要な労働条件であり、各々が別に契約内容の変更を意味すると解した上、人事考課権の意義は査定の実施権限という点にとどまり、それに基づく金額の決定には改めて労使間の合意を要するという考えを指すものです。

もっとも、人事考課に基づいて賃金額が決定されるという意味では両者は連動しており、かつ労働契約当事者の通常の意思であると解されますので、人事考課の後に賃金決定の労使交渉手続が別途予定されている場合など、両者を切断して考えるべき特段の事情のない限り、原則として、人事考課と賃金決定は連動しており、両者を切り離して考えるべきではないと考えます。

次に、人事考課権の濫用の判断枠組みは、「公正な評価」という観点から濫用の有無を判断すべきと考えます。

人事考課に関しては、「公正な評価」を要件と解すべき法的根拠は、以下の3つがあるとされています。

第一に、人事考課は賃金額の決定と不可分一体の先行手続を意味することから、人事考課を公正に行うことは、人事権の行使であると同時に、賃金支払義務に内在する責務ということができます。この意味で「公正な評価」は賃金制度・賃金体系の形態を問わず等しく求められる法的要請であるという点です。

第二に、「公正な評価」が賃金支払義務に内在する責務である以上、賃金と労働との間の均衡をとることが法的に要請されるという点です。

そして、第三に、「公正な評価」は普遍的意義を有するが、成果主義人事においては、その要請がいっそう高まることになり、年功主義人事の下、人事考課に重要性がない時代であれば、使用者の包括的人事考課権を認めることに妥当性を見出し得る面があったけれども、成果主義人事においては、人事考課の役割が拡大するため、賃金の短期的変動と個人間の格差の拡大をもたらし、労働者に大きな影響を及ぼしうるため、人事考課は、労働者の能力・成果に見合う評価として公正に行われなければならず、「公正な評価」は、労働者の納得（信頼）を得ながら人事考課を進め、成果主義人事を適正に機能させるための

不可欠の前提に位置づけられる、という点も挙げられます。

　降格と降給についての説明は以上です。

（4）職能資格制度と成果主義制度の降格、降給の違い

木下　ありがとうございます。

　職能資格制度のもとでは、資格の降格は制度上、予定されていない。しかし、職位の変更、いわゆる左遷は、人事権の範囲として可能であると。

　最近は、成果主義賃金制度にしたら、降格、降給を簡単にできるというラフな議論がなされています。

　実際は成果主義賃金だからといって、容易に降格や降給ができるわけではないと考えて良いでしょうか。

平田　職務等級制度での降格、降給はそもそも制度そのものの適正さが問われますし、その場合の手続きがどういったものかも問われます。

　運用面も厳格に判断されます。決して判断が緩くなることはありません。

木下　人事評価制度自体についても、降格、降給を行っていくうえで、評価の対象になると思います。一方、よく企業の方からある相談で、成果主義賃金制度をしていて、制度設計のときに、1年間の業績評価でABCDのDを2回もとったら、つまり2年連続Dだったら、解雇できるという規定になってるのですが、降格していいですよね、というものがあります。

　評価によって降格、降給が可能という報告の中で、どのようなアドバイスをすべきでしょうか。

平田　もちろん、制度で降格の基準、最低評価を2回連続で取った場合、というものを定めておいて、その要件に該当するかを検討することは大事です。

　他方で、その判断に至った前提で、例えばD評価があって、本当にD評価に該当するか、という社内での評価がどんなプロセスでなされていたのか、どのような根拠に基づいてなされていたのかが明らかでないとなりませんし、しかもその内容が相当でなければなりません。

瓦林　賃金減額について吉田先生に質問なんですけれども、以下の役割等級の表をご確認下さい。

等級	対応役割	職種				
		経営企画	人事・総務	営業	財務経理	法務
M3	事業部統括					
M2	部統括					
M1	課統括					
E3	上級業務担当					
E2	中級業務担当					
E1	初級業務担当					

役割等級制では、職種と等級によって賃金が決まっていると思います。そうすると、降格ではなく、横異動の配置変更によって、テーブル上、賃金が下がってしまうこともあると思いますが、実務上、配置転換に伴って賃金が減額されるということもあるのでしょうか。

吉田 当然に予定されているのではないかと思います。賃金がかなり下がることもあり得るでしょう。年収で百万単位の減額も考えられないことはないと思います。

瓦林 評価で降格、ということとはまた違うと思います。横異動の配置転換によって降給するというのは権利濫用判断という部分でどう考えるのでしょうか。

倉重 コナミデジタルエンタテインメント事件では、仕事が変わることによって、700 ～ 500万、割合でいうと30%くらいの賃金変更は、現行の労働法体系の下では許容されるものではない、と判断されました。下がることを予定すること自体はおかしくないのですが、当然程度問題です。最終的には、賃金減額の合理性、人事権濫用論となります。

安西 請求の趣旨でいうと、単に賃金を幾ら払えというのではなく、例えば4級職の地位にあることの確認を求めることもできると考えるのか、人事評価が濫用なのだから、そこまでは言えないのか。

木下 契約上の地位として、一定の等級にあることが、契約の要素となっているのか、それとも結果として、賃金額が紛争の対象になるのか。

平田 個人的には、あくまで賃金額の紛争に収れんするのではないかと考えて

います。

木下　契約内容として、職務等級型だと一定の等級が付された時に、その等級の社員としての契約であると。評価制度があって、評価の結果に基づいて実質的には、合意をもって等級の変更がなされているという報告もありました。一方的に変更しているのか、契約内容の変更としてやっているのかというのは、本人の納得の下で、合意してやっている例が多いのではないでしょうか。

（5）職務等級型における降格と人事異動

木下　契約内容として、職務等級型だと一定の等級が付された時に、その等級の社員としての契約であると。評価制度があって、評価の結果に基づいて実質的には、合意をもって等級の変更がなされているという報告もありました。一方的に変更しているのか、契約内容の変更としてやっているのかというのは、本人の納得の下で、合意してやっている例が多いのではないでしょうか。

倉重　異動に伴う引下げが無効であれば、契約上の地位にあることも確認されると思います。ハクスイテック事件でも、就業規則が無効という主張になっていますので、そうすると、賃金請求に加えて、会社の人事制度上どういった契約上の地位にあるのか、というのは当然労働者側であれば、それを確認するケースはあるでしょう。

安西　地位というのは賃金も含めての確認なのか。賃金は労務提供の対価だから、そこまでの地位確認はないのでしょうね。この点を吟味する必要がある。

近衛　職務等級制度の定義を見て、細かく分けていいんだということがわかりました。私が労働法を勉強した時には、降格に伴って賃金が下がることは直ちに不利益変更の問題ではない、と教わりました。職務等級制度で異動という場合、上下でなくて横の異動だと思います。横の異動だけども、その結果としてお金が縦に動くという点の不合理性が問題になる、というのがこの問題の整理の仕方だと思います。

　吉田先生が「簡単に動きます」といわれたことに、私はビックリしました。異動は業務指示に基づくものなので、そこは合理性が問題で、合意で動く必要があると。結果としてお金が減るのは許し難いと裁判所が言うのもわかる。ただ、テーブルが安めの仕事についていて、高い給料をもらうというのは社内で問題

が生じるでしょう。会社として激変緩和措置を講ずるなりの対処が必要でしょう。そうした制度があれば分かりやすいのです。日本の会社でドラスティックにやっても許されるとは思えませんが。

三上 職務等級制度は会社が「仕事を変わりなさい」と言った段階で、その等級も変わり、給料も変わる。それは仕事に値段がついているからです。労働者にとって不本意な職務等級になってしまったという場合、社内公募制が用意されているとか、FA制度が用意されているとかがあれば、合理性があるということになると理解できると思うのですが、吉田先生の会社ではいかがでしょうか。

吉田 百万単位で変わるというのは極端な例です。当社の例で言うと、経営管理職は普通よりかなり高い年収で、経営管理職が通常の職務に異動したとすれば、年収として百万単位で減額になるということも制度上は考えられます。かなり高いところからの減額なのです。我が国において配転命令という業務命令権が人事権のひとつとして認められているのは、能力によって賃金が支払われているため、職務を異動してもあまり賃金が変動しないことに基づいていると認識しています。職務の異動によって大幅に減額になる場合、高度な業務上の必要性というか、合理性が必要になるのかもしれませんが、重要な職責を背負ったポストから降りるということですから、それなりの理由がある場合ですし、職責の違いからしても合理性があるのではないかと考えています。

　なお、FA制度はありません。

木下 経営管理職というと、ポストも限られていると思います。ポストに対応する人の数は、少ないので、人事異動で同じ人に既得権のようにやらせるわけにいかないから、ポストを新しい人に譲るとなると、通常の管理職に落ちたときには、その責任が軽くなった分、賃金が落ちるということで、それは社員が納得するくらい、責任が重たいのだと思います。

　経営管理職から1ランク落ちたときでも社会的に見れば、相応の賃金が払われているということで、納得できていると。こうした条件があるのは重要だと思います。

　みんな課長にできるから課長にしようと言っても、全員が本部長にはなれません。そこがトップ層と中間管理職の違いでしょう。

雇用か委任かという論点も出てきて、執行役員という中間形態があるように、そうなってくると委任だから、解任事由は任期満了で次期は雇わない、というのと同じで、再任しないことについて、特段、濫用的要素はないとみんなが納得していると。そうであれば問題ないと思います。

トップ企業のトップ層の話という特殊性があると思います。

一般的な企業の職務等級制度で仕事が変われば等級が変わるから、人事異動で賃金が下げられるということには絶対にならない。

平田先生がおっしゃったように、評価で下げるとしたって、評価の結果ではなく、評価の過程、評価の根拠となった事実の相当性もジャッジされます。

（6）職務資格等級制度による降格と賃金をめぐる判例

平田 その1例がマナック事件（広島高判平13.5.23労判811号21頁）です。職能資格制度で、契約上の根拠については、ありということで、さらに降格に関する規定がありました。降格事由のなかに、勤務成績が著しく悪いというものがありました。

業務課主任である従業員X（職能資格等級4等級）が、平成6年6月、G事務所内において、当時の経営陣を批判する言動を大声で行い、直属上司に叱責を受け、会長から謝罪を促されたことを拒否し口論となるなどしたことから、会社は、過去数年間の人事評定、業績評定を踏まえ、職能資格等級規程に定める「勤務成績が著しく悪いとき」に当たることを理由として、平成7年4月、4等級から3等級へ降格させたという事案です。

4等級は「責任を明確にし一般的な指示を受け一定範囲の業務に関して一般的専門知識、経験をもとに応用的な判断力、指導力を必要としそれぞれの業務を遂行でき、かつ下位等級者の指導を行うことのできる能力を有する」というものでした。

判旨は以下の通りです。

「職分制度はこれにより1審被告の社内組織における地位が決定されることからみて1審被告の人事体系において根幹をなす制度であること、昇格要件として前在級年数の下限のみが定められいわゆる年功序列的な昇格とはなっていないこと、昇格及び降格については、毎年の昇給につき定数が定められているわ

けではなく所属長からの申請に基づき個別に常務会が決定することになっていること、これらからすると、1審被告は、従業員が各級に該当する能力を有するか否かを判断するにつき大幅な裁量権を有していると解するのが相当であり、殊に本件で問題となっている4級該当能力を評価するについては、1級から3級までが一般従業員としての能力を要件としているのに対し4級は監督職として下位従業員に対する指導力が要件とされていることからみて、単に従業員として与えられた業務を遂行する能力のみならず、組織において部下を指導する上で職場内の秩序維持等にも責任を持つ能力もまたその該当能力を有するか否かの判断において重要な要素となるものというべきである。

　この観点から本件をみるに、1審原告の平成3年以降の人事評定及び業績評定が前記…で認定したとおりであること（この認定を覆すに足りる証拠はない。）、このうち平成3年夏期から平成6年4月までの評定（ただし、平成6年夏期の業績評定を除く。）は郷分事務所事件及び会長室事件より前に実施されたものであるから1審原告の勤務成績を判断するうえであるいは評価の分かれる余地のある同各事件を含めない評価である点においてより客観的な評価であるというべきところ、同期間においても1審被告には監督職としての能力に疑問を示す評価がなされていること（部下を巻込んだ改善がなされないとか部下の能力を見抜くことができない。あるいは管理面での指導が必要。独りよがりの傾向が強い。責任の持ち方に少し問題がある等。）、郷分事務所事件及び会長室事件の経緯は前記…で認定したとおりであり、郷分事務所事件については、その発言内容もさることながら、同発言を勤務時間中に同僚の前で大声でした態様の点で監督職にある従業員の能力評価において問題とされてもやむを得ない行為であり、会長室事件については、口論の途上でなされたものとはいえ多分に1審原告の河内元取締役に対する主観的評価や思い入れに基づき1審被告の経営陣の人格的非難を行っている点においてやはり1審原告の監督職にある従業員の能力を判断するうえで負の評価を受けても当然の行為であるといわざるを得ないこと、これらによれば、1審被告が、1審原告につき4級に該当する職員として本件降格条項に該当するとして本件降格処分をしたことが違法であるとは認められない。」

木下 マナック事件は、職能資格制度の職能等級の降格ですから、より狭い部分で制度の中で職能資格の基準があること、その評価における上下についての基準があること、実際の当てはめが行われたということで、降格が認められています。職能資格等級の場合、仕事が変わらないのに等級が下がって賃金が下がるということで、深刻な紛争になりやすい。アーク証券事件が典型です。職位変更の場合は仕事が変わるので仕事が変わるという面で責任の範囲が変わるということで賃金の変動についても寛容な部分がある。評価の公正さと、評価制度の公正さが契約の要素である資格、賃金に影響を及ぼすということを示す事件だと思います。

6．業務改善プログラム（PIP）をめぐって

（1）業務改善プログラム（PIP）とは

次にPIPを取りあげたいと思います。西頭先生、お願いいたします。

西頭 PIPとは、業務改善プログラム（Performance Improvement Program）の略である。業務改善プログラム（PIP）とは、一般的に、過去のパフォーマンスに問題がある従業員に対し、一定の期間を定め、上司と本人の間で業績改善のためのアクションプランを実施し、早期に改善するためのプログラムのことをいう。

PIPの目的ですが、従業員のパフォーマンスに問題が生じる原因は、常に明確とは限らない。例えば、従業員が適切なトレーニングを受けられなかった、期待されたパフォーマンスを理解していなかった、職務遂行に際し予期せぬ出来事が起こった等、様々な原因が考えられる。

そこで、従業員との対話・フィードバックを通じ、期待された業務遂行の達成に必要な全てのツール・リソースが提供されたかを確認し、特定の職務について、「パフォーマンス（成果）に問題があるのか」、「行動に問題があるのか」等を従業員に伝えることを目的として、業務改善プログラム（PIP）は利用される。

また、業務改善プログラム（PIP）は、特定の職務に新しく就く従業員に対し、期待するパフォーマンスを伝えるコミュニケーションツールとしても利用されることがある。

人事評価の実務と法的問題をめぐって

PIPは、通常の評価プロセスでは改善が困難と判断された社員を対象とするのが一般的です。

業務改善プログラム（PIP）終了後の対応には、色々なものがある。

① パフォーマンスが改善した場合

　　対象従業員は、通常の評価プロセスに戻る。

② 使用者と従業員の認識のギャップが明らかとなった場合

　　必要とされるスキル・トレーニングのギャップが労使間で共有され、使用者は、従業員に必要なトレーニング等を提供することが可能となる。

③ パフォーマンスが改善しない場合

異動・降格・退職勧奨・解雇といった対応が取られる。

（2）業務改善プログラム（PIP）の実施方法は

業務改善プログラム（PIP）の一般的な実施方法は、次のとおりである。

① 対象者の選定

通常の評価プロセスでは、改善が困難と判断される社員を対象。

原則として、各組織内での人事評価が下位に位置づけられた社員群の中から、通常の目標設定・育成/指導・評価フィードバック等では改善を見込めないと対象者の上司が総合的に判断した社員に適用。

② 要改善事項の書面化

対象従業員の要改善事項を、上司が書面化する（実施計画書の作成）。

要改善事項の書面化に際し、上司は、客観的な、事実に関する、具体化された記載が必要で、改善が必要な事実・具体例を提供すべきと考えられている。

実施計画書の作成に際し、全従業員に伝える情報との一貫性を保つため、これまで社内で構築された書式を使用することがベスト・プラクティスと考えられている。

要改善事項を書面化する際の記載内容は、一般的に、次のとおりである。

対象従業員の情報

関連する日付

期待されるパフォーマンスとの不一致・ギャップ

期待されるパフォーマンス

実際のパフォーマンス

業務成績（結果）

アクションプラン

上司と対象従業員の署名欄

③　業務改善プログラム（PIP）の策定

上司は、暫定的な業務改善プログラム（PIP）を策定する。

業務改善プログラム（PIP）は、具体的で、評価可能な目標（正確で、関連性があり、時期が限定されているもの）でなければならない（いわゆるSMART目標と呼ばれるもの）。

2つ目の点が非常に重要です。例えば、○○さんは文章が下手である、間違いが多い、というものではダメだということです。例えば、1頁のうち、間違いは何文字以内にしなさいなどと客観的に数値化することが大事です。

「成果・行動の問題点」と「期待」を明らかにするため、職務記述書（ジョブ・ディスクリプション）・人事ポリシーから落とし込む形で、業務改善プログラム（PIP）を作成すべきである。

期待された職責にしたがって、目標をきちんと立てるということです。職務等級制度とPIPの親和性は非常に高いです。

上司は、目標達成のため、対象従業員に追加のリソース・時間・トレーニング・コーチングを提供する必要がないかを判断する。これらが必要な場合、誰が提供するかも特定する。

アクションプランには、期待するパフォーマンスを明記し、目標不達成の場合の対応についても明記する（解雇の可能性があれば、書面に明記する）。

④　業務改善プログラム（PIP）の第三者レビュー

対象従業員との面談までに、上司は、更に上の上司や人事部の（トレーニングの）専門家に業務改善プログラム（PIP）をレビューしてもらう（プログラムが明確に記載され、感情的なものになっていないかを担保できる）。

第三者レビューを通じて、提案されたアクションプランが、具体的で、判断可能で、関連性があり、PIP期間で達成可能なものかを確認することが可能となる

（PIP期間は、60日又は90日が一般的である）。

⑤　対象従業員とのミーティング実施

上司は、対象従業員とミーティングを行い、要改善事項とアクションプランの内容を明確に通知する。

このプログラムを実行するにあたり、従業員と合意しなければならない、ということまでは求められていません。

しかし、合意を経てやったほうが、コミュニケーションツールですので、改善に向かって進むにはスムーズになるでしょう。

対象従業員の意見等を踏まえ、上司がアクションプランを微修正することは可能。大きな変更はできないと一般的に考えられています。

上司と対象従業員は、PIPフォームに署名します。

⑥　フォローアップ面談

上司と対象従業員は、PIP記載のとおり、定期的にフォローアップ面談を実施します（毎週・2週間又は1ヵ月に1度）。

上司は、改善状況を記録し、対象従業員に内容を伝えます。

フォローアップ面談にて、期待されるパフォーマンスを明確化し、対象従業員が質問し、指導を受ける機会を与えることが最善と考えられています。

上司は、期待されるパフォーマンス達成のための障害を確認し、対象従業員に必要なトレーニング・ツールが提供されているか確認します。

当人に足りないことも明確になってきますので、そこをきちんと注意、指導していきます。

PIPの期限がきたら次の段階に進みます。

⑦　実施結果報告・判定

「対象従業員が改善しない場合」、「PIPの実施を拒否した場合」又は「パフォーマンスが悪くなった場合」、会社はPIPを終了させ、個別の状況に応じ、異動・降格・退職勧奨・解雇等の取り得る手段を検討する。

対象従業員にある程度の改善が見られたが、PIP期間中に、目標の全部又はいくつかを達成出来なかった場合、特に、対象従業員が最善を尽くしたが、目標を1つ以上達成できなかった場合、使用者は、数週間又は数ヶ月PIPを延長

することができます。

　目標が現実的でなく、対象従業員のコントロールできない内容であったと使用者が事後的に判断した場合、使用者はPIPを延長するか、確認された事情に基づきPIPを終了させるかを選択できます。

　対象従業員が改善せず、又は、改善に向けた努力を行なっていないと使用者が判断した場合、使用者は、個別の状況に応じ、異動・降格・退職勧奨・解雇等の取り得る手段を検討します。

　対象従業員が目標を達成した場合、会社はPIPを正式に終了させ、同従業員との雇用を継続する（PIP期間満了前に、PIPが終了することもあり得る）。もっとも、上司は、対象従業員に対し、今後も良いパフォーマンスの継続が期待されていることを必ず伝えなければなりません。

　以上がPIPの流れです。

　次に、PIPの法的性格についてです。

　「従業員に対する注意指導」と期間を限定した「従業員の業務パフォーマンス評価（改善目標達成の有無の評価）」の性格を併せ持つと考えられます。

　また、PIPは、「特定の職務に期待されるパフォーマンス」を基準とし、通常の評価プロセスで「能力不足・成績不良」と判断された従業員を対象とすることが一般的です。そのため、職務（仕事）を基準に基本給を設定する「職務等級制度（ジョブ・グレード制）」に親和性があると考えられます。

（3）PIPに関する裁判例の検討

1）問題となる事例

　PIPが正面から問題となった裁判例は、ブルームバーグ・エル・ピー事件（後述）です。その他、PIPが問題となった事案は、「従業員の能力不足・成績不良」を理由とする普通解雇事案がほとんどです。

　まず、「従業員の能力不足・成績不良」を理由とする普通解雇の有効性につき、その判断基準を示した裁判例をいくつか示すと、次のとおりです。

　能力不足・成績不良解雇につき判断した裁判例（PIPが問題となった事例ではない）

　ア．セガ・エンタープライゼス事件（東京地決平11.10.15労判770号34頁）

能力不足解雇の場合、債務の本旨に従った労務提供がなされていませんから、契約を解消できるだけの債務不履行がなければなりません。

本件では、就業規則各号に規定する解雇事由は、「精神又は身体の障害により業務に堪えないとき」、「会社の経営上やむを得ない事由があるとき」など極めて限定的な場合に限られており、そのことからすれば、「労働能力が劣り、向上の見込みがない」についても、右の事由に匹敵するような場合に限って解雇が有効となると解するのが相当で、「労働能力が劣り、向上の見込みがない」に該当するといえるためには、平均的な水準に達していないというだけでは不十分であり、著しく労働能力が劣り、しかも向上の見込みがないときでなければならないというべきである、とされています。

PIPの事件でもこの基準に従って判断されます。能力不足・成績不良を理由とする普通解雇の有効性につき、裁判所は、相対評価で平均的な水準に達していないというだけでは不十分で、①著しく能力や適性が不足し、②改善の見込みがないときでなければならないと判断する傾向にあります。そして、PIPは、①②を立証する証拠として、裁判上問題となることが多いです。

ちなみに、PIPにつき判断をした最高裁判決は、現時点で見当たりません。

2）PIPの実施は解雇要件か？

PIPの実施は、解雇の要件かという議論があります。

「業務改善ツールの一つとしてPIPが存在するが、PIPが実施されなかったケース」につき、PIP不実施を理由に、労働者側が解雇無効を主張した事案が存在します。

労働契約の内容になっているかどうかが重要です。

甲社事件（東京地判平24.7.4労経速2155号9頁）は、就業規則上の解雇事由（「勤務態度が不良で、勤務に支障をきたすとき」）に該当するとして、会社が従業員を解雇した事案です。

従業員は、「特に本件のように客観的に数値化できる成績不良もなく、本人の性格や能力評価を問題とする事例においては、改善を求めるPIPの手続きがなされることが必要である」とし、PIPを試みることなく行われた本件解雇は、手続的要件を欠き無効であると主張しました。

客観的な数字を示せない成績不良については、PIPをやってはいけないという考え方もありますので、その主張自体は間違いです。PIPの本来の目的からすると、そもそもそうした事案については、PIPは適していません。

本件で裁判所は「PIPは業務改善のツールの一つとして活用されているものの、それを実施するかどうかは会社の裁量に委ねられており、解雇にあたって必ず実施が義務づけられているとまではいえない。」と述べています。

ドイツ証券事件（東京地判平28.6.1判例秘書L07131536）でも、「被告において業務改善プラン制度が就業規則等によって整えられているものではなく、個別の事情に応じて様々であることを踏まえれば、原告が指摘する業務改善プランが実施されなかったことをもって、解雇の相当性を欠くということはできない。」と判断されています。

ブルームバーグ・エル・ピー事件（東京高判平25.4.24労判1074号75頁）は、他の通信社で記者として約13年間の勤務経験があった労働者が、外資系企業である通信社に、職種を記者に限定して中途入社した後、職務能力の低下を理由として解雇された事案（解雇時の賃金は月額67万5000円）です。

裁判所は、PIPにおいて具体的な数値によって設定された課題を原告はほぼ達成した等と判断し、解雇は無効と判断しました。

会社は不達成と判断したのですが、裁判所は達成していた、としました。評価が誤っていました。これは事例判決です。PIPを実施した場合はきちんと評価しないと能力不足の立証が不十分とされるということです。

外資系企業で職種を限定して、期待される職責が明確な企業において、PIPを実施して解雇をするということがまま行われます。

日本アイ・ビー・エム（解雇・第1）事件（東京地判平28.3.28労判1142号40頁）と、前掲ブルームバーグ・エル・ピー事件の大きな違いは、職種限定の有無です。職種限定なしで入社して、バンド6という職位につきました。その後、比較的、よい評価を得ていて、さらにその後、部署を異動しました。異動後の成績が悪かったので、PIPを実施し、解雇をした事案です。

裁判所は、「現在の担当業務に関して業績不良があるとしても、その適性にあった職種への転換や業務内容に見合った職位への降格、一定期間内に業績

改善が見られなかった場合の解雇の可能性をより具体的に伝えた上での更なる業務改善の機会の付与などの手段を講じることなく行われた本件解雇は、客観的に合理的な理由を欠き、社会通念上相当であるとは認められないから、権利濫用として無効というべきである。」としています。

　職種限定の有無とPIPが適すか適さないかは関連してきます。

　よく、PIPを実施することがパワハラだ、不法行為を構成すると主張されますが、裁判所はそのように考えていません。解雇の可能性をより具体的に知らせたうえで、さらなる業務改善の機会を付与したかどうか、これも解雇の有効性判断に一事情として考慮されます。

　PIPを実施する際には、従業員に対して、達成できなければ解雇の可能性があると伝えることも重要です。これは判旨から読み取れるものです。

（4）職能資格制度型の場合PIPは向いているか

木下　ありがとうございました。

　職務限定で、ジョブが明確でしかもそれに対応した給料が払われているという契約だと、PIPは向いている。日本的な正社員、職務等級制度はあるけどそのなかで具体的な担当業務が変わることもある。向く仕事から向かない仕事への異動、またその逆もある。先ほどの日本アイ・ビー・エム事件がそうだったように、その点も議論になります。

　通常の評価を超えて、業務改善のために、特別のプログラムを組むこと自体の相当性については、日本アイ・ビー・エム事件で裁判所も認めているところです。

　その使い方については、契約内容によって、だいぶ異なってくるのだな、といえると思います。

小林　日本アイ・ビー・エム事件については、PIPのとおりにやると降格→解雇と、解雇の道筋が見えてしまい悩ましいところです。日本アイ・ビー・エム事件のPIPは、就業規則に規定がなかったそうです。契約上の義務がないことになります。となると、それを拒否してもいいのでしょうか。

西頭　PIPは、業務上の注意指導の一つですので、PIP実施を拒否したら、（業務指示（命令）違反の評価の他）改善の意思・意欲がないと評価されることになります。

小林 それでは契約の意味が無くなります。業務改善プログラムを受けるという業務命令という形になるのだと思います。そうなると基本的には拒否ができません。それがまた懲戒事由になりえます。労働者側としてはきつい状況に追い込まれます。職種限定ではない、という点で、元の業務だったらよかったのではないかというところで救われたと思います。

　評価についてはやっぱり他の企業でこれがそのまま当てはまるというのは難しいと思っています。

　ブルームバーグ事件のほうは、職種限定になっていました。そして、就業規則に、これまでの解雇するときにかなり手続きを重視して、改善を命じたにもかかわらず改善されていない、という要件がありました。改善が認められない場合にはじめて解雇できると。即戦力重視で、しかも職種限定なのに、解雇が無効になった例ということで重要だと思います。

木下 職能資格制度のもとでは職能資格にふさわしい能力を与えるためのトレーニングを企業側が与えて、そして職能資格を満たすことによって、上の資格にあげると。人を育成する、能力を育成することが前提の人事制度です。ブルームバーグの事例をみると、即戦力として、企業が求める能力がある人を、マーケットから採用し、その人が果たしている、発揮している能力が契約の目的に適わないとなったら、すぐには解雇できませんが、改善プログラム施してそれでも改善しなかったら契約終了ということで、非常に個別的な契約です。

　労働者としての労働契約というよりも、業務委託型の働き方に近いような感じがするんです。特に記者は、労働者とフリーランサーの中間的なところにやっぱりとマッチしてるのかなと思ってました。こうした働き方はこれから増えてくるでしょうし、この手の紛争も増えてくるでしょう。

　日本アイ・ビー・エム事件は、いわば古い日本の会社の事案で、そのなかでPIPが行われたので、意味合いが違うと思います。

　PIPの位置づけもその企業の雇用契約の形態によってずいぶん変わってくると思います。2つの判決はどちらも企業側敗訴ですが、見比べてこのように思いました。

（5）PIPと目標・課題の設定

近衛　質問です。ブルームバーグ事件の原典を見てないのですが、テスト項目の1つ1つが「大して重大じゃない」といって、軽めの懲戒事由が並んで、総合判断で懲戒解雇だと会社が主張することがあります。1つ1つが「大して重大じゃない」からトータルでも重くないという場合もあると思います。この事件では、こうした点について触れられていますか。

西頭　この事件では、そこまで言及されていません。ブルームバーグ事件でのPIPでは、大きく4つの課題を設定し、会社が「当該労働者は課題を4つとも達成しなかった」と評価したのに対して、裁判所は、「当該労働者は、課題を達成したか、もしくは達成に近い状態であったので、解雇できるほどの能力不足はなかった（会社の評価は誤りであった）」と判断しています。

近衛　4つのうち、例えば1つがアウトで3つがセーフというように1つ1つの判断でPIPの結果が分かれた場合、会社はどのような判断をするのでしょうか。例えば、改善点が1つしかなければ、懲戒解雇ではないけども、何か対応できるのでしょうか。

西頭　正面から問題とすべきは、「労働契約上、期待された職責を当該労働者が果たしたか」で、4つのうち1つしか達成していないから解雇になる、という判断枠組ではない、と思います。

　結局、4つのうちいくつ達成したか、という数が問題なのではなく、期待された職責に対する各項目の影響度を加味して、解雇を有効と判断するに足る重大な債務不履行（債務の本旨の不完全履行）があるか、という基準で判断されるということではないでしょうか。

倉重　PIPの目標設定自体が怪しいからそもそも解雇ができないというケースもよくあります。

　標準的な労働者であればできますよね、という数値目標であることが重要だと思います。

　PIPの目標設定自体が怪しい、つまり最初から解雇ありきで考えているというケースではそもそも解雇の合理性が怪しいというケースもあるでしょう。

　要するに、標準的な労働者であればできますよね、という達成可能な数値目標であることが重要だと思います。

木下 PIPをやったときに目標が客観的に数値化できて、評価が可能で、かつ透明性のある目標でなければいけないんですけども、ある会社でPIPをやったら上司が作った目標が「みんなと仲良くする」という目標だったのです。笑い声がもれましたが、協調性のない社員だったので、こうした目標なのです。一定期間、PIPをやって、上司が目標達成してない、と評価すると、上司は人事に持ってきて、解雇してくださいと言いたがるのですが、人事がPIPを再評価して、こんなPIPではPIPの本来の目的に適ってないから、このPIPはノーカウントということで、新たに上司と部下とで目標を再設定しなおすか、それとも現在の標準の労働者として、職場に戻してもらうか、それは職場できちっと決めなきゃいけないですよっていうことをやったことがあります。

　やる以上はそれぐらいの人事部門も専門性を持っているPIPを考えて、現場に浸透させないと、単なる無駄な時間になってしまったという事案がありました。

（6）PIPは解雇前提の改善指導か

石井 PIPは改善プログラムのはずです。昔からあったものです。改善プログラムだったのがいつの間にか外資系では、退職勧奨だという話になりました。PIPをやってダメだったということになるくらいなら、その前に転職したほうがいい、ということなのかなと思います。こうした変質がみられます。しかし、使用者が解雇を視野に入れている場合こそ、まず、PIPは改善プログラムなんだと認識すべきです。目標設定のあり方などは、まさにそうです。改善のために行うものであって、粗探しをするためのものではありません。初心に立ち返ることが必要でしょう。

安西 能力不足、協調性なしといった人を解雇する場合、使用者の方が改善努力の指導を講じておかなければなりません。私のところでは「業務改善指示書」のモデル例を作っています。まず「あなたはこのような問題がありますので是正して下さい。この点を改善して下さい。」ということが書いてあります。この文書を上司が出した場合には職場の中で上司と部下との間ですから人間関係上問題が発生することになりますので、この文書は人事部長が出しなさいと言っています。指導を受けた部下の方から私は悪くないといったメールが来ますから、人事部長は「改善すべき点をよく理解していない」と再度メールによる指導をするといったやりとりを何回でもしなさいと。そうしたらだんだん協調性がない、能

力がないということが明らかになります。能力不足だということを使用者が主張するにはそれを裏付けるような客観的な証拠がなければなりませんからこのようなやり取りは必要なのです。

奥川 労働者側から見たら、解雇する前提の話としか受け取れません。なぜそうなるかというと、3か月とか半年で、その人の業務遂行能力や働き方が変わるとは思わないからです。また、特定の人だけにPIPをやるといったら当人にとってはものすごく屈辱的です。当人も素直にPIPの対象になったという現実を受け止められないでしょう。PIPをやられる人の立場を考えたら、それで業務が改善されるという発想を持つこと自体が無理です。勤務態度等を改善させたいなら、注意をしたうえで、普段の業務行為のなかで改善させるのが本来の在り方です。

安西 使用者としては、指導、教育をきちんとやったという証拠がないと解雇ができないわけです。上司が口頭で言ったと主張しても労働者側がそれを否定した場合には客観的な証拠が必要ですので、人事から文書で注意するのです。

奥川 会社内にどうしようもない人がいることもあるでしょう。その場合、戒告などを積み重ねたうえで解雇するのがいいのか、ある程度様子見て、これは改善の余地なしとして、解雇するのがいいか、これは難しい問題です。

　裁判所は、戒告、けん責を重ねているのは、解雇ありきで、将来的に解雇するための予防線でやってる、と見がちです。安西先生の説が裁判所にあてはまるかどうかはちょっと疑問です。

西頭 業務改善プログラムが特に有益なのは、「頑張ってるが期待された職責を果たせない」ローパフォーマーの事案だと思います。頑張っているので、懲戒処分（戒告等）は出来ないが、パフォーマンスが低い証拠を残す必要がある、このようなケースでは、業務改善プログラム（又は改善指導書）によって証拠を積み重ねていくしかないと思います。

末 私は安西先生の言われたような感じでPIPを使うということを考えています。PIPを初めてみたときに、なかなかいい制度だと思いました。ただ、外資系企業で次第に広く使われるようになってきたときに、一番違和感があったのは、ルールを作れば解雇ができるという発想自体が我々と違う、ということです。それは、差別がなければ解雇が自由である国で作られた制度なので、このステップを踏

めば当然に解雇できるという考え方で使用者がいるということだと思います。そのレンズを合わせるというのが、外資系企業では容易でないときがある。日本の企業の場合はそういう問題は普段からやってきていることです。注意指導して、改善がなければ、そこで初めて解雇をするという意識が既に確立していますので。日本の場合、当然のことなので、PIPという言葉を使うこと自体がちぐはぐな感じがします。

菅野　今、PIPの問題と、能力不足による解雇についての議論がありました。ちょっと僕自身が少し違うイメージを持っております。普通の労働者ができることをできないということを証拠化するのは1つ重要なことです。これは今まで業務指導書という形で行われていました。PIPは仕事の中で、その個人の特性や業務についてオーダーメイドのプログラムを作ることで、改善に向かわせるものです。PIPに馴染む業務とそうでない業務があるのではないでしょうか。裁量がある仕事であれば向くと思います。

　　自分の仕事と能力のギャップを認識していく中で、埋めるのであれば、そこを埋めましょう。埋められなかったら転職します。こうしたことの仕分けをする意味合いもあると思います。

木下　PIPは新しい問題です。いろいろな意見を出していただき、ありがとうございました。

　　では古い問題に移ります。次は人事考課と不当労働行為の問題です。

7．人事考課と不当労働行為をめぐって

（1）人事考課に基づく差別事件の類型
河本　では、人事考課と不当労働行為についてお話しいたします。

　　紛争類型としては、申立対象事項として、人事考課（昇進・昇格ほか賞与の査定など）をめぐる格差・差別（労組法7条1号及び3号違反を理由に救済申立）があります。

　　「比較対象集団」としては、当該組合員と併存他組合員及び非組合員、それから単一組合の場合には非組合員、それから、同一組合内で潮流を理由に分

裂した場合の他派同一組合員及び非組合員ということが考えられます。

　紛争の特殊性としては、立証の困難さ、紛争の長期化傾向があります。

　すなわち労組法7条1、3号の立証責任は申立組合側にあるところ、本来的に人事考課にかかる証拠が偏在しているという問題です（人事考課は会社内部の判定手続であり、人事の秘密として記録や資料を出したがらない。一般論としても、人事考課にかかる情報・統計の取得は、自己と同じ潮流や同一組合員であれば容易だが、異なる潮流や敵対する他組合については非常に困難である）。

　また、差別対象の労働者が多数で、個々の差別にかかる立証活動が膨大化しますし、労働者の個々の労務遂行能力等は本来的に差異があり、査定格差が、真に組合差別を理由とするものかどうかの判断が困難です。

　さらに、昇進、昇格の査定は年度ごと、賞与の査定は夏季、冬季（及び年末）に行われるため、差別が時系列的に連鎖し、救済申立が査定ごとに行われ長期化する傾向にあります。

　一方、査定の実態ですが、従来の職能資格制度のもとでは、能力主義の理念を掲げつつ、年齢（勤続）による処遇（年功主義）との調和が目的とされていました。そのため昇給・賞与等の査定において集団的な管理、年功的な運用が行われ、入社年次、学歴、職種等が処遇決定上重要な準拠枠であり、当該準拠枠に基づく比較対象集団を容易に想定し得たのです。

（2）差別の立証と大量観察方式

　こうした面があることから、労働委員会が編み出した手法として、『大量観察方式』があります。

　申立組合が⑦①について一応の立証（「差別の外形的立証」）を行います。

　⑦：申立組合員の昇給等に関する査定が他組合の組合員または従業員に比して全体的に低位であること（比較は同期・同学歴・同職種のグループごと）

　①：⑦の低位さは使用者の組合に対する弱体化意図または組合員に対する差別的意図によること（使用者が過去において組合を嫌悪しその弱体化に努めてきたこと、組合員に対する査定が組合の戦闘化後、組合への加入後又は協調的他組合の結成後に全体的に低位になったことなど）

　この2つについて一応の立証が成功すると、不利益取扱いの不当労働行為が

成立するとの一応の推定がなされます。

　使用者側は、上記格差には組合員ら（一人ひとり）の勤務成績・態度に基づく合理的な理由が存在することを立証しなければなりません。

　立証に成功すれば、推定が覆って、不当労働行為の認定なしとなります。ただ立証が失敗し、不当労働行為と認定されることのほうが実態としては多かったといえます。

　この大量観察方式の採否をめぐる従来の裁判例等については、認定において全面的に採用したものや、労組法7条3号にのみ採用し得るとしたものなどがありました。

　具体的には、最高裁による大量観察方式の採用に関しては、紅屋商事事件（最二小判昭61.1.24労判467号6頁）があります。昭和49年に組合ができて、昭和50年の賞与の際には格差があったという事案で、合理的理由なく、1年の間で大きな差異が生じ、不当労働行為と認められた典型例といえます。もっとも、紅屋商事事件については、典型例ということで大量観察方式が採用されたのであって、すべての査定差別において一般化できる規範かというと、まだ検討の余地があると思います。

　その後、裁判例や命令の集積がなされましたが、時代の流れとともに従来の職能資格制度ではなく、成果主義人事が採用されるようになりました。成果主義人事のもとでは、年功的処遇が見直され、労働者の年齢、勤続年数ではなく、職務・職責・役割等の仕事の価値やその達成度（成果）を基準に賃金処遇を決定する制度が採用されます。したがって、査定過程においても使用者が従業員の個別の能力等を査定することになり、単純な集団間での比較は困難となるということで、これらが大量観察方式の問題点として指摘されていました。

　比較すべき集団の量的不十分さ、つまり、大量観察方式が、「差別を主張する申立組合員集団とそれ以外とが勤務成績において全体として同質の集団であることを前提に量的な推認を行う」ため、小規模査定差別事案に適さないとも指摘されました。

　救済方法との関係でも、成果主義人事の下では、従業員について個別に能力や勤務成績を評価し、その結果に基づき処遇を決定するため、仮に差別があっ

たと認められる場合であっても、従来の大量観察方式のように平均値などで調整することは実態に即さないと指摘されました。

こうした中で、平成17年12月、中央労働委員会は、それまでの大量査定差別にかかる裁判例や命令を参照して、申立組合に個別立証を求めつつ、集団間の諸事情から差別を推認する方法（修正大量観察方式）を提唱するに至りました。

従来の大量観察方式との違いですが、認定の枠組み（立証責任）でいえば、差別を主張する申立組合ないし申立組合内集団に対する使用者の嫌悪の念が一応推認される状況の下で、申立組合から、「差別的格差の存在」を根拠づける事実として①集団間における格差の存在の主張立証、②申立組合員（被差別者）が他の集団に属する従業員と能力、勤務実績が劣っていないことの主張とできる限りでの立証をさせ、それに対して、使用者から、③格差が合理的な理由によるものであることの主張立証をさせるという構造になっています。

ただし、②に先立って③を立証させることが認められ、使用者が③の立証に成功しなければ、差別が推認される点で純粋な個別立証とは異なります。

申立組合が②で「できる限りの立証」を求められる事項ですが、申立組合は、立証事項モデルを用い、組合員の日常の勤怠状況を窺わせる事項について分かる範囲で立証することとなります。

当該モデルは、もはや成果主義人事のもとでは、単に査定の大前提となる内容にすぎないものと考えられます。すなわち、当該モデルは、「普通に仕事をしていれば、評価は上がっていくはず」という年功序列的人事を想定しており、職務・職責・役割等の仕事の価値やその達成度（成果）をはかるという側面はみられません。

加えて、成果主義人事は各企業において多様な形態・運用がなされているのであって、当該モデルのように立証事項を一般化すること自体が困難と思われます。

（3）大量観察方式は現在も通用するか

木下 ありがとうございました。

組合間の思想信条での対立が激しかった時代には大量観察の事件が華々し

く行われてきました。最近は事件自体が存在しないと思います。この点、山口先生、いかがでしょうか。

山口 労働委員会の実情ですが、事件自体は減っています。従って、大量観察方式が現在多くの事件で使われているという状況ではありません。作った途端に役に立たなくなる。

ただ、弁解をすれば、昭和シェルの事件など長くもめた事件がありまして、特に難しかったのが、オリエンタルモーター事件です。

事実認定を見れば、矛盾している場所がたくさんあって、当事者としても割り切れないものがあったと思います。

そこで何かルール化したものが欲しかったのではないでしょうか。

紅屋商事事件は割りと教科書に載せやすい典型的な事件なのです。北辰電気事件見ると、特定集団をどう考えているのかという大問題を解決していないので、まだニーズがあるという錯覚があったのではないでしょうか。

当時、医療過誤訴訟で、因果関係が問題になったときに疫学的因果関係を使って処理するということがかなり行われていました。その力を借りて処理しようとしたのです。

申立人側に個別の事情もできる限り、証拠をしてくださいということで、こういうのをつけたのです。それによって集団的な処理から個別的な処理へ移行することができたので、改善されたと思っていたのですが、いかんせん世の中の動きの方が速くて、もうこうした事件が起こらなくなってしまいました。いわば博物館入りになってしまいました。

平成16年に労組法の改正がありました。組合側が立証に困る場合に、物件提出命令を求められるようになりました。地労委がそれを簡単に認めそうだったのでそれはいけないと思い物件提出命令を求める前に、大量観察方式でも処理できるというルール作っておいた方がいいという目的もありました。

大量観察方式をその後使う事件がありませんでしたので、その結果かどうかわかりませんが、物件提出命令が請求された例は非常に限られております。ですから何らかの意味では役に立ったのではないかという程度のものだと思います。

8. 同一労働同一賃金にまつわる評価をめぐって

（1）人事評価と均衡処遇の問題

木下　ありがとうございました。

では今日の最後のテーマに移ります。

同一労働同一賃金にまつわる「評価」の諸問題というテーマで、倉重先生、お願いいたします。

倉重　今回の法改正で、短時間労働者の雇用管理改善法が短時間労働者及び有期雇用労働者の雇用管理改善法となり、労契法20条は廃止されます。

均衡処遇ですが、短時間・有期雇用労働者について、基本給、賞与、その他の待遇のそれぞれについて

①業務の内容

②責任の程度

③配置変更の範囲

④その他の事情

を考慮して不合理と認められる相違を設けてはならないとされました。その他の待遇の「それぞれ」となっていますので、個別的に比較することになります。これは最高裁でもそう判断されています。

①、②を合わせたものが、職務です。

評価ですが、②の責任の程度というところで考慮されるのではないかと思います。

同一労働同一賃金といいますが、裁判実務で問題になるのは、均衡処遇のことです。均衡処遇とは「職務内容、人材育成の仕組み、長期勤続などとのバランスの取れた処遇」（菅野「労働法」11版補正版302頁）をいいます。バランスですから、「均等」処遇とは異なり、一定の差があることが前提になっています。

ガイドライン案は「不合理」な例を示しています。「前文」に出てくる「評価」の文言は「今後、各企業が職務や能力等の内容の明確化と、それに基づく公正な評価を推進し、それに則った賃金制度を、労使の話し合いにより、可能な限り速やかに構築していくことが、同一労働同一賃金の実現には望ましい。」というものです。つまり、同一労働同一賃金の前提として、公正な評価ができて

いるかどうかがポイントになるということです。

　雇用対策法の改正で、「労働者は、その職務の内容及び当該職務に必要な能力等の内容が明らかにされ、並びにそれらを踏まえた評価方法に即した能力等の公正な評価及び当該評価に基づく処遇その他の措置が効果的に実施されることにより、その職業の安定及び職業生活の充実が図られるように配慮されるものとすることを加える。」という方向性が示されています。あらかじめ評価内容を明らかにして、とか、職務に必要な能力を明らかにして、というのは、日本の企業がほとんどやってこなかったものです。いわゆる欧米型のジョブディスクリプションをイメージしているのだと思います。

　ガイドラインの読み方ですが、正社員と非正規の違いは将来の役割期待が異なるという主観的・抽象的説明では足りずといわれています。何の違いについてかというと、賃金の決定基準・ルールの違いについてです。職務給なのか、職能資格なのか、役割で払うのか、なぜその賃金体系なのかを説明できなければいけないと思います。

　ガイドライン案は基本給、手当、福利厚生その他といった支払い項目ごとに書かれています。基本給については、水町先生の本によると、職能資格や能力に応じて賃金を支払う場合、同じ能力評価で賃金を支払わなければならい、と書いてありますが、それは違うと思います。

　ガイドライン案が言っているのは、正規も非正規も同じ職能でやっているのなら、それは同じ評価でやりなさいよと言っているだけです。同じ制度下に置いている場合は同じ基準で支給すべしとしているが、そもそも同じ制度下に置くようにとは言っていないわけです。

　そもそも正社員がなぜ職能で、非正規が職務による時給なのか。この点の整理が必要です。

（2）同一労働同一賃金問題と人事制度の違い

　それでは、裁判例を見ていきます。

　ハマキョウレックス事件ですが、人事制度の違いについて、以下のように述べています。

　「正社員については、公正に評価された職務遂行能力に見合う等級役職への

格付けを通じて、従業員の適正な処遇と配置を行うとともに、教育訓練の実施による能力の開発と人材の育成、活用に資することを目的として、等級役職制度が設けられているが、契約社員についてはこのような制度は設けられていない。」

わざわざこう言っているのは、人事制度の違いを考慮しているぞ、ということの現れだと思います。

同事件の当てはめですが、通勤手当・無事故手当・給食手当・作業手当については原審の判断を是認しています。ただし、職務内容の同一性、転勤出向・中核人材としての登用の有無に関する差異から説明が付かないと認定しています。人事制度の違いというところから説明できるのかという視点です。

次にクロネコヤマトの子会社であるY社事件（仙台地判平29. 3. 30労判1158号18頁）では、正社員の賞与が問題になりましたが、これについて「今後現在のエリアにとどまらず、組織の必要性に応じ、役職に任命され、職務内容の変更がある…（ので）成果加算をすることで、将来に向けての動機付けや奨励（インセンティブ）の意味合いを持たせることとしている」として、正社員にのみ存在すると述べています。

正社員と時給制契約社員の差異が問題になった日本郵便事件（東京地判平29. 9. 14労判1164号5頁）では、人事評価について非常に重要な指摘をしています。つまり、正社員には「業績評価」と「職務行動評価」があるとしており、後者はコンピテンシー評価だといえます。顧客志向、コンプライアンス、チームワーク、関係構築、自己研鑽、論理的思考などが評価されます。

一方契約社員は、「基礎評価」と「スキル評価」から構成されています。前者は、服装等の身だしなみ、時間の厳守、上司の指示や職場内のルール遵守等の評価です。

この両者を見比べますと、明らかに評価項目自体が異なります。評価制度そのものが異なるというのは、そもそも責任が違うということです。大阪の日本郵便の事件では、月給制契約社員もいました。それでもなお、人事評価制度の違いが相違として考慮されています。正社員は現在の担当業務に留まらず、長期的な視野に立った上で、組織運営や組織への貢献度など幅広い役割や活躍が

期待されているというわけです。契約社員は今の業務に関連することが評価対象になっています。

　結局、同一労働同一賃金の関係で言いますと、なぜそうした人事制度になっているかを説明できるかどうか、賃金制度の背景にある役割・責任の違いを説明できること、これが非常に重要です。

　大阪医科薬科大学事件（大阪地判平30．1．24労判1175号5頁）でも、正社員の賃金は「雇入れの際その職員の職種・年齢・学歴・職歴等を斟酌して個々に決定する」一方、アルバイトの賃金は「時間給とし、業務・職種別に設定した時給単価表に定めるものとする」とされています。

（3）ガイドライン案は非現実的で問題

　水町先生の説については、敢えていくつか異論を唱えたいと思います。まずは、いわゆるパートに関する年収「103万、130万の壁」問題ですが、仮にそうした調整を本人が希望していたとしても、そんなことは一切考慮しないと書かれていたり、パートにも職能資格を付与せよという点については、現実的にどうやるのかと思います。正社員と非正規は同じ賃金テーブルにせよとありますが、そもそもガイドライン案においても、正社員と非正規を同じ賃金制度にすること自体は求められていません。ガイドライン案は、同じ制度であるならば同じ基準でと言っているだけなので、なぜ違うのかを説明できればいいのです。退職金を支給せよという記述もありますが、積み立てはどうするのかという原資の問題があります。「はい、同一労働同一賃金です」と言っても急に積み立て原資が用意されるわけではありません。また、生産性向上と内部留保があれば対応できるとのご意見もありますが、トラック業界が生産性を上げるという場合、スピードを出せばいいのか、過積載をすれば良いのかというと、そうではないことは明らかです。正社員の待遇を切り下げるという対応も当然、検討せざるを得ないと思います。

　なぜそうした人事制度、評価制度なのかを説明できるかが重要なのです。

木下　労契法20条、つまり新法の8条が職務の内容（業務と責任）、配置の変更、その他と言っています。評価がどういった制度なのかは責任に関係するというのが倉重報告でした。私は人事制度そのものの違いですので、配置の変更と言っていますが、人材活用の仕組みと言ったほうが正しくて、その違いを表すの

が評価制度の違いではないかと思います。パートは職務給と言いますが、企業が基幹業務を正社員で回して、不足するジョブ、不足する量を短期的に、あるいは短時間で補充するのが有期、短時間労働者だとすれば、当然、求めているものが異なります。求めることが違うというのは評価制度にも表れます。違うものを違うとして扱って何がいけないのか。水町先生は違うものは違うなりに均衡しろというのですが、抽象的な均衡というのはないですよね。全く違うものを天秤に載せて、どう均衡させるのかと。それが如実に表れているのが、103万、130万の壁についてです。有配偶者の女性がその範囲で働きたいから賃金が安くてもいいのです、というと、そんなことは不公正だというのですが、それは大きなお世話だと思います。労働者が選びたい働き方を提供するのが必要だと思います。実際、その壁のお陰で、最賃が上がってくると、労働時間はドンドン短くなってきます。それでもなお、壁の範囲内で働きたいという人はたくさんいます。有期短時間と、正社員は同じでないといけないというのは、もともと違うものを同じにしないといけない、ということでおかしな議論だと思います。

　評価が人事制度の在りようを示す重要な事項であることは今日の議論から、間違いないと思います。

（4）均衡処遇と人事評価の違い

　評価制度について、本日の議論全体を通じて、コメントをお願いします。

奥川　質問ですが、同一または同等という水町先生の主張ですが、今は水町先生も「同等」は言っていないのでは？

木下　違っても、違うなりに均衡だから職務分離しても無駄だとまで言い切るので、彼の考えはそうだと思います。

奥川　今は「同等」と少なくとも立法論としては言っていないと思います。昔は言っていたと思います。同等も含むとなると、範囲が全然違っています。例えば、レジの女性と正社員とを比べるのが同一ですが、比べる対象がいなくても、例えば警備の人がいたら、同等と判断したらそこで均衡を取らなければならない。同等を入れるかどうかで話が違ってきます。

木下　水町先生は職務分離をしても、均衡の考え方はあるから、無駄だとしているので、同等は残していると思いますよ。かつて水町先生は同一義務労働と

いう言葉を使っていました。それは最近外しています。均衡という言葉の中で、それがどうも言えると考えているのか、均衡、均等のところで評価しているように思います。

倉重 「無期社員と有期社員の職務内容が違うとしても、職務内容の違いに応じた均衡のとれた待遇とすることが求められる」というのが水町先生の見解であろうと思われます。

木下 ガイドライン案を作ったのは自分であるという水町先生の自負があると思います。だから、ガイドライン案によれば、こういうふうに新法を解釈すべきだと 水町勇一郎「同一労働同一賃金のすべて」（有斐閣、2018年）で仰っています。国会で作った法律より、最高裁より、政府の審議会等に自分が出した意見のほうが上位で、それによって法律も最高裁も判断すべきだというような言い方をしていますので、それはないじゃない？というのがこの本に寄せられている批判です。

　非正規が悪で、全員正社員でいなければいけない、という言い方をしているのです。非正規労働は正社員になりたいけど非正規で働いている人だけの問題ではないです。企業はいろいろな労働力を使う中で、バランスの取れた処遇を考えるわけです。それを認めない議論は理解できません。

　今回の長澤運輸事件とハマキョウレックス事件で、皆勤手当は正社員でも有期契約労働者でも出すべしとされましたが、これはトラックドライバーという職務の性質からして、必ず出勤することに対するインセンティブを与えることは、同等の価値があるというのですが、ホワイトカラーの事務職の契約社員と正社員だったら、それは違うと思います。なぜかというと、正社員が休むと、自分の仕事は翌日に自分でやらなければならないわけです。誰かが代わりにやってくれないのです。皆勤手当は罰金的な意味しかないです。こうしていろいろ考えると、単純化してそれを考えるのは危険だと思います。最高裁が皆勤手当を職務の性質にかかわらず払うのだから同じにしなければならない、というのはおかしい。しかも、均衡と均等を交えるというのも明らかにおかしい。職務の内容や労働条件は全体を通して労使で決めるもので、ジグソーパズルのピースのようなものをたくさん集めて同じピースを並べろというのはおかしいと思います。

奥川 ヨーロッパのように職務給になったらそれは実現する可能性がありますか。

木下 ヨーロッパのような職務給がいいのだ、というのが水町先生の発想で、日本的な人事制度はおかしいと思っているのではないでしょうか。職務給でないことのメリットは労働者にもあるわけです。

　日本の正社員の人事制度を歴史的に理解し、その理解の中で評価を軸にして、しかも個別紛争において、評価がどういう意味を持っているのかについて、議論してきました。正社員の人事制度について、理解が深まったとすれば、本日のこのセッションの目的は達せられたと思います。

●第9章●

労働契約の
多様化における
人事評価とは

様々な契約形態があり、その形態の変化がどのように人事評価に影響を与えるのか。

　また、人事評価をめぐる労働紛争の解決に向け、今後の制度設計はどのようにあるべきか解説します。

1. 労働契約の多様化とは

　従来、日本では、学校を卒業したところから接続して新卒一括採用を行い、企業内での人事ローテーションをして育成をしてきました。これは長期雇用を前提とする制度です。しかし、2000年代以降、急速にそれが変わってきました。まず、非正規雇用の増加です。非正規雇用とは有期、短時間、もしくは派遣の要素のうち1つ以上に該当する雇用契約だと考えられています。とくに有期、短時間の増加は顕著でした。今、すべての労働者の約4割近くが非正規雇用で、日本的な正社員の処遇とは違う処遇を受けています。また、正社員のなかでも、「即戦力」といわれる中途採用が増加しています。

　そこには様々な契約の形態があり、その契約の形態の変化が働く場所での人事評価に影響を与えてきています。それを今回の研究で明らかにして、それに伴う労働紛争の解決のための手法を考えるというのが本書のテーマです。

2. 日本的雇用における人事評価の役割

　日本型雇用における人事評価制度の役割は、従来、一括採用した長期雇用者を同期同学歴の中でどのように競争させ、どのように昇進昇格させ、あるいはその人に合った仕事につけて、処遇していくかを中心に考えていました。従って職能資格制度においては基本的に年功的に積み上げられたその人の潜在能力が評価され、現についている仕事やその成果よりも、いかなる仕事にその人をつけることができるか、と企業が評価することが重要でした。

　そのため賃金に影響する資格等級は原則として下がらず、その結果、賃金についても、下方硬直で、年功的に上がっていくわけです。

　その中での人事評価制度は、言ってみれば同期同学歴の間のごくわずかな差を見つけて、そこで差異を見出して評価していくのです。その社員の行動がその資格にとって満足だったか、そうでなかったか、という評価をするわけです。

　企業に対するロイヤリティ、情意評価が重視され、協調性をもって仕事ができるか、意欲が発揮できているか、リーダーシップが発揮できるか、などが大

きく評価をされてきました。

　日本的な雇用では「人」が評価されていました。

３．成果主義導入による人事評価の変化

　一方、こうした職能資格制度は、日本が長期にわたる経済的な停滞を迎えたときから、大きく変わってきました。国際競争に勝ち抜くためには年功序列型の雇用ではなく成果主義を導入しての賃金制度を変えることが求められました。そうした変更は多くの企業で行われました。そのような企業では、成果主義の導入ということで、人事評価の役割が大きく変わってきました。特に年々の成果を評価して、それによって賃金、資格、等級、職位が大きく変動することになります。となると人事評価はその人の今後の労働契約の内容を大きく変化させるきっかけになるものです。労働契約の履行において、重要な意味をもつものに変わっていきました。

　しかし、そのような人事評価を行って、大きく雇用契約の内容を変動させることを考えますと、契約の両当事者の合意によって成立している契約の内容を変更させるわけですし、しかも、個別的な変更をするわけですから、原則としては労使の合意をもって変更が必要なると考えられます。労働契約法で言えば同法８条の合意が問題となります。

　成果に対する評価においては、評価制度の内容が公平公正であり、その評価の過程において双方のコミュニケーションがしっかりできて、結果の納得性を高めるために、その結果に至るまでの評価制度の妥当性が重要視されるようになりました。各社とも期初には目標を定め、その目標が妥当であることをまず評価し、そして期中にはその目標に対する達成の具合や達成するためのそれぞれの努力の内容が合理的なものか、適正かどうかをコミュニケーションします。

　成果を求めた期間が終わったときには、その結果を上司やその上位上司がフィードバックして、納得を得ていきます。極めて手続き的に手間のかかる制度がとられるようになってきました。その手間をかけてでも、人事評価による

成果主義の導入で、競争性を高めることが、企業価値を高めることだと考えられたわけです。

　従来の日本型雇用における人事評価は、閻魔帳ではないですが、本人に開示もせず、良好なのか、そうでないのかは、長年積み重ねた結果として、分かるというようなものです。

　一方、成果主義導入によって、そのような評価の仕方では誰も納得しないということになり、自らの評価に対して、自分も関与するし、評価した上司も下した評価について、部下に説明する責任を負うという変化が生じました。この説明責任を伴うコミュニケーションの重要性は、雇用契約の多様化においても同様です。多様化すればするほど説明義務が重要視されるようになってきているからです。

4．雇用流動化と人事評価

　成果主義導入による人事評価の変化は、賃金や職位、業務の内容と言った労働契約の履行の内容を変えるだけでなく、雇用の流動化をも生み出していました。いわゆるPIPという特別な期間を定めた評価によって、雇用の終了も含めた雇用改善を行うというのが一般化してきています。

　例えば解雇事件というと従来は懲戒解雇事件を想定したのですが、今では正社員の普通解雇事件が裁判でも多くなってきています。つまり能力がない、成果が上がらない、業務に適性がないと評価されることによる解雇が行われているわけです。このような解雇を見ますと、解雇に結びつく人事評価が非常に重要な役割を果たしていることが分かります。

　普通解雇は業務上の労働契約履行におけるトラブルをどのように会社が位置づけて、それを客観化し、その結果をもって解雇に結びつけるのかという過程だからです。評価制度がない企業では普通解雇というのは通常ありえず、欠勤するとか外形的なことで解雇すると思います。業務内容の高度化ができないということでの解雇は人事評価の精密化なしには、なすことはできなかったと思います。

最近の雇用の流動化の時代において、普通解雇が増加してるのも明確です
し、それに人事評価制度が大きな役割を果たしているのは明らかです。

5. 均衡・均等処遇を目指す働き方

ところで今までは正社員の人事評価ということで、日本型雇用の変化に伴う
人事評価の変化について述べてきました。

職能資格制度が主流だった時代の人事評価と、成果主義が導入され職務
等級制度などがなされてきた時代では人事評価の在り方が大きく変わってきま
した。さらに雇用の流動化ということで、普通解雇も見据えた人事評価となる
と、その内容も大きく変わってきます。

一方、雇用契約の多様化ということから言えば、正社員における評価制度
だけではなくて非正規社員における人事評価というのはどのような意味を持つ
か、というのも重要なポイントです。特に今回の働き方改革関連法で、有期パー
ト法が成立し、有期およびパート労働者と通常労働者、正社員との均衡均等
処遇が求められますと、均衡均等の内容としてその人事評価のあり方がどのよ
うな意味をもつのかということも考える必要があります。

均衡均等処遇においては業務の内容とその業務における責任の内容、（以下
「職務の内容」といいます）と職務の内容及び配置の変更の内容、つまり人
材活用の仕組み、そして均衡処遇の場合はその他の要素を加え、不合理性の
有無や程度を判断します。均等処遇の場合は「その他」を除く2つの要素が
全く同一であれば労働条件も同一なければなりません。3つの要素のバランス
と2つの要素が同一によって非正規社員の処遇を改善する制度ができてきた
わけです。

その均衡均等を考える上で、どの場合でもまず職務の内容として責任の程
度が入ってることに注目をしなければいけません。単純に仕事、業務は仕事を
完遂するだけでなくて、その仕事から発生する責任をどれだけ引き受けるかと
いうことが重要な内容になっているからです。結局、責任をどのように引き受
けたか、引き受けた責任をどう果たしたかという点は日々の作業内容だけでは

見ることができません。やはりそれは評価制度と重なってくるわけです。同じ仕事でも、それに伴う責任を大きく担っている人についてはその責任が果たせたかどうかを人事評価します。そのような責任を担っていない人から言えば、1日の仕事が終わればその仕事が終わったということで評価の対象として、責任がありませんので、作業量で仕事の成果を見ることができることになります。

さらに人材活用のしくみと人事評価が大きく結びついてるということは、さきほどの正社員の人事評価において述べたとおりです。人事評価の仕組みがあって、長期雇用の中で人材活用の仕組みが行われてるわけですから、有期、パートの短期的な雇用の場合はこのような人事評価とそれに伴う長期的な人材活用の仕組みは持たないのが普通です。

6. 人事評価をめぐる労働紛争の解決方法

最近の話題では定年後再雇用の話題がありますけども、定年前数十年の長期雇用においてはしっかりとした人事評価のもとで昇格昇給、職務の変更、さらには配転と様々な人事制度下での人材活用を受けてきた人が、定年した瞬間の業務とほぼ変わらない業務を行っていたとしても、業務の内容やその責任の範囲がそんなに変わってないと見えたとしても、その方を将来どのように処遇を考えていくかという、という人材活用の仕組みにおいては、再雇用（長くて10年程度でしょう）と、数十年を見据えた長期雇用である正社員と再雇用の方の人材活用の仕組みが違うのは当然です。その違いは多くの場合人事評価制度の違いに現れているわけです。定年後再雇用の方を定年前の正社員と同じ制度で評価する企業というのはほとんどないと思います。いくつか、定年後再雇用の裁判が出てきていますが、どの裁判例を見ても、定年後再雇用の方の業務の内容がほとんど同じだ、人材活用の仕組み同じだと言われても、やはりそれは長期雇用と短期雇用における人材活用の仕組みのもとになる評価制度は違います。

長澤運輸事件のようにトラックドライバーの場合は、その違いが見えにくいかもしれません。学究社事件など、ホワイトカラーの場合は、その違いは明ら

かと言えるのではないでしょうか。

　均衡均等処遇を今後多くの職場で考えていく場合、均衡均等処遇のベースとなる人事処遇制度はどのような契約内容で、どのような働き方を求めるから人事評価制度はどのようにあるべきかを、常にセットで考える必要あります。

　今後の制度設計においては、人事評価制度の作り方が問題になります。均衡均等処遇に関する紛争になった場合、その紛争の判断において、３つの要素の中のどの要素にあたるのかについてはそれぞれの意見があると思いますが、必ず人事評価制度の違いというのが、均衡均等処遇を判断するうえでの重要な要素であると考えます。

　正社員の人事制度における人事評価制度と同じ評価制度を使っている短時間社員がいたら、これはもしかしたら均等処遇の対応になるのかもしれません。

　例えば正社員の方が育児で時短勤務になったとき、最近は育児時短を割と長くとる会社が多いです。10年近く、育児時短で働く方がいます。子供さんが複数で、それぞれ小学校に上がるまで育児時短となると10年程度の育児時短は十分に想定できます。その間、時短であっても正社員であるということから、その方は当然ながら正社員の人事評価制度のもとで同じように評価されます。当然、時間が短縮されていることで成果の量の面ではおそらく時短の分、量が少ないでしょうが、その時短の中で働いていることによる役割、期待に対する対応とか、キャリアのための研鑽の内容の評価とか、あるいはその場合よっては資格を昇格させることが適切ではないかというその人の能力的な習熟は、その期間でも見て取ることができるわけです。そうすると、時短社員はパートと同じなんだ、ということは間違っていることになります。

　最近、個別の労働相談で、あまりに長く、育児時短で時短になるんだったらパート社員に転換してほしいと要望された、という相談があります。マタハラ事件の典型ですが、時短社員といっても正社員が時短で働くのとパート社員になるのとでは、責任や人材活用の仕組みが違います。これを考えますと、その違いを明確にするためにも、人事評価制度が同じ評価制度に乗って働いているということをも主張しているということを重視していくべきはないかと思います。

長期にわたる短時間勤務だからといって、人事評価制度を変えないことによって、正社員としての職責を果たしてもらう、あるいは、正社員としての地位を維持することによるメリットを求めることができるわけです。長期における時短勤務だからと言ってパート社員と同じ扱いをしようという考えは止めていただきたいと思います。

　多くの場合、均衡均等処遇を目指す働き方改革においても、人事評価制度の役割は重要なわけです。これからもますます人事評価をめぐる労働紛争は増えていくと思います。評価が不満であることによる紛争もあるでしょうし、評価制度のあり方そのものが差別的であるというような紛争も起こりえると思います。

　労使間の集団的紛争でありましたように、評価制度は一見して同じようでいて、同じ評価制度の運用において集団的な差別が行われているという主張もあります。

　評価制度を巡る労働紛争においては、制度の内容自体を明確にまず捉えることが重要です。評価制度が各労働者に公平に適用されているかをチェックすることが重要だと思います。

　人事評価制度は形としてはあるんだけれども、その運用が恣意的であって、結果として大きな差異があることになれば、人事評価制度自体が公正公平な評価では無いということで、根本から否定することになるわけです。

　人事評価の労働紛争の解決にあたっては、評価制度そのものをまず評価し、更にその運用が公平であることを評価し、その結果として公平公正な制度の運用として出た結果であれば、結果の不満足も甘んじて受けなければならないでしょう。

　結果において不満な方については、再評価制度あるいは、その結果のでる過程を評価するような紛争解決制度を評価制度の中に置くことも重要です。裁判などの外部紛争にする前に、組織内で再評価制度を置くことによる紛争解決も望ましいと考えられます。

　労働紛争の1つのあり方として、企業内での再評価制度による解決というのは、特に多数の従業員を抱えている大企業では、有効な方法です。

7．弁護士が人事評価制度を学ぶことの意義

　労働契約の多様化に伴って、人事評価の法律実務はますますその幅を広げていくと考えます。正社員だけの問題ではなく、正社員、非正社員の間の問題でもありますし、非正社員同士の間でも、人事評価めぐる問題が発生するとも考えられます。

　弁護士は、自分が評価されるということはありませんし、組織で働くことも少ないので、人事評価制度に対する感度が低いと思います。多くの企業でどんな人事評価が行われているのかを知る機会は実はそんなに多くありません。しかし、労働事件を手がける以上は人事評価制度の意義やその性格をよく学び、一義的にその結果だけでなく、その過程の重要性を認識することで、人事評価制度をめぐる労働紛争の解決をスムーズにするという意義があるのではないかと思います。

　会社において人事評価制度はあるけどもそれは、形式なんだというようなことにならないように、人事評価制度の実態をしっかり理解をしなければならないと考えます。今回、多様な面から人事評価制度を分析したというのは、今後の弁護士実務にとって重要であったと思います。

執筆者・編集者一覧

──── 執筆者 ────

安西 愈 (労働法制委員会委員長)

安西法律事務所。弁護士。昭和33年香川労働基準局に採用。同37年中央大学卒業(通信教育)。同39年労働省労働基準局へ配置換え。同44年同省退職。同46年弁護士登録。第一東京弁護士会副会長、最高裁司法研修所教官、労働省科学顧問、日弁連研修委員長、中央大学法科大学院客員教授、東京最賃審議会会長等歴任。主な著書に、「採用から退職までの法律知識(第14訂版)」、「労働時間、休日・休暇の法律実務 (第7訂版)」、「労働基準法のポイント」、「人事の法律常識」、「労災裁判例にみる労働者の過失相殺」等多数。

木下潮音 (同委員会労働契約法部会部会長) (第9章執筆)

第一芙蓉法律事務所。東京都出身。弁護士。早稲田大学法学部卒業。1982年10月司法試験合格、1985年4月司法修習終了。1992年イリノイ大学カレッジオブロー卒業、LLM取得。
2004年4月第一東京弁護士会副会長就任 (2005年3月退任)、2010年4月東京大学法科大学院客員教授就任 (2013年3月退任)、2013年4月東京工業大学副学長就任、現在に至る。現在、経営法曹会議常任幹事、日本労働法学会理事。

石井妙子 (同委員会労使関係法部会部会長)

太田・石井法律事務所。昭和54年早稲田大学法学部卒業、昭和61年弁護士登録。第一東京弁護士会所属。同会労働法制委員会副委員長。東京地方裁判所民事調停委員、経営法曹会議事務局長。
主な著書に「問題社員対応の法律実務」(経団連出版)、「懲戒処分―適正な対応と実務」共著 (労務行政研究所) などがある。

末 啓一郎 (同委員会基礎研究部会部会長)

1982年東京大学法学部卒業。1984年弁護士登録、高井伸夫法律事務所で労働事件を担当。その後松尾綜合法律事務所に移籍し、倒産処理、通商問題等を担当。1992年ルーバン・カソリック大学法学部大学院、1994年コロンビア大学ロー・スクールを卒業。1995年ニューヨーク州弁護士登録。1999年から2001年まで経済産業省にてWTO紛争処理を担当。2009年法学博士号取得。同年ブレークモア法律事務所に移籍。

峰 隆之 (同委員会労働時間法制部会部会長)

第一協同法律事務所パートナー。昭和62年東京大学法学部卒業, 同年東京電力㈱入社。平成4年弁護士登録。第一東京弁護士会所属。同会労働法制委員会労働時間法制部会部会長。経営法曹会議常任幹事 (会報委員長)。日本労働法学会会員。平成25 ～ 27年東京大学法科大学院客員教授。
主な著書に「ダラダラ残業防止のための就業規則と実務対応」(日本法令)、「震

災に伴う人事労務管理上の諸問題」（労働開発研究会）等。

山口浩一郎
昭和35年東北大学法学部卒業。上智大学法学部教授、中央労働委員会会長、労働政策研究・研修機構理事長を経て、現在は上智大学名誉教授。弁護士（第一東京弁護士会）。
主な著書に「労災補償の諸問題（増補版）」（信山社）など。

――――――― **編集者** ―――――――

藤田進太郎
弁護士法人四谷麹町法律事務所。東京大学法学部卒業。日本弁護士連合会労働法制委員会事務局員・最高裁判所行政局との労働審判制度に関する協議会メンバー。東京三弁護士会労働訴訟等協議会メンバー。第一東京弁護士会労働法制委員会労働契約法部会副部会長。経営法曹会議会員。日本労働法学会会員。

倉重公太朗（第7章執筆）
慶應義塾大学経済学部卒業。オリック東京法律事務所、安西法律事務所所属ののち、2018年10月から倉重・近衞・森田法律事務所代表弁護士。第一東京弁護士会所属。第一東京弁護士会労働法制委員会外国法部会副部会長，日本人材マネジメント協会（JSHRM）執行役員，日本CSR普及協会　雇用労働専門委員，経営法曹会議会員。経営者側労働法専門弁護士。各種労務セミナーを多数開催。著作は20冊を超えるが，主な著書に，『企業労働法実務入門』（編集代表，日本リーダーズ協会），『企業労働法実務入門【書式編】』（同左），『なぜ景気が回復しても給料が上がらないのか』（著者代表，労働調査会）。

小山博章
第一芙蓉法律事務所。慶應義塾大学大学院法務研究科修了。平成20年弁護士登録（第一東京弁護士会）。経営法曹会議会員。日本労働法学会会員。第一東京弁護士会労働法制委員会基礎研究部会副部会長。
経営者側労働法専門弁護士で、労働審判・仮処分・労働訴訟の係争案件対応、団体交渉対応、人事労務に関する相談等を得意分野とする。ハラスメント研修等の管理職研修、従業員研修や、セミナーも数多く担当している。
主な著書に「労務専門弁護士が教える　SNS・ITをめぐる雇用管理　－Q&Aとポイント・書式例－」（新日本法規出版）、「SNS公式アカウント運営者のための企業の信頼失墜を防ぐ　法的リスク・炎上対策」（第一法規）、「裁判例や通達から読み解くマタニティ・ハラスメント」（労働開発研究会）、「最新裁判例にみる職場復帰・復職トラブル予防のポイント」（新日本法規出版）、「退職・解雇・雇止め－適正な対応と実務－」（労務行政）など多数。

瓦林道広

野中・瓦林法律事務所。

福岡大学法科大学院修了。第一東京弁護士会労働法制委員会労働契約法部会副部会長。日本弁護士連合会労働法制委員会委員。主に企業の労務問題、契約問題等を取り扱う。労務問題においては、企業の労務管理全般に関する法律相談や労働審判対応が多い。そのほか、各種交渉案件、一般民事事件も手掛ける。中小企業経営者、人事・労務担当者向けセミナー講師も担当。

主な著書として、「改正労働契約法の詳解」(労働調査会、共著)、「決定版！問題社員対応マニュアル」(労働調査会、共著)、「定額残業制と労働時間法制の実務」(労働調査会、共著)、「チェックリストで分かる 有期・パート・派遣社員の法律実務」(労務行政、共著)、「民法を中心とする人事労務六法入門」(労働新聞社、共著)、「変化する雇用社会における人事権」(労働開発研究会、共著)等。

池田知朗 (第3章執筆)

第一芙蓉法律事務所。明治大学法学部法律学科卒業。東京大学法科大学院終了。第一東京弁護士会労働法制委員会労働契約法部会副部会長。経営法曹会議会員。労働法学会会員。労働審判・労働訴訟等の事件対応、団体交渉等の組合対応、日常的に生じる人事労務問題に対する相談対応を専門としている。主な著書として「ビジネスガイド」(「相談室」非正規社員) 日本法令 (連載執筆 2014年度〜2016年度)、「ビジネスガイド」(「相談室」就業規則) 日本法令(連載執筆 2017年度〜現在)、「事例式 人事労務トラブル防止の手引き」新日本法規 (事例執筆) 等。

────────── 執筆者 ──────────

吉田哲郎 (第1章執筆)

明治安田生命法務部。企業内弁護士。東京大学法学部卒業。1987年明治生命保険 (現明治安田生命保険) 入社。同社在籍のまま、1999年東京大学大学院法学政治学研究科修士課程修了、2002年司法試験合格、2006年弁護士登録 (第一東京弁護士会)。2014年金融犯罪対策室長。2016年から上席法務役として勤務。主要論文として、「純粋持株会社解禁と労働法上の諸問題」(季刊労働法188号114頁)、「海外留学費用返還に関する合意の性質と労働基準法十六条」(季刊労働法204号232頁)、「生命保険会社における改正債権法への実務対応」(金融法務事情2088号6頁)等。その他、金融法務事情の「営業店コーナー実務相談室」等を担当。

西頭英明（第5章執筆）

弁護士、ニューヨーク州弁護士、元東京国税不服審判所・国税審判官、経営法曹会議会員。

2004年慶應義塾大学法学部法律学科卒業、2006年東京大学法科大学院修了、2007年弁護士登録（旧60期）。2016年University of California, Berkeley, School of Law (LL.M. Traditional Track) 卒業。第一芙蓉法律事務所所属。主な著作・論文等として、「最新　労働紛争予防の実務と書式」（新日本法規出版、共著）、「最新裁判例にみる職場復帰・復職トラブル予防のポイント」（新日本法規出版、共著）、「退職金・退職年金をめぐる紛争解決事例集」（新日本法規出版、共著）、「企業実務に役立てる！最近の労働裁判例27」（労働調査会、共著）、「最新 有期労働者の雇用管理実務」（労働開発研究会、共著）、「公務員弁護士のすべて (LexisNexis、共著)」、「The Employment Law Review – 9th Edition (Japan Chapter)」(Law Business Research、共著)、「裁判例や通達から読み解くマタニティ・ハラスメント―引き起こさないための対応実務」（労働開発研究会、共著）、「SNS公式アカウント運営者のための企業の信頼失墜を防ぐ　法的リスク・炎上対策」（第一法規、共著）など。

平田健二（第4章執筆）

明治大学法学部卒業、中央大学法科大学院修了。平成２６年弁護士登録。安西法律事務所所属。第一東京弁護士会労働法制委員会委員。

河本みま乃（第6章執筆）

慶應義塾大学法学部法律学科卒業、立命館大学法科大学院修了。平成26年弁護士登録。番町総合法律事務所所属。日本弁護士連合会労働法制委員会会員・事務局員。経営法曹会議会員。第一東京弁護士会労働法制委員会会員。主に経営側の人事労務案件、刑事事件、家事事件などを取り扱う。

中川洋子（第2章執筆）

早稲田大学国際教養学部卒業、東京大学法科大学院修了。平成27年弁護士登録。榎本・藤本総合法律事務所所属。経営法曹会議会員。第一東京弁護士会労働法制委員会委員。企業法務（人事労務法、会社法、コンプライアンス・ガバナンス等）に関する紛争予防、知的財産法（著作権法、IT関連法）、一般民事事件、刑事事件などを取り扱う。

小林譲二（第8章発言者）

新潟県上越市生まれ。早稲田大学法学部卒業。1984年弁護士登録（36期・第一東京弁護士会所属）。日本労働弁護団常任幹事、第一東京弁護士会労働法制委員会副委員長・外国法関係部会長、早稲田大学法科大学院教授。

多様化する労働契約における人事評価の法律実務

2019年5月30日　第1版1刷発行

編著者	第一東京弁護士会 労働法制委員会
執筆者	安西　愈 木下潮音 石井妙子 末啓一郎 峰隆之 山口浩一郎
編集者	藤田進太郎 倉重公太朗 小山博章 瓦林道広 池田知朗
執筆者	吉田哲郎 西頭英明 平田健二 河本みま乃 中川洋子
発行者	江曽政英
発行所	株式会社労働開発研究会

〒162-0812　東京都新宿区西五軒町8-10
電話　03-3235-1861　FAX　03-3235-1865
https://www.roudou-kk.co.jp
info@roudou-kk.co.jp

©第一東京弁護士会労働法制委員会

ISBN978-4-903613-22-2

2019　Printed in Japan
印刷・製本　モリモト印刷株式会社

本書の一部または全部を無断で複写、複製転載することを禁じます。
落丁、乱丁の際はお取り替えいたしますので弊社までお送りください。（送料弊社負担）